Am Herd daheim

Elizabeth Gilbert
präsentiert

Am Herd daheim

Das Koch- und Hausbuch
ihrer Urgroßmutter Margaret Yardley Potter

Aus dem Amerikanischen von Maria Mill

BLOOMSBURY BERLIN

Alle Autoreneinnahmen gehen an die Stiftung ScholarMatch,
die benachteiligten Kindern den Zugang zum College ermöglicht.
Weitere Informationen unter www.scholarmatch.org und www.826national.org

Die Originalausgabe erschien 2012 unter dem Titel
»At Home on the Range« bei Bloomsbury Publishing, London

Umschlaggestaltung: Rothfos und Gabler, Hamburg, unter Verwendung des
amerikanischen Designs von © McSweeney's
Gesetzt aus der Fournier von Greiner & Reichel, Köln
Druck und Bindung: Pustet, Regensburg
Printed in Germany
ISBN 978-3-8270-1107-7

www.bloomsbury-verlag.de

Inhalt

Vorwort

von Elizabeth Gilbert

Dieses Kochbuch gibt es schon eine ganze Weile länger in meiner Familie als mich.

Zum ersten Mal veröffentlicht wurde *Am Herd daheim* 1947, als mein Vater – heute ein graubärtiger Mann in Flanellhemden – noch ein flachsblonder Knirps mit hängendem Hosenschritt war. Das Buch war meiner Tante Nancy gewidmet, einer Fünfjährigen, die gemäß der Autorin bereits damals »die zwei wichtigsten Voraussetzungen für eine gute Köchin [besaß]: gesunden Appetit und Sinn für Humor.« (Nancy befindet sich, wie ich erfreulicherweise berichten darf, noch heute im Besitz dieser beiden wunderbaren Eigenschaften, ist aber inzwischen selbst schon Großmutter.) Das Kochbuchexemplar, das ich geerbt habe, gehörte einmal meiner Großmutter, unserer geliebten und lang verstorbenen Nini, deren Bleistiftkommentare (»Entschuldige dich nie für deine Küche!«) noch immer auf den Rändern stehen.

Geschrieben wurde das Buch von ihrer Mutter, meiner Urgroßmutter, die als Kochkolumnistin für den *Wilmington Star* arbeitete und lange vor meiner Geburt an ihrer Alkoholkrankheit starb. Sie hieß Margaret Yardley Potter, wurde in der Familie allerdings nur Gima genannt, und bis zu diesem Jahr hatte ich nie auch nur ein Wort aus ihrer Feder gelesen.

Natürlich hatte ich das Buch bei Verwandten auf dem Bücherregal stehen sehen und mit Sicherheit auch gehört, wie man voller Liebe und Sehnsucht Gimas Namen aussprach, den Band aber hatte ich niemals aufgeschlagen. Warum, kann ich nicht sagen. Vielleicht war ich immer zu sehr beschäftigt. Vielleicht hatte ich auch gewisse Vorurteile und erwartete mir nicht viel davon: Der Originalumschlag zeigt eine freundliche weißhaarige Frau mit Dauerwelle und Brille, und vielleicht dachte ich ja, dass das Buch diesem Foto ähneln musste, altmodisch und gewöhnlich sein würde, *Wackelpeter* und *Büchsenfleisch*. Oder vielleicht bin ich auch ganz einfach so bekloppt, auf der Suche nach Magie und Exotismus die ganze Welt zu bereisen, während ich die vertrauteren Wunder in der heimatlichen Umgebung ignoriere.

Ich kann nur sagen, dass ich in diesem Frühjahr im Alter von einundvierzig Jahren schließlich doch noch nach Gimas Kochbuch griff. Ich sah es auf dem Boden einer Kiste liegen, die ich endlich mal auspackte, weil ich endlich dabei war, mich in dem Haus einzuleben, wo ich – so hoffe und bete ich – endlich mal Wurzeln schlagen werde. Ich klappte es auf und las es begeistert in einem Rutsch durch. Nein, das stimmt jetzt nicht ganz: Ich saß eigentlich gar nicht oder wenigstens nicht lange. Nach den ersten paar Seiten sprang ich auf und raste durchs Haus, um meinen Mann zu suchen und ihm Passagen daraus vorzulesen: Jetzt hör dir das an! *Wie witzig! Und so klug! Und ambitioniert!* Dann folgte ich ihm in die Küche, während er begann, unser Abendessen zu kochen (Lammkeule), und las auch während des Essens weiter vor. Anschließend hockten wir beide noch stundenlang am unabgedeckten Tisch, leerten eine Flasche Wein und wechselten uns dabei ab, bei Kerzenlicht aus dem Buch vorzulesen.

Am Ende des Abends saßen wir dann zu dritt am Tisch.

Gima hatte sich zu uns gesellt, sie war wundervoll, und ich verliebt.

* * *

Zunächst und vor allem sollte man vielleicht wissen, dass meine Urgroßmutter in eine reiche Familie hineingeboren worden war. Keine steinreichen Leute – wie an der Park Avenue oder in Newport –, sondern reich, wie man es Ende des 19. Jahrhunderts an der Main Line von Philadelphia sein konnte, was immer noch verflixt reich war. Meistens vergesse ich, dass es diesen Anflug von Wohlhabenheit und Raffinement in unserer Familie je gegeben hat (wahrscheinlich, weil beide zur Zeit meiner Ankunft längst aufgebraucht waren), aber Gima wuchs – ganz im Gegensatz zu ihren Nachkommen – tatsächlich noch mit Segelbooten und Rasentennis, weißem Tafelleinen und irischen Dienstboten, Gesellschaftskalendern und Debütantinnenbällen auf.

Die junge Margaret Yardley war keine Schönheit. Das sollte ihre kleine Schwester Elizabeth (nach der ich benannt bin) werden. Ein Gast der Familie, dem man die zwei Mädchen im Teenageralter vorstellte, ließ den Blick auf meiner Urgroßmutter ruhen und sagte: »Nun, du bist wohl diejenige, die kocht.« Ja, gewiss, sie war diejenige, die kochte – aber zufällig auch die charmantere und beliebtere der beiden. Mit derart positiven Referenzen hätte sie wahrscheinlich fast jeden heiraten können. Doch aus Gründen, die sich im Dunkel der Geschichte verlieren, beschloss sie, meinen Urgroßvater Sheldon Potter zu ehelichen – einen charismatischen Anwalt aus Philadelphia, der vor

Intelligenz, Temperament und Narzissmus sprühte, und witzig, wenn auch verletzend war, gefühlvoll aber auch untreu, der mit neunzehn seine Anwaltszulassung erhielt und Herodot auf Griechisch zitieren konnte, aber nie so richtig Geschmack am Arbeiten entwickelte. (Oder wie ein missbilligender Verwandter später diagnostizierte: »Für leichte Arbeit war er zu anspruchsvoll, für schwere zu leichtlebig.«)

Foto der Autorin aus der ersten Ausgabe

Sheldon Potter entwickelte jedoch Geschmack an gehobener Lebensart und zu hohen Ausgaben. Und folglich stieg Gima mit jedem Jahr in ärmlichere Lebensverhältnisse ab. Wie sie auf den ersten Seiten ihres Kochbuchs (klaglos!) berichtet, pendelte sie im Verlauf ihrer Ehe »finanziell wie auch physisch zwischen einem Zwölfzimmerhaus in einem Vorort, einer Vierzimmerbehausung auf dem Land, mehreren Sommerhäuschen sowie einer kleinen Stadtwohnung hin und her«. Die kargen Jahre des Zweiten Weltkriegs verbrachte sie auf »einer abgeschiedenen und unbeheizbaren Farm an der Ostküste Marylands«, was wohl wirklich ganz anders war als alles, was sie aus ihrem klassisch-edwardianischen Elternhaus kannte.

Aber was soll's, sie hat das Beste daraus gemacht. Zumal ihre Geldsorgen nicht *gänzlich* Sheldons Schuld waren: Gima war selbst eine geborene Verschwenderin und begegnete dem Leben mit jener Gemütslage der Goldenen Zwanziger, die sich am besten im fröhlichen, unbekümmerten Denk-nicht-an-später-Wort *Genieße!* zusammenfassen lässt. Außerdem hatte sie einen Sinn für das unbürgerliche Leben der Boheme – vielleicht sogar eine Vorliebe dafür –, und dieses Gespür prägt den sympathisch ungezwungenen Ton von *Am Herd daheim*. Während sie etwa zugesteht, dass es »weder für gutes Essen noch für ein bequemes Bett adäquaten Ersatz gibt«, behauptet sie gleichzeitig, dass sich so ziemlich alles andere ersetzen, improvisieren, aus Flohmarkt-Fundstücken zusammenbasteln lässt oder aber entbehrlich ist. Bücher könne man ausleihen, Blumen am Straßenrand pflücken, Fässer ließen sich zu völlig ausreichenden Tischchen umfunktionieren, Orangenkisten zu ausgezeichneten Hockern, billige Zwiebeln ersetzten teure Schalotten, ohne dass nur irgendjemand einen Unterschied schmecke, und es sei absolut *un*nötig, sich für eine Küche zu schämen, die »dem Wagen eines altmodischen Haushaltswarenhändlers« gleiche. Alles, was Ihre Gäste wirklich von Ihnen brauchen, versichert uns Gima, ist eine herzliche Begrüßung, reichlich gutes Essen und ein steter Nachschub von Eiswürfeln für die Cocktails. Sorgen Sie für diese Details, sagt sie, »und Ihre Freunde werden Ihnen die Tür einrennen«.

Und so sorgte sie für diese Details, und tatsächlich rannten ihr die Freunde die Tür ein, doch daraus sollte man nicht gleich folgern, dass ihr Leben, nur weil ihre Gäste sie vergötterten, ein Zuckerschlecken war. Verheiratet mit einem Mann, den mein Vater als »unmöglich« beschreibt, permanent verschuldet (wobei sie zuweilen knapp vor Eintreffen des Sheriffs noch aus der gekündigten Wohnung entwischte), im Nahkampf mit dem Alkoholismus, der sie immer wieder in Nervenkliniken und auf trostlose Krankenstationen brachte, war meine kreative, aber »gefesselte« Urgroßmutter weder die erste noch die letzte Frau in der Geschichte weiblichen Elends, die ihre Zuflucht in der Küche fand.

Oder, sollte ich vielleicht eher sagen, in der Küche und beim *Schreiben*, denn die Stimme, die auf diesen Seiten vernehmbar wird, ist nicht nur ein kulinarisches, sondern auch ein literarisches Vergnügen. Gima listet hier nicht nur ihre Rezepte auf, sie erzählt sie mit so viel Witz und Selbstvertrauen, dass sie wie eine Kreuzung aus Dorothy Parker und M. F. K. Fisher klingt. (Machen Sie sich wegen Orangenmarmelade nicht zu viele Gedanken, beruhigt sie uns an einer ganz typisch munteren Stelle: »Stetiges Umrühren und durchschnittliche Intelligenz – mehr ist wirklich nicht vonnöten.«) Im Hinblick auf Lebensmittel und Essen war Gima Sensualistin – eine Qualität, die amerikanischen Kochbüchern dieser Ära häufig abgeht. Nicht nur, dass sie mit großer Sorgfalt erklärt, wie man den perfekten Brotlaib backt, sie fügt auch, während sie den Laib aus dem Ofen zieht, noch rasch hinzu: »Und wenn Sie sich es jetzt verkneifen können, eine große warme Scheibe davon abzuschneiden und dick mit Butter zu bestreichen, sind Sie nicht das Mädchen, für das ich Sie gehalten habe.«

Am meisten aber verblüfft mich bei der Lektüre von Gimas Kochbuch, dass sie ihrer Zeit so weit voraus war. *Am Herd daheim* wurde exakt zwischen Ende des Zweiten Weltkriegs und Beginn der 1950er Jahre veröffentlicht – genau zu jenem unglückseligen Moment der amerikanischen kulinarischen Geschichte also, in dem sich unser Land auf seine bedauerliche Liebesaffäre mit Fertignahrung und industriell verarbeiteten Lebensmitteln, Konserven und Elektrogeräten, mit Kartoffelzubereitungen in Pulverform und windigen Marshmallow-Salaten einließ. Gima wollte von alldem nichts wissen. Vielmehr machte sie ihren Leserinnen Mut, zu experimentieren, etwas zu wagen und vor allem, es mit den Händen zu tun. Hier folgt eine lediglich auszugsweise Liste von Rezepten, die sie propagierte, während sich der Rest des Landes Tiefkühlerbsen und Fertiggerichte schmecken ließ:

HIRN MIT BRAUNER BUTTER

HÜHNERLEBERN FÜR 6 PERSONEN

BEEF & KIDNEY PIE [RINDFLEISCH-NIEREN-PASTETE]

ZUNGE

AALE (die sie laut eigener Auskunft erst wegen der Fleischknappheit in Kriegszeiten entdeckte und die sie für so köstlich hält, dass man sie »in nahezu andächtiger Stille verschlingen« muss)

KUTTELN (die vor dem Kochen »wie ein Badetuch« von Hand geschrubbt werden müssen – ein Verfahren, das Gimas Versicherungen nach »lustiger ist, als es klingt«)

HAHNENKÄMME IN WEIN (die man eimerweise bei verdutzten Farmern in der Nachbarschaft einsammelt)

POCHIERTER ROTBARSCH (selbst gefangen und zusammen mit einem halben Dutzend anderer frischer Zutaten von Hand in eins der alten Unterhemden des Ehemanns eingenäht)

WILDTRAUBENGELEE (»das Pflücken der Früchte unterm blauen Herbsthimmel ist das halbe Vergnügen«)

ANTIPASTI MIT FRISCHEN SARDINEN

SCRAPPLE

KALBSPRESSSACK (ein »großartiger Imbiss bei heißem Wetter!«)

MIESMUSCHELN (die sie als eine auf der amerikanischen Seite des Atlantiks leider »zu wenig bekannte Köstlichkeit« beklagt)

Und so weiter und so fort. Ich frage mich: *Für wen* hat sie das alles bloß geschrieben?

Gima in ihrem Garten

Ich selbst habe etwa zwanzig Freunde, die mit Vergnügen rohe Kutteln wie ein Badetuch schrubben oder auch gerne Hahnenkämme direkt vom frisch skalpierten Gockel verzehren würden, aber *heute*, im Jahr 2012, wo furchtloser feinschmeckerischer Forscherdrang der letzte Schrei ist. Gima hingegen schrieb dies zu Beginn des Babybooms, als dem noch nicht so war. Vielleicht ist das auch der Grund, weshalb ihr Buch nur eine einzige Auflage erlebte. Vielleicht war man einfach noch nicht reif für ihre Leidenschaften. Vielleicht war Gima wie die Miesmuscheln im Amerika der letzten Jahrhundertmitte einfach dazu verdammt, verkannt und unterschätzt zu bleiben.

In beiden Fällen (bei Muscheln wie Großmüttern) aber gilt, lieber spät als nie, nicht wahr? Und Margaret Yardley Potter jetzt endlich kennenzulernen, lohnt sich mit Sicherheit. Fast eine Generation vor Julia Child war meine Urgroßmutter nicht nur eine fantastische Köchin, sondern auch eine hartnäckige Food-Reporterin, kühne kulinarische Entdeckerin und neugierige Historikerin. Sie scheute sich nicht, sich »nach hinten« in die Küche eines Nobelhotels oder eines eleganten transatlantischen Ozeandampfers zu begeben, um einem französischen Koch ein Saucenrezept abzuschwatzen. Genauso aber gelang es ihr, der netten Krankenschwester, die ihr bei der Entbindung ihres ersten Kindes beistand, zwischen den Wehen ein fantastisches Essiggurkenrezept zu entlocken.

Apropos Mutterschaft: Als Gima (es muss 1918 gewesen sein) mit meiner Großmutter hochschwanger war, futterte sie sich eines Tages durch ein italienisches Viertel Philadelphias, wobei sie »einen warmen, bräunlichroten Kuchen, italienische Tomatentorte oder Pizza« genannt, entdeckte und daraufhin »die uralte Inhaberin« überredete, sie in deren Zubereitung einzuweihen. Wie viele ehrbare schwangere Damen aus guten und begüterten Familien Philadelphias streiften im Jahr 1918 wohl in Einwanderervierteln umher, um dort nicht nur mit den Bewohnern Pizza zu essen, *sondern sich auch beibringen zu lassen, wie sie sie daheim backen konnten*? Außerdem lernte sie von einer pennsylvaniadeutschen Bauersfrau, wie man Kaninchenfrikassee schmort, von einer Handwerkersfrau in einem Angelcamp in Maine, wie man Baked Beans köchelt, und aus einem auf einem Flohmarkt erstandenen handgeschriebenen

Kochbuch, wie man schnelle Teeplätzchen backt. (Der alte Farmer, der es ihr verkauft hatte, behauptete, es habe »der Mutter seiner Großmutter« gehört – was von heute aus betrachtet hieße, dass das Rezept fast zweihundert Jahre alt sein müsste. Sie finden es auf Seite 157 – die Kekse sind köstlich.)

Man kann all diese anschaulichen Texte und kulinarischen Streifzüge nicht lesen, ohne sich hin und wieder zu fragen: *Mein Gott, was hätte aus ihr werden können?* Was hätte Gima in einer anderen Zeit, an einem anderen Ort aus all ihrer Neugier und Leidenschaft, ihrem Talent machen können? Dies ist die schmerzliche Frage, die mich zu der Geschichte von meiner Großmutter und Paris führt. Oder vielmehr zu der Geschichte, die *fast* von Paris gehandelt hätte.

Die Story geht so: Mitte der 1930er Jahre verließ Margaret Yardley Potter ihren unmöglichen Ehemann Sheldon. Sie hatte genug von ihm. Es war von Scheidung die Rede. Ich weiß nicht, wie nahe sie der formellen Einreichung der Scheidung tatsächlich kamen, auf jeden Fall aber zog sie aus und lebte eine Weile allein. (Ich vermute, auf diese Episode bezieht sie sich, wenn sie in ihrem Kochbuch schreibt, dass jede Frau wissen sollte, wie man Cocktails mixt – für den Fall, dass der Gatte indisponiert ist oder die betreffende Gastgeberin »alleine lebt, und zwar gern«.) Wie auch immer, Gima verließ ihren Mann und legte sich einen Plan zurecht – oder vielleicht sollten wir es lieber einen Traum nennen. Sie würde mit ihrer halbwüchsigen Tochter nach Paris ziehen, wo sie bei ihrem Onkel Charlie leben würden, der drüben in Europa ein etablierter Porträtmaler war. (Ihr bereits studierender Sohn würde in den Staaten zurückbleiben und seine Ausbildung beenden.)

Laut Familienüberlieferung gab es da etwas Skandalöses in Onkel Charlies Vergangenheit – weswegen er wohl überhaupt erst nach Paris gegangen war. Es heißt, es sei womöglich eine Affäre mit einer verheirateten Frau gewesen, die ihn aus der feinen Gesellschaft Philadelphias verbannte. Was immer auch seine Verfehlungen waren, meine Urgroßmutter mochte ihn sehr. Und Onkel Charlie hat in der Tat mehrere Auftritte in ihrem Kochbuch, vor allem in Gimas Bericht, wie sie ihn als junge Frau in Frankreich besuchte und ein »umwerfendes Mittagessen« in seinem in luftiger Höhe gelegenen Atelier genoss, zu ihrer Enttäuschung »ohne schöne hüllenlose Frauen« – sie aber, ehe der Nachmittag zu Ende ging, gelernt hatte, wie man die perfekte Vinaigrette zubereitet. Ganz offensichtlich aber lernte sie von Onkel Charlie auch, Frankreich zu lieben, und wollte immer dorthin zurückkehren. Man braucht nur zwei Seiten ihres Buches lesen, um zu erkennen, dass sie nach Frankreich *gehörte*: Dort hätte man den Maßstäben ihres Geschmacks und ihrer Sensibilität genügen, ihre Talente anerkennen, dort hätte sie ihre *confrères* finden können. Man stelle sich nur vor, welchen Menschen sie dort womöglich begegnet wäre! Welches Essen sie hätte genießen können! Welche Bücher sie vielleicht geschrieben hätte!

Tja, *beinahe* wäre sie hingezogen – immerhin. Das Passfoto von ihr und meiner jugendlichen Großmutter, in Seidenkleidern und perfekten Frisuren beisammensitzend, königlich und kultiviert und mehr als bereit, den nächsten Ozeandampfer zu besteigen, habe ich noch heute … nur sind sie nie gereist. Stattdessen kehrte Gima mit Pass und Tochter im Schlepptau zu ihrem unmöglichen Ehemann zurück. Sie blieb bei Sheldon, bis sie in ihren frühen Sechzigern verstarb. Er hingegen heiratete ein zweites Mal und lebte glücklich und zufrieden bis ins Alter von neunundneunzig und drei Viertel Jahren – und trank, aß, rauchte und las mit beeindruckendem Gusto bis ans Ende seiner Tage. Als er starb, war ich sechzehn Jahre alt, kannte meinen Urgroßvater also gut. Er flößte mir Ehrfurcht ein und Entzücken und gab mir, wann immer ich ihn besuchte, anspruchsvolle Lektüren auf. Von jeher war ich überzeugt, seine inspirierte Gelehrsamkeit sei einer der Gründe, weshalb ich Schriftstellerin geworden bin. Erst als ich *Am Herd daheim* las, wurde mir klar, dass womöglich auch Gima zu meiner Berufung beigetragen hatte – dass es etwas wie eine Familienstimme geben könnte und ich mich vielleicht glücklich schätzen durfte, einen Teil der meinen von Margaret Yardley Potter geerbt zu haben.

Letztendlich habe ich keine Ahnung, warum Gima, statt ihren Pariser Traum zu verfolgen, zu ihrem Mann zurückkehrte. Keiner weiß es. Vielleicht fehlte es ihr an Geld oder Mut. Oder vielleicht hat nur er ihr gefehlt. Allein so viel kann ich sagen: Jedes Mal, wenn sie ihn in ihrem Kochbuch erwähnt, klingt es zärtlich – und zwar *glaubhaft* zärtlich; ich will damit sagen, dass sie liebevoll über ihn schreibt, wenn auch nicht ohne den ein oder anderen Hinweis auf unverhohlene häusliche Spannungen. Anders gesprochen, es klingt

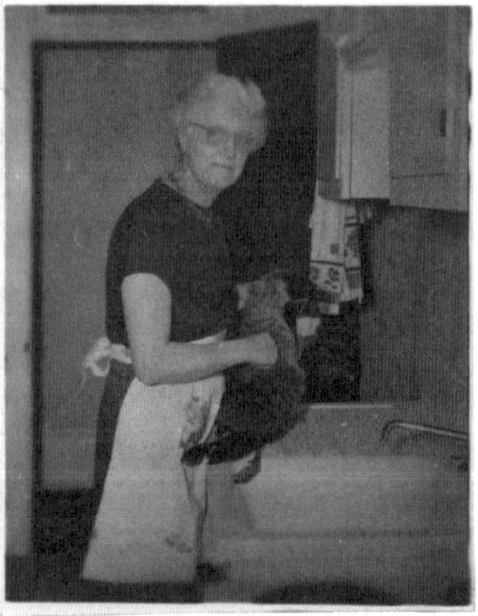

Gima rupft eine Gans

wie eine richtige Ehe. Ein gutes Beispiel ist ihre Beschreibung ihrer Küchentafel, auf der häufig, wie sie berichtet, stichelnde eheliche Botschaften wie *Wo hast du bloß wieder den Korkenzieher hingetan, du Sumpfhuhn?* zu lesen sind. Putzig, ja – wenn auch in vielerlei Hinsicht verräterisch.

Was immer ihre Gründe gewesen sein mögen, sie kehrte zu ihm zurück. Etwas in mir wünscht sich, sie hätte es nicht getan, obwohl dies unsere Familiengeschichte so dramatisch verändert hätte, dass es manche von uns – etwa mich – nie gegeben hätte. Es ist ein alberner Wunsch. Das instinktive Bedürfnis, die Geschichte umzuschreiben, ist sowieso immer naiv, und wahrscheinlich hat meine Überzeugung, dass Gima in Europa als Geschiedene ein glücklicheres und gesünderes Leben hätte führen können, etwas ganz besonders Naives. Tatsache ist: Sie war Alkoholikerin, und Alkoholkrankheit wurde noch nie durch bloßen Ortswechsel geheilt. (Und mit Sicherheit wurde Alkoholismus noch nie kuriert, indem der Betreffende *ins Paris der 1930er Jahre* zog.) Trotzdem. Man kann sich vorstellen, wie sehr sie sich dort in ihrem Element befunden hätte. Falls es einen Himmel für Köche geben sollte – und meine Urgroßmutter besteht auf eben diesen Seiten darauf, dass es »ganz gewiss einen gibt« –, so würde ich gern glauben, dass Gima dort ist und dass er eine verblüffende Ähnlichkeit mit Frankreich besitzt.

* * *

Noch immer wird Gima in unserer Familie schmerzlich vermisst.

Sie starb 1955, doch noch heute werden meine Verwandten sentimental, wenn sie über sie sprechen. Sie war, so wird übereinstimmend erklärt, die wunderbarste Frau, die es je gegeben hat. Die komischste, die intelligenteste, die erstaunlichste, die liebevollste, der Mittelpunkt jeder Party. Sie konnte eine Weihnachtsfeier zu einem unvergesslichen Erlebnis machen. Die glücklichsten Kindheitserinnerungen meines Vaters sind die Weihnachtsfeste mit Gima, bei denen sie essbaren Christbaumschmuck produzierten, indem sie die Schleifen zum Aufhängen einfach in die Plätzchen hineinbackten – das Rezept ist in diesem Buch – und die Kekse dann direkt an den Baum hängten … und wenn der Familienhund den Baum umwarf, um an die Plätzchen zu gelangen, schien es niemanden zu stören. Tatsächlich ist »niemanden schien es zu stören« ein Satz, mit dem viele der Geschichten über die legendären Partys meiner Urgroßmutter enden: Es machte ihr offenbar nichts aus, wenn die Möbel ein wenig im Zimmer herumgeworfen wurden, solange sich nur jeder amüsierte.

Gewiss war sie eine warmherzige und großzügige Frau, das belegen ihre wichtigsten Grundsätze hinsichtlich Aufmerksamkeit und Gastfreundschaft, zu denen etwa gehörte: »Versuchen Sie, die Geburtstage Ihrer Freunde nicht zu vergessen«, oder: »Sparen Sie nie am Kaffee«, oder: »Geben Sie unerwarteten Gästen nie das Gefühl, ihr plötzliches Auftauchen bringe Sie in Verlegenheit, meistens sind sie ja selbst schon verlegen genug.« Das Kapitel »Mach den Mund auf und sag ›Aaaah‹!«, in dem Gima Rezepte für Freunde im Krankenhaus auflistet, hat mich sehr berührt. (Die Rezepte reichen von Zimtschnecken oder einfachen gefüllten Eiern bis hin zu der am glücklichen Vorabend der Entlassung des Patienten eingeschmuggelten Flasche Champagner und dem Döschen Kaviar zur Feier des Tages.) Und dann fragen Sie sich einmal, ob Sie je ein Gourmet-Kochbuch durchgeblättert haben, das Rezepte für kranke Freunde enthält. Und zwar auch solche, die über das rein Kulinarische hinausgehen! Ist der Patient ein Kind, schlägt meine Urgroßmutter beispielsweise vor, ihm unbedingt einen kleinen Goldfisch in einer Glasschüssel mitzubringen oder eine jener winzigen Schildkröten, die es in jeder Tierhandlung zu kaufen gibt; dies könne eine Menge dazu beitragen, die Langeweile und Einsamkeit eines Kindes zu lindern. Wenn ich an all die Zeit denke, die Gima allein in Kliniken und anderen Einrichtungen verbracht

Margaret und Madeleine Potter

hat, berühren mich diese Seiten nur noch umso mehr. Und ich hoffe, dass es auch in ihrem Leben jemanden gab, der ihr Zimtschnecken und Babyschildkröten mitbrachte.

Ihr Verlust wird also von allen Verwandten nach wie vor stark empfunden. Doch in mancherlei Hinsicht hat sie sich auch selbst überdauert, falls das denn einen Sinn ergibt. Ich meine damit, dass einige Teile von ihr weiterleben und immer noch, auf uns Angehörige verstreut, vorhanden sind.

Gimas Küche etwa hat sie überdauert: Meine Cousine Alexa hat deren gesamtes Inventar – bis hinunter zum geringsten noch gebrauchsfähigen Utensil – in ihr Haus in Baltimore aufgenommen.

Ihre Rezepte haben sie überdauert: Ich zum Beispiel bin mit Gimas Chutney und Gimas Pickles groß geworden – zubereitet von meiner aus dem Mittleren Westen stammenden Mutter, die der Frau niemals begegnet ist, aber sich in ihr Kochbuch verliebte.

Ihr Name hat sie überdauert: Zu Ehren der unersetzlichen Großmutter hat mein Onkel Nick seine Tochter Margaret genannt.

Ihr Humor hat sie überdauert: So sagen wir etwa, wenn wir in der Familie Karten spielen, noch heute oft: »Nimm dir doch noch ein bisschen Kompott«, denn dies war Gimas stehende Redensart, wann immer sie ein schlechtes Blatt erhielt.

Und überdauert haben Gima auch ihre Leidenschaften, die sich vier Generationen später in den Aktivitäten und Aspirationen ihrer weiblichen Nachkommen noch immer recht nachdrücklich manifestieren. Unter ihren sechs Urenkelinnen verdienen drei ihren Lebensunterhalt mit der Schriftstellerei, eine von uns führt ein Restaurant, eine weitere ist eine Gastgeberin, die sich jedem der Rezepte dieses Buches als ebenbürtig erweist, zwei von uns sind geniale Kartenspielerinnen, zwei andere ausgebildete Historikerinnen und drei haben eine Möglichkeit gefunden, in Übersee zu leben. Alle feiern wir gerne. Darüber hinaus hat Gima noch zwei Ururenkelinnen auf der Schwelle zum Teenageralter, in denen nicht nur ihr Charisma und literarisches Talent, sondern auch die beiden »wichtigsten Voraussetzungen« – ja, genau! –, »gesunder Appetit und Sinn für Humor«, gänzlich unversehrt überdauert haben.

Was ich damit sagen will? Wenn Sie nur einflussreich und beliebt genug sind, dann – so stellt sich heraus – können Sie auch nach Ihrem Tod noch eine Weile unter uns bleiben.

Als ich bei der Vorbereitung zum Schreiben dieses Essays meine Familie nach ihren Erinnerungen an Gima befragte, schickte mein Onkel Nick mir folgende E-Mail: *Weihnachten 1969. Du bist null Jahre alt. Dad und Mom und ich und Nancy, deine Eltern und ihr zwei Kinder – wir haben uns alle in dieses kleine Esszimmer an der Moore Avenue gezwängt, die Kerzen brennen, und John und ich sind gerade aus dem Krieg zurück und alles ist einfach wunderbar. Dann sagt dein Vater: »Das alles wäre perfekt, wenn nur Gima da wäre.« Und Mom seufzt und sagt: »Tja, so ist es.«*

Tja, so ist es.

Wir alle wünschen, sie wäre noch viel länger geblieben, aber was kann man machen? Oder wie Gima selbst wohl gesagt hätte: »Nimm doch noch ein bisschen Kompott.« So ist es nun mal, Leute. Sie ist geblieben, so lang sie konnte. Doch was sie uns hinterlassen hat, ist etwas durchaus Bemerkenswertes. Ich hoffe, dass sie mit dieser Neuausgabe ihres Kochbuchs in unserer Generation endlich ihre Leserinnen und Leser, endlich ihresgleichen findet, all die Bewunderer und kulinarischen *confrères*, die sie schon immer verdient hat.

Für Gima diese Einführung zu schreiben war mir daher ein großes Vergnügen.

Viel Spaß!

Am Herd daheim

Für meine Enkelin Nancy Root Gilbert, die bereits im Alter von fünf Jahren die zwei wichtigsten Voraussetzungen für eine gute Köchin besitzt: gesunden Appetit und Sinn für Humor

Einleitung

von Margaret Yardley Potter

Dies ist ein Buch für die einfache Küche und die unkomplizierte Bewirtung von Gästen; Dinge, die zu lernen mich ziemlich viel Lehrgeld kosteten, da ich meinen ersten Haushalt in den glorreichen 1920ern führte, als Bedienstete und Lebensmittel reichlich vorhanden und billig zu haben waren. Ein Abendessen war damals – auch wenn nur vier Personen speisten – stets förmlich; sobald sich aber mehr als sechs Gäste versammelten, um eine Mahlzeit einzunehmen – wenn auch nicht immer zu genießen –, wurden beste Platzteller mit Goldrand, Serviermädchen mit weißen Häubchen und ein Fischgang erwartet.

Meine eigene Phase förmlicher Einladungen war nur von kurzer Dauer und endete noch ehe die ersten drei Jahre meiner Ehekarriere vorüber waren. Um die Dinge zu komplizieren, waren mittlerweile ein kleiner Sohn und eine noch in den Windeln liegende Tochter dazugekommen sowie Kindermädchen, die regelmäßig einsprangen, da Serviererinnen immer schwerer zu finden waren. Dennoch bemühte ich mich beharrlich um jene Förmlichkeit, die mir meine Mutter gepredigt hatte, und tat mein Bestes, ihren großartigen Maßstäben zu genügen. Bis dann jener verhängnisvolle Tag herannahte, an dem ich zu Ehren eines sehr wichtigen und würdigen Gastes ein Essen vorbereitete, nicht ahnend, dass dies meine letzte derartige Veranstaltung werden sollte.

Es begann mit den üblichen Telefonaten und Mutters Versprechen, ihren Butler zur Verfügung zu stellen. Mit ihrer Hilfe wurde schließlich dieses Menü entwickelt – das uns überdies sehr einfach erschien:

Cocktails Kaviar
Austern auf der halben Schale mit Cocktailsauce
Klare grüne Schildkrötensuppe
Gegrillter Alsenrogen mit Sauce tartare in Zitronenkörbchen
Neue Kartoffeln mit Petersilienbutter
Kleine Graubrot-Sandwiches
Gurkenscheiben in French Dressing
Sellerie Radieschen Oliven
Gegrilltes Huhn Junge Erbsen
Warme Brötchen
Frischer Ananassalat – in der ganzen Frucht serviert
Frischkäse Warme Cracker Bar-le-Duc

Beschlossen wurde das Ganze von einer jener wundervollen dreistöckigen Baisertorten, für die die Gastronomen Philadelphias bis zum heutigen Tag berühmt sind – gefolgt selbstverständlich von Kaffee und Brandy im Wohnzimmer sowie drei beschaulichen Bridge-Runden im Anschluss.

Der Tag der Einladung war gekommen, ebenso wie die bestellten Lebensmittel; um die Mittagszeit herum allerdings auch die Nachricht, dass der geliehene Butler sich wieder einmal seinem halbjährlichen Alkoholexzess hingab und gänzlich außerstande war, seinen Butlerpflichten nachzukommen – während die kleine Missetäterin, mein gedankenloses Töchterlein, erste Anzeichen eines Krupps zeigte und sehr viel mehr als den ihr zustehenden Teil an Zuwendung von der Kinderfrau beanspruchte. Unverdrossen krempelte ich die Ärmel hoch und machte mich Schulter an Schulter mit der Köchin ans Werk. Sie bereitete die Sauce tartare zu, während ich mich um die Zitronenkörbchen kümmerte, deren Ränder aussahen, als habe man sie angebissen statt gezackt. Ich schnitt Gurken und Graubrot in Scheiben; sie bereitete Huhn und Alsenrogen zu und hülste Unmengen von Erbsen aus. (Kochfertige Tiefkühlerbsen waren jener unaufgeklärten Ära noch fremd!) Ich gab jeden Gedanken an den Salat- und Suppengang auf und dankte dem Himmel für den verlässlichen Caterer und seine hoch aufragende Baisertorte, die, so dachte ich, meinem amputierten Dinner das abschließende Glanzlicht von Pracht und Förmlichkeit aufsetzen würde. Um fünf Uhr Nachmittag war alles geschafft – der mit Spitze gedeckte Tisch erstrahlte in Kristall und Silber, das beste Geschirr stand in Reihen bereit, und die Köchin und ich zogen uns zurück, sie, um noch ein wenig zu ruhen, ehe ihre weitere Arbeit begann, ich, um zu verschönern, was von mir übrig war.

Gegen sechs traf meine hübsche jüngere Schwester, der zweite Ehrengast, mit Sack und Pack bei uns ein, lauschte mit aufrichtigem Mitgefühl meiner Leidensgeschichte, schwor, sie werde, sobald sie sich umgezogen habe, wie ein Ochse schuften, ging auf ihr Zimmer, steckte ihr elektrisches Massagegerät in die Steckdose … und *ffft* gingen sämtliche Lichter im Haus aus, und, was noch schlimmer war, blieben es auch den restlichen Abend über. Was dazu führte, dass wir eine weitere halbe Stunde benötigten, um zwei unserer Gäste einzusammeln, die, nachdem sie pünktlich vor unserer Tür gestanden und unsere dunklen Fenster gesehen hatten, ohne zu klingeln wieder nach Hause gegangen waren, überzeugt, sie hätten sich im Datum geirrt – während die Kerzen in der Küche die düsteren Schatten, aus denen die Stimme der Köchin von einem anziehenden nervösen Kopfschmerz murmelte, nur noch zu vertiefen schienen. Das Kindermädchen, das noch immer einen leichten Eukalyptusgeruch vom Inhaliertopf verströmte, kündigte nach den hastigen Cocktails das Abendessen an, und meine eigenen Nerven beruhigten sich erst, als die Reste des saftigen Hühnchens, das den feisten Salzaustern und dem perfekt gegrillten Alsenrogen gefolgt war, abgetragen wurden. Ach, es lief einfach alles zu glatt! Gerade als das Dessert fällig war, veranlasste ein Klagelaut aus dem Kinderzimmer das »Serviermädchen«, zu verschwinden wie Aschenputtel um Mitternacht, wobei sie mir noch zuflüsterte, dass die Köchin sicher übernehmen und den Abschlussgang servieren könne. Resigniert, aber zuversichtlich drückte ich auf die Küchenklingel, wartete, drückte erneut auf den Knopf, wartete wieder, drückte auf den Knopf und stöckelte dann in die Küche. Dort hockte die Köchin, stützte inmitten von wild durcheinanderstehendem Geschirr und flackernden Kerzen ihren Kopf in die Hände und starrte aus tränenfeuchten Augen auf eine halb ausgepackte Baisertorte. Die angedrohte Migräne war inzwischen grimmige Realität geworden, und das arme Geschöpf schaffte es kaum mehr die Stiege hinauf. Tapfer versuchte ich, einen Rest jener Förmlichkeit zu wahren, die ich immer noch für notwendig erachtete, und wollte gerade die Torte an den Tisch bringen, als der Ehrengast in der Küche erschien und mir mit einem ermutigenden Klaps auf den Rücken die Eispyramide aus den Händen nahm und zur Anrichte trug, wo er sich unter Hochrufen zum neuen Butler erklärte und sich anschickte, das Dessert zu servieren sowie den Anwesenden mit all dem Selbstvertrauen eines Bühnen-»Jeems« zweite und dritte Portionen aufzudrängen. Kaffee und Brandy, denen Silbertablett und Kristallkrug immer noch Würde verliehen, wurden von meinem Ehegatten ins Wohnzimmer eskortiert, mittlerweile jedoch war alle Förmlichkeit dahin und meine Gäste setzten den ihrer Meinung nach seit Jahren amüsantesten Abend fort, indem sie beim Licht der noch verbliebenen Kerzen auf dem Fußboden würfelten und wetteten. Als um halb zwölf schließlich der Elektriker eintraf, um die durchgebrannte Hauptsicherung zu reparieren, wurde er eingeladen, ein paar »Brötchen« zu probieren, ehe er den Rest der Torte verputzte; zu seinem nächsten Termin zog er beträchtlich reicher von dannen. Unser bedeutender Gast genoss tatsächlich seinen späten Küchenimbiss aus Bier und selbst gebauten Zwiebelsandwiches, und als er anschließend im Flur an einem Softballspiel teilnahm und dabei eins der Stofftiere des Babys mit einer Gummi-Saugglocke statt des Schlagholzes durch die Luft schleuderte, waren sowohl seine Würde als auch mein Versagen als förmliche Gastgeberin endgültig vergessen, und ich erkannte, dass aufwendige Bewirtung mit unzureichendem Personal weder überzeugend ist noch all den Stress und die Mühe wert.

Seither bin ich sowohl finanziell im übertragenen Sinne als auch ganz konkret zwischen einem Zwölfzimmerhaus in einem Vorort, einer Vierzimmerbehausung auf dem Land, mehreren Sommerhäuschen und einer kleinen Stadtwohnung hin und her gependelt. Während der Kriegsjahre war ich auf einer abgeschiedenen und unbeheizbaren Farm an der Ostküste Marylands daheim. In all diesen Domizilen aber habe ich festgestellt, dass ein wirklich herzlicher Willkommensgruß und einfaches und reichliches Essen jeder Gastgeberin einen Vorteil verschafft – vor jenem berühmten Mann, der die bessere Mausefalle konstruierte. Denn Ihre Freunde werden Ihnen die Tür einrennen.

Wochenendgäste – ohne dass die Gastgeberin am Ende ist

Ein Winter voller Grippe und Erkältungen hatte die Gesundheit der Kinder ordentlich auf die Probe gestellt; der Arzt empfahl uns unter kompletter Missachtung unseres Kontostands einen Sommer am Meer, und nach langer Suche fanden wir in unserem Lieblingsbadeort in New Jersey ein Fischerhäuschen mit fünf Zimmern, das wir uns leisten konnten. Es besaß weder ein Wohnzimmer noch eine Badewanne, was uns nicht besonders schlimm erschien, doch der primitive zweiflammige Ölherd, der in einer Ecke der großen Küche stand, sah alles andere als vielversprechend aus – wobei sein späteres Verhalten alle diesbezüglich gehegten Befürchtungen noch übertraf. Das Wohnzimmersofa ließ sich zu einem nicht allzu unbequemen Doppelbett aufklappen, was sich für meinen stets gastfreundlichen Gatten als solche Versuchung erwies, dass ich Freitag spätnachmittags nur selten vom

Strand nach Hause kam, ohne ihn und zwei Wochenendgäste vorzufinden, die gerade in ihre Badeanzüge schlüpften.

Seeluft macht hungrig, und bald stellte ich fest, dass ich – wenn ich nicht im Vorhinein für diesen Ansturm gerüstet war beziehungsweise vorgekocht hatte – die Samstage und Sonntage in Einzelhaft verbrachte, mit vorgebundener Schürze und mit Töpfen und Pfannen über dem stinkenden Herd jonglierend. An dieser Stelle begann ich mit einem System der Vorausplanung, das mir bis heute gut zustattenkommt.

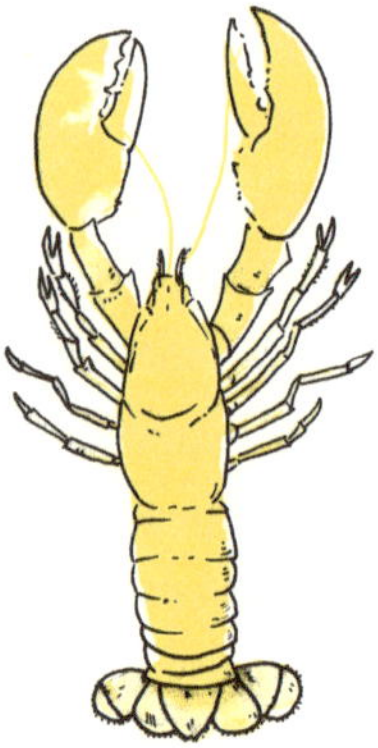

Auf der hinteren Veranda stand ein großer altmodischer Eisschrank, und in der zweiten Wochenhälfte war er immer so vollgepackt, dass man kaum mehr die Tür zubekam. Donnerstagabends rangelten weiße Sauce, gekochte Kartoffeln, gekochter Reis, Mayonnaise, French Dressing, geschnittener Weißkohl und enthülste Erbsen mit gedämpftem, zerkleinertem Huhn, geschälten Tomaten und gewaschenem Kopfsalat um ein Plätzchen auf seinen Regalen, während das Hackfleisch oder – falls wir mal besonders flüssig waren – ein großes Beefsteak für Samstag bestellt waren. Am Freitag verweigerte ich meinen hilflosen Sprösslingen ihren morgendlichen Strandausflug, und ehe ich ihren mittäglichen Fisch und die Kartoffeln im großen, den gesamten oberen Teil des Herdes einnehmenden Backofen garte, hatte ich auch schon einen Biskuitboden, einen Obstkuchen oder einen Reis- oder Brotpudding bereitstehen, die gleichzeitig hineingeschoben wurden. Danach konnte ich mich entspannen und war bis zum Montag von allen größeren Kochaktionen befreit.

Unser Wochenendmenü variierte zwar nur geringfügig, verschaffte mir jedoch viel Zeit, mich an unseren Gästen zu erfreuen.

Am Freitagabend gab es gekochten Hummer oder gebratene Butterkrebse – beides billig in jenen glücklichen Tagen –, dazu Kartoffelpuffer und amerikanischen Krautsalat sowie Kuchen und frisches Obst zum abschließenden Kaffee.

Das Frühstück, ich gestehe es, war einfallslos. Meine Gäste bekamen Cornflakes, dann Eier und Speck zu ihrem Tomatensaft und Kaffee, ob sie das mochten oder auch nicht!

Samstagmorgens ließen wir die Kinder bei einem Babysitter, schrieben dem Mädchen auf, was sie zum Mittag- und Abendessen bekommen sollten, packten einen Picknickkorb mit Sandwiches aus Tomaten- und Speckresten, Schmalzfleisch und Essiggurken. Eine Thermosflasche Kaffee und den Obstkuchen dazu, und wir verschwanden für den Tag auf einem billigen gemieteten Motorboot – und zwar einem derart altersschwachen Kahn, dass unsere Rückkehr beziehungsweise deren Stunde zweifelhaft war. Kamen wir dann tatsächlich nach Hause, waren wir mehr als bereit für unser Abendessen, und dieses wartete schon fertig auf uns, oder jedenfalls beinahe. Die kalten Kartoffeln wurden mit weißer Sauce übergossen und im Bain-Marie auf den Herd gestellt, während auf der zweiten Herdflamme grünes Gemüse garte. Das geschnittene Hähnchenfleisch wurde mit Mayonnaise und Sellerie vermischt, auf Salatblätter gehäuft und mit Tomaten garniert. Hatte ich etwas mehr Zeit, machte ich ein Geflügelcurry, wärmte den Reis auf und servierte einen großen Beilagensalat aus Tomatenscheiben, Zwiebelringen und French Dressing dazu. Wieder gab es Obst, zusammen mit einem würzigen Käse, oder aber nochmals Kuchen, um die Mahlzeit zu beschließen.

In der Regel reisten unsere Gäste am frühen Sonntagabend ab, so dass wir am späten Nachmittag speisten, damit wir morgens möglichst lange am Strand bleiben konnten – obwohl Sie sicherlich erraten können, wer die Kinder zu ihrem früheren Mittagessen und -schlaf nach Hause brachte. Stets wurde darauf hingewiesen, dass ich ja die ganze »leere« Woche zum Sonnenbaden vor mir hätte, so dass es mir doch sicher nichts ausmache, auf den sonntäglichen Spaß und Tratsch zu verzichten. *Aber ganz und gar nicht!*

Wenn mein sonnenverbranntes Trio dann umhüllt von einer Gin-Aura und begleitet von einer wehmütigen Clique von Bekannten, die man auf diversen Cocktailpartys aufgelesen hatte, schließlich eintraf, verköstigte ich die hungrige Horde mit pfannengegrillten Fleischküchlein oder Beefsteak und weiterem Krautsalat oder Tomaten. An vegetarischen Beilagen gab es Nudeln und frischen Mais, die man beide innerhalb der fünf oder zehn Minuten garen konnte, in denen das fertige Fleisch in der abgedeckten Pfanne neben dem Herd stand, um noch den letzten Tropfen seines aromatischen Safts auszuschwitzen. Ich legte das Fleisch in die Mitte einer großen vorgewärmten Platte, umkränzte es mit Nudeln und schöpfte den herrlichen Bratensaft darüber, dem ich noch etwas Butter, Wasser und einige Tropfen Worcestersauce beigefügt hatte.

Zum Dessert verspeisten wir den Reispudding und was ich vom Kuchen hatte retten können. Falls genug von meinem Obstkuchen das Wochenende überstanden hatte, schnitt ich es manchmal in Stücke und krönte jedes mit einer Kugel Eis aus der Eisdiele.

Das vorgeschlagene Menü wäre auf einem modernen Herd sogar noch leichter zuzubereiten und lässt sich gut variieren. Kalter Hackbraten anstelle des teureren Hühnerfleischs, eine dicke Scheibe Schinken, um das Beefsteak zu ersetzen, und ein köstliches Lamm-Stew, der sich in wenigen Minuten aufwärmen lässt, können uns ebenfalls ein weitgehend arbeitsfreies Wochenende bescheren. Kochen Sie so viel im Voraus, wie Sie können. Behalten Sie immer drei oder vier mögliche Kombinationen für die Speisen in Ihrem Hinterkopf oder, besser noch, notieren Sie sie sich auf einen Zettel, und Sie werden nicht nur montags über Gastgeberinnen lachen können, die nach drei Tagen endloser Kocherei völlig geschafft sind, sondern können Ihre abreisenden Gäste auch noch vor die Tür komplimentieren, ohne – sobald deren Wagen außer Sicht ist – erschöpft auf den Stufen zusammenzubrechen.

Weitere Wochenendmenüs

Diese weisen notgedrungen einen gewissen Grad an Wiederholung auf, und die Listen für die Vorbereitungen wirken lang, viele dieser Arbeiten aber benötigen nur wenig Zeit oder können gleichzeitig mit anderen erledigt werden. Verwenden Sie verschließbares Geschirr, das sich im Kühlschrank stapeln lässt.

MENÜ I

Freitag Abendessen

Gegrillter Fisch mit Zitronenbutter . . . . S. 124
Gewürfelte Bratkartoffeln [*hashed brown potatoes*] . . S. 204
Gurken mit Spinatfüllung . . . . S. 113
Obstsalat . . . . S. 224
Biskuittorte . . . . S. 141

Samstag oder Sonntag Mittagessen

Erbsencremesuppe mit Croûtons . . . . S. 52
Gemischter Salat mit zerzupftem Schinken,
Roquefort-Dressing . . . . S. 129

Warmer Schokoladenkuchen (Fertigmischung verwenden!)

Samstag Abendessen

Kalbskotelett mit Tomaten und Auberginen . . . . . S. 67

Ofenkartoffeln

Coleslaw [amerikanischer Krautsalat] . . . . S. 131

Trifle . . . . S. 142

Spätes Sonntagsfrühstück Spezial

Fruchtsaft

Cornflakes

Nieren-Stew . . . . S. 245

Waffeln . . . . S. 250

Kaffee

Sonntag Abendessen

Fleischküchlein mit gegrillten Tomaten . . . . S. 64

Kartoffel-Gratin . . . . S. 205

Erbsen

Drop Biscuits . . . . S. 185

Pie [Kuchen mit Obst oder anderer Füllung] . . . . . S. 151

VORBEREITUNG

Mit Sternchen versehene Lebensmittel sollten abgedeckt im Kühlschrank aufbewahrt werden. Mit Dächlein^ indizierte Lebensmittel dürfen auch von anderen Mahlzeiten übrig gebliebene Reste sein.*

Mittwochabend

Erbsen für die Suppe einweichen

Donnerstag

Kartoffeln kochen und würfeln*

Spinat kochen und hacken*^

Zwiebeln in Scheiben schneiden*

Grüne Bohnen kochen*^

Biskuitböden backen, zwei Böden mit Marmelade oder Füllung bestreichen

Mürbeteig zubereiten, auf Größe der Backform ausrollen*

Obstsalat zubereiten*

Nieren für den Stew kochen*

Freitag

Vanillecreme kochen, für den Trifle* über ein Stück Biskuitboden gießen

French Dressing zubereiten*

Kopfsalat waschen*

Tomaten für Sonntag waschen*

Nieren-Stew zubereiten*

Gurken vorkochen, mit Spinat füllen*

Schinken zerzupfen*

Coleslaw zubereiten*

Grünes Gemuse für Sonntag zubereiten, falls es nicht tiefgefroren* ist

Kartoffeln für die Ofenkartoffeln sauber schrubben

Auberginen panieren und anbräunen*^

Kalbskoteletts panieren und anbräunen*^

Tomaten 15 Minuten lang garen*^

KURZ VOR DEM ESSEN

Sie haben nun praktisch alle notwendigen Vorbereitungen erledigt; nehmen Sie also Platz, entspannen Sie sich und warten Sie auf die Ankunft Ihrer Gäste. Es bleibt zwar noch zu tun, aber nicht mehr allzu viel:

Freitag Abendessen

Fisch grillen, gleichzeitig im selben Backofen die gefüllten Gurken goldbraun backen; Bratkartoffeln zubereiten

Samstag Mittagessen

Die Erbsensuppe mit Milch verdünnen und erhitzen; Croûtons toasten und schneiden; Salat mischen; Schokoladenkuchen backen

Samstag Abendessen

Zwiebeln anbräunen und mit Kalbskoteletts, Auberginen etc. in Backform geben und backen; gleichzeitig die Kartoffeln in der gleichen Backröhre garen

Sonntagsfrühstück

Nieren-Stew aufwärmen; Waffeln am Tisch backen

Sonntag Abendessen

Weiße Sauce über die Kartoffeln schöpfen und backen; Fleischküchlein und Tomaten im selben Ofen grillen und auch die Brötchen darin backen; grünes Gemüse in Wasser garen; Obstkuchen aufwärmen

MENÜ 2 (NICHT SO TEUER)

Freitag Abendessen

Überbackener Fisch . . . . S. 100
Bratkartoffeln in Scheiben [*Country fried potatoes*] . . S. 204
Spargel mit Butter . . . . S. 107

Gurkenscheiben in French Dressing . . . . S. 129
Kirschring . . . . S. 144

Samstag Mittagessen

Clam Chowder [Muschelsuppe] . . . . S. 233
Kartoffelsalat . . . . S. 132
Gefüllte Eier . . . . S. 196
Käse

Samstag Abendessen

Gebratene Wurst . . . . S. 244
Makkaroni-Gratin . . . . S. 205
Gefüllte Tomaten . . . . S. 109
Coleslaw . . . . S. 131
Pochierte Früchte [Kompott]
Biskuittorte . . . . S. 141

Sonntag Abendessen

Lamm-Stew mit Erbsen . . . . S. 68
Kleine neue Pellkartoffeln
Grüner Salat
Crème brûlée . . . . S. 144

VORBEREITUNG

Donnerstag

Kirschring zubereiten*
Kartoffeln kochen*
Coleslaw zubereiten*
Gurken in Scheiben schneiden, in Servierschüssel geben, mit French Dressing übergießen*

Weiße Sauce zubereiten*

Clam Chowder kochen*

Freitag

Eier hart kochen und für das Mittagessen am Sonntag füllen

Fisch kochen und zerzupfen, Fisch und hart gekochte Eier in die gefettete Backform geben*

Füllung für die Tomaten zubereiten*

Makkaroni kochen, mit Käse in die gefettete Backform geben*

Früchte pochieren*

Kuchen rühren und backen*

Lamm-Stew zubereiten*

Crème brûlée zubereiten, aber noch nicht karamellisieren*

Kopfsalat waschen*

Tomaten waschen*

KURZ VOR DEM ESSEN

Freitag Abendessen

Fisch mit weißer Sauce übergießen, mit Semmelbröseln bestreuen und überbacken; Kartoffelscheiben in der Pfanne rösten; Spargel kochen, abgießen und in Butter schwenken

Samstag Mittagessen

Clam Chowder erhitzen; Kartoffelsalat anmachen

Samstag Abendessen

Makkaroni mit weißer Sauce übergießen, überbacken; dicke Wurstscheiben anbräunen und im Ofen fertig garen; Tomaten füllen und ebenfalls in den Ofen schieben; gleichzeitig Crème brûlée mit Zucker karamellisieren und in den Kühlschrank zurückstellen

Sonntag Abendessen

Lamm-Stew wieder erhitzen; Kartoffeln kochen; Erbsen ebenfalls kochen und vor dem Servieren zum Lamm-Stew geben

MENÜ 3

Freitag Abendessen

Krebsfleisch in Paprikaschoten . . . . S. 104

Gewürfelte Bratkartoffeln . . . . S. 204

Kalter Spargel mit Vinaigrette . . . . S. 130

Kirschpudding . . . . S. 145

Samstag Mittagessen

Zwiebelsuppe . . . . S. 53

Warmes Baguette

Wurst-, Schinken- und Käseaufschnitt

Tomatensalat

Samstag Abendessen

Schinkenbraten mit kandierten Süßkartoffeln und Äpfeln . . . . S. 68

Grünes Gemüse

Maisbrot[1]

Coleslaw. . . . . S. 131

Frisches Obst

Zimtschnecken . . . . S. 179

1 A. d. Ü.: Sie können statt des Maisbrots auch ein rustikales Weißbrot wie Ciabatta verwenden.

Sonntag Abendessen

Hühnchen mit Sauce créole . . . . S. 122
Reis
Gemüsesalat mit French Dressing . . . . S. 135
Pie [Kuchen mit Obst oder anderer Füllung] . . . . . S. 151

VORBEREITUNG

Donnerstag

Kartoffeln kochen und würfeln*
Spargel kochen*
Vinaigrette zubereiten*
French Dressing zubereiten*
Teig für Zimtschnecken kneten*
Paprikaschoten vorgaren*

Freitag

Süßkartoffeln vorkochen*
Grünes Gemüse für Samstag vorbereiten*
Zimtschnecken backen*
Kopfsalat waschen*
Coleslaw zubereiten*
Huhn kochen und in Stücke schneiden*
Sauce créole zubereiten*
Reis kochen und abgießen*
Kleine Gemüsemengen für den Sonntagssalat kochen oder Reste verwenden*
Mürbeteig kneten und Pie backen
Mehl und Fett für den Pudding vorbereiten*

Krebsfleisch vorbereiten, Paprikaschoten damit füllen und in gefettete Backform setzen*

Zwiebelsuppe zubereiten (Hühnerbrühe verwenden)*

KURZ VOR DEM ESSEN

Freitag Abendessen

Krebsfleisch backen; Milch und Ei zur Puddingmasse geben und über die Kirschen gießen, gleichzeitig mit dem Krebsfleisch in den Ofen schieben; Kartoffelwürfel in der Pfanne braten; Spargel mit Vinaigrette übergießen

Samstag Mittagessen

Zwiebelsuppe erhitzen; Salat zubereiten

Samstag Abendessen

Schinken mit Süßkartoffeln und Apfelringen umlegen und backen; grünes Gemüse kochen; Zimtschnecken aufwärmen

Sonntag Abendessen

Huhn in Sauce créole erhitzen; Reis erhitzen; Salat zubereiten; Pie aufwärmen

Superbe Suppen

Unser schmales Stadthaus erstreckte sich oberhalb der im Keller gelegenen Küche über vier hohe Geschosse, und das einzige mechanische Kommunikationsmittel zwischen den Stockwerken waren metallene Sprechrohre, die außer einem melodischen Gepfeife allerdings nicht viel von sich gaben. Zum Glück öffneten sich die inneren Räume auf einen unhygienischen, aber praktischen Luftschacht, und die ganze Familie, sogar meine würdevolle Mama, fand dies eine sehr viel bequemere Möglichkeit, sich mit Jane, unserer treuen irischen Köchin, auszutauschen. Das Schlagen eines höher gelegenen Fensters führte stets dazu, dass ihr fragendes »Ma'am?« nach oben tönte, und die nach unten driftende Stimme fragte zumeist: »Ist genug Suppe da? Wir erwarten noch Gäste.« Jane muss wohl immer auf eine ungewöhnlichere Botschaft gehofft haben, denn ihr gelangweiltes »Ja, Mam« hallte, während sie sich in ihre Küchenhöhle zurückzog, mürrisch im Schacht wider.

Jane hütete ihre Geheimnisse gewissenhaft, und wie genau sie den nie versiegenden Strom an Suppe hervorbrachte, war uns ein Rätsel. Doch da ich für sie jenes Paradox »einer jungen Dame, die gern kocht« darstellte, verstieß sie vor meiner Hochzeit gegen ihre eiserne Regel und verriet mir, wie sie ihre wundervolle GEMÜSESUPPE zubereitete. Beginnen Sie mit knapp 3 Pfund Rindfleisch, von dem die Hälfte aus Knochen bestehen sollte. Nichts verkehrt macht man jedenfalls, wenn man einen verlässlichen Metzger nach »Suppenfleisch« fragt oder aber nach einer guten Mischung aus drei Viertel Pfund einer beliebigen Partie mageren Rindfleischs sowie einem Schienbeinknochen. Das Fleisch in zwei Zentimeter große Stücke schneiden und die Hälfte davon kurz in ein wenig Rinderfett in ebendem Topf anbräunen, den man für die Suppe zu verwenden gedenkt. Den Rest des Fleischs und die Suppenknochenstücke hinzufügen, mit 4 l kaltem Wasser aufgießen und ½ Stunde stehen lassen. Nun den Deckel auflegen und 1 Stunde köcheln lassen, dann jeweils ¼ Tasse gehackte Möhre, Zwiebel und Sellerie (auch Kohlrübe, falls Sie welche haben), 1 Petersilienzweig, 1 Prise Thymian und ein wenig Lorbeerblatt hinzufügen. Zugedeckt mindestens 2 Stunden köcheln lassen – falls gewünscht, auch den ganzen Tag – und 1 Stunde, ehe man den Topf vom Herd nimmt, 1 EL Salz hinzufügen. Durchseihen, die Fleischstücke dazugeben und zugedeckt abkühlen lassen. Auf diese Weise erhält man einen »Fond«, ohne den früher keine gut geführte Küche auskam. Heutzutage hat der Inhalt der rot-weißen Dosen[2] seinen Platz eingenommen und ist fast genauso gut – außer in diesem herzhaften Gericht. Lassen Sie etwa 1 EL Fett auf der Brühe schwimmen, da es deren Geschmack verbessert, und schöpfen Sie den Rest ab. Nun die Brühe erneut zum Kochen bringen und 1 Dose Tomaten oder ½ l reife geschälte Tomaten, 1 TL gehackte Petersilie und 1 EL Graupen oder Reis hinzufügen.

2 A. d. Ü.: Campbell's rot-weiße Suppendosen, die jeder Kunstliebhaber kennt

Danach folgen 1 TL Zucker, je ½ Tasse geschälte Zwiebeln und Möhren, die gleiche Menge an Sellerie oder Sellerieblättern sowie ¼ Tasse Weißkohl oder Steckrüben – alles in kleine Stücke geschnitten. Mit Salz abschmecken und 2–3 Stunden köcheln lassen, ehe man die Suppe mit Crackern, Brötchen oder Toast serviert. Zusammen mit einem Salat wird daraus ein köstliches und sättigendes Mittagessen oder aber eine leichte Abendmahlzeit.

Dies ist nur das Grundrezept, und mit zunehmender Erfahrung kann man tagelang daran weiterköcheln. Dabei wandern frische Fleisch- und Gemüsesorten ebenso wie vorhandene Reste und deren Garflüssigkeit in den Topf. Ob Erbsen, Okra, Lima- oder grüne Bohnen, Mais, Spargel, Spaghetti, Makkaroni oder Kartoffeln, alles sind geeignete Zutaten. Verwenden Sie aber nicht zu viel von einer Sache. Schneiden Sie das Gemüse klein. Seien Sie vorsichtig mit intensiv schmeckenden Sorten wie Brokkoli, Weißkohl oder Steckrüben. Halten Sie das Verhältnis von Flüssigkeit zu Gemüse bei etwa 3 beziehungsweise 4 zu 1, und sollte es suppenmäßig doch einmal »ganz dick kommen«, einfach Tomatensaft, klare Fleischbrühe oder Wasser hinzufügen.

Ein geradezu süchtig machendes Gericht – während eines Strandsommers aßen wir es so oft, dass der Ruf zu den Mahlzeiten am Nachmittag und Abend nur noch »Suppe« lautete. Unser ungelerntes Hausmädchen nahm dies auf, und nach unserer Heimkehr im Herbst dauerte es eine Weile, bis sie sich – auch vor Gästen – wieder darauf besann, zum konventionellen »Das Essen ist serviert« zurückzukehren.

Rascher zubereitet und eine gute Nachahmung der fleischigeren hausgemachten Variante ist die GEMÜSESUPPE NUMMER 2. Sie reicht für 4–6 Personen. 1 EL Butter zerlassen und bei mittlerer Hitze je ½ Tasse grob gehackte Zwiebeln, Möhren und Sellerie oder Sellerieblätter darin anschwitzen. Das Gemüse soll weich werden, aber keine Farbe annehmen. 4 zerschnittene

Tomaten, geschält oder aus der Dose, hinzufügen, dann 2 Dosen kondensierte Kraftbrühe (consommé double)[3], die mit derselben Menge an Wasser oder Gemüsegarwasser verdünnt wird, sowie ¼ TL Zucker. Mindestens ½ Stunde köcheln lassen, und falls man es wirklich eilig hat, das Gemüse vor dem Kochen in der Küchenmaschine raspeln. Wenn nötig, mit Salz abschmecken.

GEMÜSESUPPE NUMMER 3, für 4–6 Personen. 1 EL Butter zerlassen und je ½ Tasse fein gehackte Sellerieblätter, grüne Frühlingszwiebelenden, Möhren und Brunnenkresse sowie die ebenso fein gehackten äußeren Blätter eines Kopfsalats darin anschwitzen. 1 Tasse Tomatensaft und 1 Dose der kondensierten Kraftbrühe, die mit der doppelten Menge an Wasser oder gekochter Gemüsegarflüssigkeit verdünnt wird, hinzufügen. Nochmals ½ Stunde oder länger köcheln lassen.

Eine klare heiße Suppe bildet den besten Auftakt für ein reichhaltiges Abend- oder Mittagessen, und Kraftbrühe aus der Dose eignet sich (auch wenn Jane Sie vielleicht für faul halten würde) dafür ganz hervorragend – sofern man deren Dosengeschmack neutralisiert. Um ihn zu verbannen, müssen Sie die Kraftbrühe lediglich mit der gleichen Menge an Tomatensaft verdünnen und zu jedem Teller jeweils 1 Zitronenscheibe oder 1 TL Schlagsahne beziehungsweise Crème fraîche und etwas Petersilie hinzufügen – und es schmeckt, als hätten sie stundenlang über dem heißen Kessel geschwitzt und geschuftet. Diese Brühe nennt sich dann selbstverständlich TOMATENBOUILLON oder -CONSOMMÉ, und wenn man etwas Currypulver dazugibt und die Sahne weglässt, kann man À L'INDIENNE dahintersetzen. Versuchen Sie die kondensierte Kraftbrühe mit lediglich der halben Wassermenge zu verdünnen,

3 A. d. Ü.: Es lässt sich auch ein Rinder- bzw. Fleischfond verwenden, wie er hierzulande leichter zu bekommen ist.

geben Sie 1 TL trockenen Sherry auf den Boden jeder Suppentasse und lassen Sie auf einer Zitronenscheibe 1 TL gehacktes, hart gekochtes Ei und Petersilie schwimmen. Fertig ist eine gute Bouillon, ohne auch nur einen Hauch von Dose. Geben Sie einige Würfel reifer Avocado dazu und Sie bekommen eine falsche klare Schildkrötensuppe, und eine hervorragende obendrein.

MUSCHEL-BISQUE und AUSTERN-BISQUE werden auf die gleiche Weise zubereitet. 2 oder 3 gehackte Muscheln zu ½ l des abgegossenen Muschelsuds[4] oder Fischfond geben und zum Kochen bringen. ½ l weiße Sauce zubereiten (S. 120). Im Wasserbadtopf warm halten und den dampfenden Sud hinzufügen. Das ist alles, außer dass man vielleicht davor warnen sollte, die fertige Suppe aufzukochen. MUSCHEL-CONSOMMÉ ist heißer, geseihter Muschelsud mit gehackten Muscheln oder auch ohne, der zuweilen mit einem Klacks Schlagsahne verfeinert wird. CONSOMMÉ BELLEVUE ist klarer Muschelsud, der mit einer gleich großen Menge an Hühnerbrühe zum Kochen gebracht und anschließend mit Schlagsahne gekrönt und etwas gehackter Petersilie bestreut wird. Eine köstlich würzige Suppe, der das berühmte Hotel in Philadelphia den Namen gab.

Getrocknete grüne Schälerbsen bilden die Grundlage drei der besten sämigen Suppen, die es gibt, und folgende Anweisungen sollten genügen, um jede davon auszuprobieren. Studieren Sie sorgfältig die Verpackung, und falls Sie nicht irgendwo »ohne Einweichen« lesen, sollten Sie 2 Tassen davon über Nacht in 4 l Wasser einweichen, das sie vor der Weiterverarbeitung abgießen. Ein 5 cm großes Stück gepökelten Schweinebauch oder Speck in Würfel schneiden, knusprig braun braten und beiseitestellen. Je ⅓ Tasse gehackte Zwiebeln, Möhren und Sellerie im ausgelassenen Fett weich sautieren.

4 A. d. Ü.: Von Muscheln aus Gläsern

Die abgetropften Erbsen, 4 Tassen Wasser, 1 EL Salz und ¼ TL schwarzen Pfeffer hinzufügen. Köcheln, bis die Erbsen gar und weich sind, wobei sie stets von Wasser bedeckt sein sollten. Dann durch ein Sieb oder eine Flotte Lotte passieren. Die »ohne Einweichen« zu kochenden Erbsen müssen etwa 1–1½ Stunden, die anderen 3–4 Stunden gegart werden. Für die ERBSENSUPPE AUF GROSSMUTTERART 1 EL Speckfett zerlassen und 1 EL Mehl hinzufügen. Bei mittlerer Hitze einige Minuten braten und langsam 4 Tassen Wasser sowie 1½ Tassen der passierten Schälerbsen hinzufügen. Zum Kochen bringen und mit den knusprigen Speck- oder Pökelfleischstückchen bestreut servieren. SCHÄLERBSEN-CREMESUPPE wird zubereitet, indem man 1 EL Butter bei mittlerer Hitze zerlässt, 1 EL Mehl einrührt und langsam 4 Tassen Sahne oder Milch sowie 1 Tasse passierte Erbsen hinzufügt. Reichen Sie getoastete Croûtons dazu. ERBSENSUPPE MULLIGATAWNY: Eine Mehlschwitze zubereiten wie oben und statt Wasser langsam 4 Tassen Tomatensaft, 1 Tasse passierte Erbsen sowie ½ TL Currypulver hinzufügen. Vielleicht benötigen Sie mehr Curry, das hängt von der verwendeten Sorte ab, doch in der fertigen Suppe sollte nur ein Hauch davon zu schmecken sein. Dies ist eine fast nicht zu unterscheidende Imitation einer sehr viel komplizierteren und schwierigeren Suppe.

Machen Sie im Frühjahr und Frühsommer, wenn es frische grüne Erbsen in Hülle und Fülle gibt, eine ERBSEN-VICHYSSOISE für 4–6 Personen. 1 Tasse Erbsen in etwa 2 Tassen Geflügelfond weich köcheln (sie sollten dabei stets vom Fond bedeckt sein) und durch ein Sieb oder eine Flotte Lotte passieren. Eine Mehlschwitze bereiten wie oben und langsam 3 Tassen Sahne oder Milch und die pürierten Erbsen unterrühren. Eventuell nachsalzen, dann in Ihren schönsten Suppentassen servieren, wobei für den perfekten Auftakt des Lunchs auf jeder Portion ½ TL fein gehackter Schnittlauch oder grüne Frühlingszwiebelringe schwimmen sollten. Dazu passt dünner warmer Melba-Toast.

BORSCHTSCH ist eine Gemüsesuppe mit russischem Akzent. Für 4–6 Personen 1 Tasse fein geschnittenen Weißkohl sowie je 1 EL gehackte Zwiebel und Möhre in 2 EL Butter weich dünsten. 1 Tasse gehackte Rote Bete aus der Dose [bzw. vakuumiert], ½ Tasse ihres Safts, 1 EL Essig und 5 Tassen Rinderfond mit einigen gekochten Fleischstücken hinzufügen oder aber 3 Tassen Consommé beziehungsweise Kraftbrühe aus der Dose sowie 2 Tassen Wasser. Mindestens 1 Stunde köcheln lassen. Mit Salz abschmecken, wenn nötig, und mit 1 EL Sauerrahm[5] oder Crème fraîche auf jeder Portion servieren.

Das traditionelle Heiligabendgericht unserer Familie ist FRANZÖSISCHE ZWIEBELSUPPE. 3 EL Butter zerlassen, 1 EL fein gehackte Sellerieblätter, 1 EL geraspelte Möhre und 3 Tassen in dünne Ringe geschnittene Zwiebeln hinzufügen. Deckel auflegen und bei mittlerer Hitze garen, bis die Zwiebeln sehr weich und gelb geworden sind. 5 Tassen Fond oder aber 3 Tassen kondensierte Kraftbrühe plus 2 Tassen Wasser sowie 1 EL geriebenen Parmesan hinzufügen. 45 Minuten mit aufgelegtem Deckel köcheln lassen, dann mit Salz abschmecken. Sie werden feststellen, dass diese Suppe stärker nach Zwiebeln schmeckt, als Sie es gewohnt sind, aber wie die verärgerte alte Dame meinte, als ein Fremder ihr sagte, man könne ihren Unterrock sehen: »Mir gefällt es so.« Die Menge reicht für 4–6 Personen. Servieren Sie sie auf dicken getoasteten Baguettescheiben und reichen Sie geriebenen Parmesan oder Pecorino romano dazu. Verwenden Sie allerdings, falls es sich

5 A. d. Ü.: Die in den USA verwendete Sour cream hat einen Fettgehalt von 18–20 %, liegt damit also zwischen deutschem Sauerrahm (10 %) und Crème fraîche (30 %); geschmacklich tendiert sie eher zur Crème fraîche hin. Eine Alternative wäre auch Crème légère (mit 15 % Fett). Hier kann man beides verwenden. Später, etwa bei den Ofenkartoffeln, ist vielleicht eine Mischung vorzuziehen.

irgendwie vermeiden lässt, weder in diesem noch einem anderen Rezept, das geriebenen Parmesan verlangt, ein bereits geriebenes Fertigprodukt, dem fast jedes echte Aroma abgeht. In praktisch jedem Supermarkt oder italienischem Feinkostladen findet man eine Vielfalt von Hartkäsesorten. Sicher gibt es auch in Ihrer Nähe irgendwo ein entsprechendes Geschäft, und der Inhaber wird Sie gerne beim Kauf beraten und den Käse häufig sogar für Sie reiben. Auf diese Weise erhält man das Doppelte für sein Geld und weit bessere Qualität obendrein. Ich machte einen Achtung gebietenden Bankdirektor zu meinem bleibenden Freund, indem ich ihm während eines langen Krankenhausaufenthalts jede Woche ein fröhlich verziertes Päckchen schickte, das einen halben Liter Zwiebelsuppe, zwei Scheiben Toast sowie ein Tütchen mit geriebenem Käse enthielt. Es war sein Lieblingsgericht, bei ihm daheim aber nicht gerne gesehen; endlich, behauptete er zufrieden, könne er es ungestört genießen. Ich glaube zwar nicht, dass die Zwiebelsuppe als übliche Krankenkost gilt, doch ich weiß, dass ein dampfender Teller davon bei einem Kater wahre Wunder wirkt und wenigstens »solche Invaliden« in verblüffend kurzer Zeit vollständig kurieren kann.

CHESAPEAKE BOUILLABAISSE ist – diesseits von Marseille – die beste Fischsuppe der Welt. Für 4–6 Personen ½ Tasse Olivenöl erhitzen – und hier bitte kein Substitut verwenden! – und ¾ Tasse gehackte Zwiebeln, 2 gehackte Knoblauchzehen, 1 EL geriebene Möhre und 1 EL gehackte Sellerieblätter darin anschwitzen. 1 Prise frischen Dill, Rosmarin und Basilikum hinzufügen, falls vorhanden. 4 enthäutete Tomaten oder Dosenware und 2 cm Zitronenschale, in sehr feine Streifen geschnitten, dazugeben und 15 Minuten köcheln lassen. Die Gräten von 2 kg filetiertem Fisch und, wenn möglich, 2 Fischköpfe in einen Topf geben und den Fisch darauflegen. 2 Zwiebelscheiben, jeweils 1 kleines Lorbeerblatt, 1 kleine Macisblüte und 6 Pfefferkörner hinzufügen. Mit 3 Tassen Wasser und 1 Tasse Weißwein auffüllen. 1 TL Salz dazugeben und köcheln, bis der Fisch gerade weich ist. Aus der Brühe heben und beiseitestellen. Die Gräten und Köpfe aber noch mindestens 1 Stunde in der Flüssigkeit weiterköcheln. Abseihen und eventuell Wasser hinzufügen, so dass man insgesamt 4 Tassen Flüssigkeit erhält. Diese zum Gemüse gießen und das Ganze zugedeckt 1 weitere Stunde köcheln lassen. Nun ½ Tasse Miesmuscheln (aus der Dose) und ½ Tasse geschälte, gegarte Shrimps (abgepackt oder frisch) hinzufügen; gekochtes Hummer- oder Krebsfleisch lässt sich ebenfalls verwenden, und zwar in Mengen von jeweils ½ Tasse. Den gegarten Fisch hinzufügen, das Ganze rasch aufkochen lassen, eventuell nachsalzen, und jede Suppenportion auf einer getoasteten Baguettescheibe servieren. In diesem Rezept schmeckt jede Art von Fisch, egal ob frisch oder gefroren, aber versuchen Sie, wenigstens zwei oder, besser noch, drei Sorten zu verwenden. Falls die Fische klein sind, sollte man nach dem Pochieren und ehe man sie in die Brühe zurückgibt möglichst viele Gräten entfernen. Fügen Sie eine Prise Safranpulver hinzu, falls es Sie nach Luxus und »Dekadenz« gelüstet. Dieses Rezept mag den Liebhaber der französischen Bouillabaisse zwar erschauern lassen – solange er die Suppe nicht probiert hat –, aber sie ist absolut köstlich und sättigend, und warum sollten wir auf dieser Seite des Ozeans nicht auch einmal kulinarische Wegbereiter sein.

Herzhafte LINSENSUPPE scheint ein nahezu vergessenes Gericht zu sein. 1½ Tassen Linsen über Nacht einweichen und abgießen. 1 EL Butter zerlassen, 2 EL gehackte Zwiebel, 1 EL gehackte Möhre und 1 EL gehackte Sellerieblätter darin anschwitzen. Die Linsen, 8 Tassen Wasser, 2 TL Salz, ¼ TL Pfeffer und 1 Prise Cayennepfeffer hinzufügen und köcheln, bis die Linsen sehr weich geworden sind. Von der Kochstelle nehmen und die Linsen mit einem Kartoffelstampfer oder schweren Löffel ein wenig zerdrücken. 1 EL

Butter zerlassen, 1 EL Mehl hinzufügen, unterrühren und langsam die Linsen dazugeben. 2 in dünne Scheiben geschnittene Wiener hinzufügen, zugedeckt weitere 5 Minuten köcheln lassen und servieren. Wenn an einem stürmischen Tag der »Wind, das himmlische Kind« um die Häuser pfeift, dann wird euch keine Hexe etwas anhaben können, solange ein großer Teller davon euern Bauch erwärmt.

Bœuf à la mode sentimentale und unsentimentalere Fleischgerichte

Es scheint mir gar nicht so lange her zu sein, dass ich am Fenster stand und meinem kleinen blonden Jungen nachsah, wie er zum ersten Mal in den Kindergarten ging. Die Goldknöpfe an seiner Seemannsjacke schimmerten in der strahlenden Herbstsonne, er blieb an der Kreuzung stehen und blickte, wie er es gelernt hatte, vorsichtig nach rechts und links, ehe er über die Straße schoss. Dann wurde eine Mütze mit der stolzen Aufschrift *US-Marine* auf dem Hutband in meine Richtung geschwenkt, ein Kinderstimmchen tönte über die Straße: »Alles in Ordnung, Mom, mach dir keine Sorgen«, und der bedeutsame Moment war für ihn wie für mich vorüber.

Fast über Nacht – wenn ich heute zurückschaue – war der Bursche dann in seiner ersten langen Hose ins Internat gezogen. Dann kam das College, und inzwischen ist er verheiratet und ein anderer kleiner Blondschopf trägt den gleichen Namen und nimmt fast den gleichen Weg in denselben Kindergarten und wird wohl, ehe ich mich versehe, auch dieselbe Internatsschule und dasselbe College besuchen. Nun sollte das Orchester wirklich sofort mit »Dear Little Boy o' Mine« einsetzen, begleitet von einem leise es begleitenden »Mama«, aber ich muss zugeben, dass meine Erinnerungen an jene Zeit hauptsächlich darin bestehen, dass man Namensetiketten in Kleider einnähen und darauf achten musste, dass der Junge bei der Rückfahrt ins Internat auch den richtigen Zug erwischte. Aber das Heimkommen! Jahrelang lief es nach dem gleichen Muster ab. Als Erstes ging die Flagge hoch, weniger aus Patriotismus, wie ich leider gestehen muss, als aufgrund der Tatsache, dass seine liebende, aber die Eifersüchtige markierende jüngere Schwester einmal mit gespieltem Ärger erklärte, dass wir, wenn ihr Bruder nach Hause kam, »ja praktisch alles taten, außer die Flagge zu hissen«. Stets jedoch begann ich einige Tage vor der Heimkehr, als Reaktion auf Bittbriefe, dass es doch an seinem ersten Abend daheim sein Lieblingsgericht geben möge, BŒUF À LA MODE, oder volkstümlicher gesprochen, einen Sauerbraten zuzubereiten.

Später trug der Junge dann noch einmal für vier Jahre sein originales Marineblau. Er kam mit seiner Frau und seinem kleinen Sohn, um – ehe es für ihn nach Japan ging – den letzten Urlaub vor der Einschiffung mit uns zu verbringen. Wir sind, wie Sie sich wohl leicht denken können, keine sentimentale Familie, doch als mein Sohn die Stars & Stripes stolz über der Tür wehen sah, schnuppernd hereinkam, mich ansah und sagte: »Bœuf à la mode, Mom?«, da saß uns beiden ein Kloß im Hals. Inzwischen ist er wieder da, die Flagge und der Braten erwarteten ihn auch diesmal bei seiner Heimkehr, und *so* wird dieses ersehnte Gericht zubereitet.

Zunächst 4–5 Pfund Rindfleisch aus der Oberschale nehmen und etwa ½ l Rotwein, Bordeaux oder Burgunder, auch kalifornischen, wenn es sein muss, allerdings gute Qualität. Versuchen Sie niemals, mit schlechtem Wein zu kochen. Sie würden ihn schließlich auch nicht trinken, nicht wahr? Das Fleisch in ein flaches Geschirr legen, den Wein darübergießen und 2 in Scheiben geschnittene Zwiebeln sowie 1 zerdrückte Knoblauchzehe, ½ Tasse fein gehackter Sellerie, 1 Prise Thymian und, falls man den Geschmack mag, auch etwas Lorbeerblatt hinzufügen. Wir mögen ihn nicht, den meisten aber scheint er zuzusagen. Das Fleisch nun mindestens 24 Stunden marinieren lassen und dabei etwa alle 8 Stunden wenden. Vor dem Braten das Fleisch gründlich abtropfen lassen und möglichst trocken tupfen (ich verwende dafür Küchenpapier); den Wein aufheben. Das Fleisch mit Mehl bestäuben. Nun 120 g Nierentalg oder gehackten Frühstückspeck in einem tiefen Schmortopf auslassen. Das Rindfleisch hineinlegen und gründlich von allen Seiten anbräunen, die Weinmarinade (nachdem man die Lorbeerblätter herausgefischt hat) dazugießen, 4 geschälte Tomaten hinzufügen und mit aufgelegtem Deckel 1 gute Stunde lang leise köcheln lassen. Dann 2 geschälte Zwiebeln und 2 sauber geschabte Möhren pro erwarteten Gast hinzufügen. 1–2 Steckrüben können auch nicht schaden. Etwa 1 EL Salz und reichlich Pfeffer sind hier angebracht. Von nun an hängt alles nur noch davon ab, wann das Gemüse gar ist, eine weitere Stunde langsamen Köchelns dürfte jedoch etwa hinkommen. In der Zwischenzeit sollten auch 2 Packungen breite Bandnudeln fertig sein, die man in reichlich Salzwasser bissfest gekocht hat. Abtropfen lassen und im Durchschlag über kochendem Wasser warm halten.

Nun naht der Augenblick der Wahrheit. Den Braten auf eine große vorgewärmte Platte legen, die Sauce mit ½ Tasse Sauerrahm oder Crème fraîche andicken, während man das Ganze langsam zum Köcheln bringt. Etwas Stärkemehl oder Mehl mit kaltem Wasser vermischen und hinzufügen, sollte die Sauce nicht sämig genug sein. Den Braten mit dem Gemüse umlegen, dann den Rand der Platte mit großen Löffeln der noch heißen gekochten Nudeln verzieren, wobei man auf jedes Nudelhäufchen ein Stückchen Butter setzt. Die Sauce getrennt dazu servieren.

Eine große Schüssel Salat, für die der zurückgekehrte Held das Dressing zubereitet hat, einer von Mutters Kuchen zum Nachtisch, und auch ein bisschen Käse und jede Menge Kaffee während des Essens[6] – es kann keine schönere Willkommensfeier geben, ob man nun aus der Schule oder dem Krieg heimkehrt.

LAMMBRATEN muss, ob er nun heiß oder kalt serviert wird, nicht das fade Gericht sein, das man auf den meisten Esstischen Amerikas findet. Zugegeben, eine gut zubereitete schöne Keule von einem Frühlingslämmchen ist kaum zu übertreffen, doch wenn Sie hinsichtlich des Alters und der Textur ihres Lamms Zweifel haben, so probieren Sie es einmal auf diese Art.

Für 1 Lammkeule sollte man 2 Tassen fein gehackte Petersilie einkalkulieren, die mit 1 TL gehacktem Schnittlauch oder grünen Frühlingszwiebelenden vermischt werden. Mit einem scharfen Messer (ich verwende ein kleines Tranchiermesser) 4–5 kleine Schlitze ins Fleisch machen, die nicht zu nah beieinanderliegen und bis auf den Knochen reichen sollen. Jeden Schlitz so fest wie möglich mit den gehackten Kräutern stopfen. Eine Knoblauchzehe in Scheiben schneiden und den Braten an mehreren Stellen damit spicken, 3 oder 4 Lammnieren, bei denen die Hälfte des Fetts entfernt wurde, unter dem Braten feststecken. Falls das Fleisch sehr mager ist, kann man auch ein Stück Nierenfett an der Oberseite des Bratens festspießen. Nun das Ganze gründlich mit Mehl, Salz und Pfeffer einreiben, zusammen mit je ½ Tasse Rotwein und Wasser in einen offenen Bräter geben und bei moderater Hitze (175°C) mindestens ½ Stunde pro ½ kg Fleisch garen. Von Zeit zu Zeit nachsehen und mit Bratensaft bepinseln. Nach der Hälfte der Garzeit das Nierenfett,

6 A. d. Ü.: Vor zwanzig, dreißig Jahren trank man in den USA noch Kaffee während der Mahlzeiten, heute ist dies nur noch in den ländlichen Regionen üblich.

falls verwendet, entfernen und den Braten mit 2 kleinen geschälten Möhren, 2 geschälten Zwiebeln sowie 2 geschälten und vorgekochten Kartoffeln pro Gast umlegen. Weiteren Wein und Wasser hinzufügen, falls die Flüssigkeit im Bräter inzwischen verdampft ist. Beim fertigen Braten sollte das Gemüse goldbraun und das Fleisch außen knusprig, innen aber noch feucht und saftig sein. Ein wenig Mehl und Wasser zum Bratensaft geben, aufkochen lassen ... das gibt ein Sößchen! Ich glaube nicht, dass Sie bei dieser Köstlichkeit noch Johannisbeer- oder Minzgelee benötigen.

Und nun haben Sie Lammbraten übrig – was fangen Sie bloß damit an? Überhaupt kein Problem. Versuchen Sie es mal mit SCHARF GEWÜRZTEM LAMM. Zunächst aus 4 EL Pflanzenöl, 4 EL scharfem Essig, 2 EL Senf und 1 TL Worcestersauce eine Marinade rühren und über die dünnen Fleischscheiben gießen. Falls gewünscht, kann man sie auch über Nacht darin durchziehen lassen. Dann in einer kleinen gusseisernen Pfanne etwas Butter zerlassen, und sobald sie zischt, das Fleisch hineingeben und auf beiden Seiten anbräunen. Eventuell übrige Bratensauce, die Marinade und so viel Wasser zugeben, dass das Fleisch davon bedeckt ist; wenn nötig, die Sauce noch ein wenig andicken. Etwa ½ Stunde köcheln lassen, auf einem Bett aus Reis oder heißen Bandnudeln servieren und Chutney dazu reichen. Wie lecker das doch ist! Der rohe Senfgeschmack, den Sie womöglich erwartet haben, ist gänzlich verschwunden; geblieben ist nur ein unbeschreibliches Aroma.

Dieses Rezept stammt von der karibischen Insel St. Lucia, wo es immer heiß ist, das Fleisch daher nicht reifen kann und folglich zäh bleibt, so dass man diesbezüglich etwas unternehmen muss. Ich genoss es dort in dem entzückenden kleinen Hotel St. Antoine, dessen Inhaberin wiederum wissen wollte, wie man echte Boston Baked Beans zubereitet. Also tauschten wir Rezepte aus und hatten beide das Gefühl, den besseren Deal gemacht zu haben.

HÄHNCHENAUFLAUF für 6 Personen. Gehaltvoll, teuer und köstlich. Im heißen Ofen 3 kleine zarte Hähnchen 5 Minuten von beiden Seiten grillen. Sobald sie schön gebräunt sind, in der Mitte durchschneiden. In einer großen Eisenpfanne 225 g Butter zerlassen, 2 EL Mehl und 1 TL Salz hinzufügen und rühren, bis alles gut vermischt ist. Nach und nach ½ l oder mehr Sahne hinzufügen und kochen, bis das Ganze eingedickt ist. Die Hähnchenhälften hineingeben, den Deckel auflegen und im Ofen bei 175°C etwa ½ Stunde backen – oder auch länger, falls gewünscht. Ein schönes Gericht nach einer heißen oder kalten klaren Suppe. Als Beilage eignen sich Pommes frites und ein säuerlicher Salat.

HÄHNCHEN CACCIATORE für 6 Personen wird aus 2 etwa 1,2 kg schweren Brathähnchen zubereitet, die man in Stücke zerteilt, mit Mehl, Salz und Pfeffer bestreut und in ½ Tasse Olivenöl anbräunt. Die Hähnchenstücke aus dem Öl nehmen und in einen Schmortopf legen; zum Topf mit dem Öl 1 gehackte Knoblauchzehe, 1 Tasse gehackte Zwiebeln und, falls gewünscht, 1 Prise Basilikum und Rosmarin geben. Sobald die Zwiebeln weich sind, 1 Dose Tomaten und 2 EL Tomatenpüree hinzufügen. Diese Sauce 15 Minuten lang köcheln lassen. Dann über die Hähnchenstücke gießen und zugedeckt bei 175°C etwa 45 Minuten im Backofen garen. Mit gebutterten Spaghetti servieren und geriebenen Pecorino romano oder Parmesan dazu reichen.

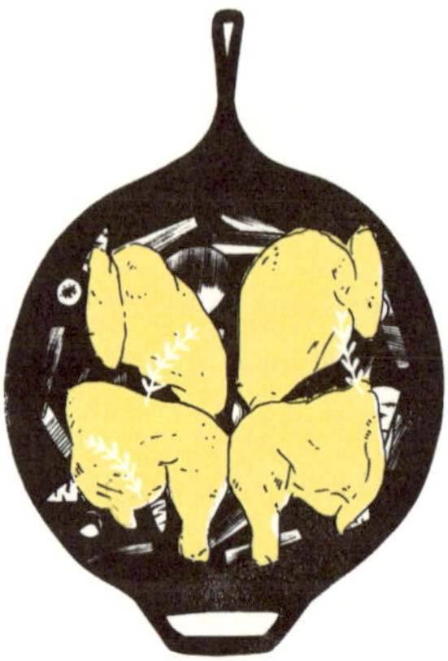

Bei schwülem Wetter gibt es nichts Besseres als ein altmodisches HUHN IN ASPIK, wie meine Großmutter es zubereitete. Einen Bissen davon, und schon umfächelte einen die kühle Brise. Das Alter des Vogels spielt bei diesem Rezept keine Rolle. Die älteren, zäheren Burschen müssen länger gekocht werden, scheinen jedoch mehr Geschmack zu besitzen. 1 großes zerteiltes Suppenhuhn mit kaltem Wasser bedecken, 1 Stunde köcheln lassen, dann 1 TL Salz hinzufügen und weiterköcheln, bis es sehr weich geworden ist. Dies kann, falls ihr Vogel ein Veteran ist, durchaus mal 3 Stunden dauern. Huhn herausnehmen, Haut und Knochen ab- beziehungsweise herauslösen und in die Brühe zurückgeben. Das Fleisch in kleine Stücke schneiden und in eine gefettete Form schichten. Die Brühe mit Haut und Knochen kochen, bis die Flüssigkeit auf etwa 3 Tassen eingekocht ist. Dann abkühlen lassen und alles Fett abschöpfen. Die Brühe erneut erwärmen, mit Salz und Pfeffer abschmecken und vorsichtig über das Fleisch gießen. Kühl stellen, bis das Ganze fest geworden ist – am besten über Nacht. Aus der Form auf Salatblätter stürzen und mit hart gekochten Eischeiben und Tomatenvierteln umlegen.

HUHN AUF LÄNDLICHE ART für 6 Personen. Ein etwa 2,5 kg schweres Huhn in Stücke schneiden. Ist es schön groß, ergeben jede Unterkeule, jeder Oberschenkel und jedes Brustviertel jeweils eine Portion. Fleischstücke in einen großen Topf geben und genügend kaltes Wasser zugießen, so dass sie davon bedeckt sind. 1 kleine gehackte Zwiebel und jeweils 1 TL gehackte Sellerieblätter und Petersilie hinzufügen. Bei geschlossenem Deckel gar köcheln, kurz vor Ende der Garzeit Salz hinzufügen. Das Huhn aus dem Topf heben. Die Brühe abkühlen lassen und das Fett abschöpfen. 4 EL des Fetts zerlassen und langsam 3 EL Mehl hinzufügen. 3½ Tassen der Hühnerbrühe sowie ½ Tasse Sahne unterrühren, aufkochen und eindicken lassen, die Hähnchenstücke hinzufügen und miterhitzen und zusammen mit Reis und kleinen Maispuffern (S. 112) servieren.

HÜHNERLEBERN MIT ROTWEIN für 6 Personen. 1 EL gehackte Zwiebeln oder Schnittlauch, 1 TL Petersilie und 225 g in Scheiben geschnittene Champignons in 3 EL Butter sautieren, bis die Zwiebeln weich geworden sind. 450 g Hähnchenlebern hinzufügen, die man vorher mit 3 EL Mehl bestäubt und 1 TL Salz und etwas Pfeffer bestreut hat. Etwa 5 Minuten mitbraten. Dann 1 Tasse trockenen Rotwein und 2 Tassen klare Fleisch- oder Hühnerbrühe hinzufügen. 10 Minuten köcheln und leicht eindicken lassen. In einem Reisring (aus 4 Tassen gekochtem Reis) anrichten und mit gebratenen Auberginen servieren. Sollte etwas davon übrig bleiben, Reis und Lebern mit 2–3 geschälten und gehackten Tomaten, frisch oder aus der Dose, vermischen; 1 gehackte Zwiebel, 1 gehackte Knoblauchzehe und 1 gehackte grüne Paprika in etwas Butter weich dünsten und zur gebratenen und gewürfelten Aubergine hinzufügen. Alles vermischen, in eine kleine gefettete Auflaufform geben, abdecken und 1 Stunde bei 175°C backen, und man erhält ein köstliches und ungewöhnliches Mittagessen.

HAMBURGER bedeuten zwar für viele von uns nur zu lang gebratene, teigig-fettige, fade Fleischklopse, die an irgendeinem Straßenimbiss zwischen kalte Brötchenhälften geklatscht wurden, aber es gibt eigentlich keinen Grund, warum sie nicht wunderbar schmecken sollten. Nur kaufen Sie bitte kein bereits gehacktes und nicht mehr klar identifizierbares Fleisch von der Theke. Nehmen Sie lieber Ober- oder Unterschale und lassen Sie es den Metzger nur ein einziges Mal unter ihrem wachsamen Auge durchdrehen. Oder aber Sie geben es durch den eigenen Fleischwolf, wobei man die mittlere Scheibe verwendet und jedem halben Kilo Fleisch eine kleine Zwiebel folgen lassen sollte. Diese Masse mit 4 EL gehackter Petersilie und eventuell einigen gehackten Sellerieblättern vermischen. Dann aus jedem Pfund Fleisch nicht mehr als 6 ziemlich große, nicht zu dünne Küchlein formen. Nun die Gusseisenpfanne sehr stark erhitzen und lediglich mit einem Stück Speck oder

Nierentalg einfetten. Die Fleischküchlein darin braten, bis sie außen knusprig und innen zart rosa sind. Gönnen Sie ihnen 4 Minuten auf jeder Seite, auf keinen Fall jedoch mehr als 5. Auf einem vorgewärmten Teller ein halbes frisch getoastetes Brötchen für jede Frikadelle bereithalten, den Hamburger darauf platzieren und warm halten, während man jeweils 1 EL Wasser für jede Portion zu den Bratensäften in der Pfanne gibt. Die Frikadellen mit Salz und Pfeffer bestreuen, jeweils ein wenig Sauce darübergeben und die zweite Hälfte des getoasteten Brötchens daraufsetzen. Als Garnitur könnte man in Butter gebratene grüne und rote Paprikaringe probieren oder aber Zwiebelscheiben, denen man die gleiche Behandlung zuteilwerden lässt. Dicke gegrillte Tomatenscheiben, in Semmelbröseln gewälzt und dann mit Butterflöckchen besetzt, passen gut zum Fleisch im Brötchen, Senfgurken und India Relish[7] sind nahezu unverzichtbare Begleiter. Zur Abwechslung kann man auch jeden Fleischklops mit einer Scheibe Speck umwickeln, die man vor dem Braten mit Küchengarn oder Zahnstocher befestigt. Ob so oder aber mit Speck, gut schmecken die Burger auch mit Spaghetti oder Sauce créole.

HACKBRATEN ist kinderleicht zuzubereiten und kann ein schönes Partygericht sein. Fast jede Kombination aus gegartem oder rohem Fleisch eignet sich dafür, und dies ist ein ausgezeichnetes Standardrezept für 6–8 Personen. 500 g mageres Rindfleisch, 250 g roher Schinken mit etwas Fett, eventuell auch noch 250 g rohes Kalbfleisch von der Haxe zusammen mit 2 geschabten rohen Möhren, 2 geschälten Zwiebeln, 1 Stange Bleichsellerie sowie 2 großen Petersilienzweigen zweimal durch den Fleischwolf drehen. 2 verschlagene Eier sowie ½ Tasse Semmelbrösel, ¼ TL Thymian, Salz, Pfeffer, ½ TL Senfpulver und 1 TL Worcestersauce hinzufügen. Gründlich vermischen und zu

7 A. d. Ü.: Relish aus Gewürzgurken, Kohl, Zwiebeln und Gewürzen

einem Laib formen. Diesen in eine gefettete Backform setzen und drei Scheiben Speck darauflegen. 1 Dose kondensierte Tomatensuppe darübergießen und 1 Stunde bei 190°C im Ofen garen. Falls die Flüssigkeit in der Backform zu stark eintrocknet, etwas Wasser oder Rotwein nachgießen. Schmeckt sowohl heiß als auch kalt! Wie bei vielen anderen Gerichten gibt es unzählige Varianten davon. Statt der Tomatensuppe kann man 2 frische geschälte Tomaten hacken oder Dosentomaten zum Fleisch geben und den Hackbraten mit Rot- oder Weißwein bepinseln. Auch eine andere Schinkensorte kann den Geschmack verändern, und falls man den Braten kalt servieren möchte, wirken einige geschälte hart gekochte Eier in der Fleischmasse nicht nur beim Aufschneiden dekorativ, sondern strecken den Braten auch.

IRISCHER SHEPHERD'S PIE ist die lediglich etwas raffiniertere Version eines uralten Gerichts und eine wunderbare Möglichkeit, jede beliebige Restekombination aus Rindfleisch, Kalb oder Lamm aufzubrauchen. Für 6 Personen benötigt man 2 Tassen durchgedrehtes gegartes Fleisch. Falls man die Menge nicht erreicht, den Rest mit Semmelbröseln ergänzen, aber nicht mehr als ½ Tasse davon verwenden. 1 gehackte Möhre und 2 EL gehackten Sellerie hinzufügen. Eventuell auch gehackte Speckreste. ½ Tasse gehackte Zwiebel und ½ gehackte grüne Paprikaschote in 3 EL Fett anbraten, 1 EL Mehl hinzufügen und langsam 1 Tasse an übrig gebliebener Bratensauce oder aber Kraftbrühe aus der Dose sowie ½ Tasse Rotwein hinzufügen und aufkochen lassen. Das Fleisch dazugeben und 5 Minuten unter ständigem Rühren köcheln lassen. Das Ganze sollte nicht zu trocken werden: Die Pastetenfüllung soll saftig sein; wenn das Ganze daher nicht feucht genug wirkt, und vor allem, wenn Sie die Zutaten mit Semmelbröseln »gestreckt« haben, benötigen Sie womöglich etwas mehr Flüssigkeit. 3 grüne Paprikaschoten längs halbieren, Samen und weiße Innenwände entfernen, Schoten 5 Minuten vorkochen und abtropfen lassen. Eine Pastetenform buttern, mit den Paprikaschoten – Hautseite nach unten und schmale Enden Richtung Formmitte – auskleiden und die Fleischfüllung gleichmäßig darüber verteilen. Sehen Sie sich das Ding mal an: Das ist Ihre »(Gemüse-)Torte« auf ihrem »Tortenboden«! Und für das »Baiser« drückt man 2½ Tassen gekochte Kartoffeln durch die Kartoffelpresse oder zerstampft sie und schlägt dann ¾ Tasse heiße Milch darunter. Kräftig mit Salz, schwarzem Pfeffer und etwas geriebener Zwiebel würzen, in spitzen Häufchen auf die Füllung setzen und mit 2 weiteren EL Milch beträufeln, ehe man das Ganze bei 190°C für 30 Minuten in den Ofen schiebt.

Ebenfalls großartig schmeckt diese Fleisch-Bröselmasse, wenn man sie auf dünne Toastscheiben häuft und in gefetteten Portionsauflaufförmchen bei 190°C im Ofen backt, wobei man ein vorsichtig aufgeschlagenes Ei daraufgleiten lässt. Die Garzeit beträgt etwa 15 Minuten, so lange, bis das Ei gestockt ist. Oder probieren Sie GEFÜLLTE GRÜNE PAPRIKASCHOTEN, die – ausgehöhlt und vorgekocht – mit dieser Mischung gefüllt werden. Schoten aufrecht in eine tiefe, gefettete Backform stellen, mit gekochten Tomaten oder Dosentomaten fast bis zum oberen Rand der Paprika auffüllen, vorsichtig 1–2 Tassen gekochten Reis einrühren und ½ Stunde bei 190°C backen, und man erhält ein unkompliziertes, köstliches Ein-Geschirr-Restegericht.

KALBFLEISCH À LA MAMA, dessen Herkunft ich auf S. 208 beschreibe, reicht, wenn man es aus 450 g Kalbskotelett und 6 Scheiben geschälter Aubergine zubereitet, für 6 Personen. Das Kotelett mit einem Kartoffelstampfer wenige Minuten lang klopfen, Fleisch und Aubergine in fingerlange Streifen schneiden, in verschlagenes Ei tunken, in Semmelbröseln wälzen und kurz in Pflanzenöl oder Schmalz braun braten. 1 Tasse Zwiebelscheiben in 2 EL Butter weich sautieren und auf dem Boden einer gefetteten Kasserolle verteilen. Kotelett und Auberginen nacheinander darüberschichten. 3 Tassen

Dosen- oder frische Tomaten 15 Minuten lang köcheln, Salz und Pfeffer und, falls gewünscht, 1 Prise Basilikum hinzufügen, mit 2 EL Mehl, das mit etwas kaltem Wasser verrührt wurde, andicken, dann vorsichtig über den Inhalt der Kasserolle gießen. Abdecken und 45 Minuten oder länger bei 190°C backen, wobei man gleichzeitig große, sorgfältig geschrubbte und eingefettete Kartoffeln im Ofen mitgart. 15 Minuten bevor man das Gericht aus dem Ofen nimmt 1 Tasse gekochte grüne Bohnen, Erbsen oder Spargelspitzen hinzufügen, Deckel wieder auflegen und im Ofen fertig garen.

Für GEBACKENEN SCHINKEN benötigt man ein etwa 700 g schweres Stück Räucherschinken. Die Schwarte entfernen und die Fettränder einschneiden. 2 mittelgroße Süßkartoffeln längs vierteln und 5 Minuten in siedendem Salzwasser vorkochen. Abtropfen lassen und mit zerlassener Butter oder Pflanzenöl bepinseln. 2 saure Äpfel entkernen und in 2 cm dicke Scheiben schneiden. Den Schinken in eine flache gefettete Backform legen, alternierend mit Süßkartoffel- und Apfelscheiben umlegen und mit ½ Tasse braunem Zucker bestreuen. ½ Tasse Wasser darübergießen und 30 Minuten bei 190°C backen. Dies reicht, wenn Ihre Gäste nicht zu hungrig sind, für 6 Personen.

LAMM-STEW für 6 Personen. Ein Schmorgericht für kalte Abende. 1,5 kg Lammschulter oder -brust in 5 cm große Würfel schneiden. In 3 EL Fett anbräunen; dann mit kaltem Wasser bedecken und ½ Stunde köcheln. 8 kleine geschabte Möhren und 8 geschälte Zwiebeln, ½ Tasse Tomatensaft, 1 TL Worcestersauce, Salz, Pfeffer und 1 EL gehackte Petersilie hinzufügen. Eine weitere Stunde garen, bis Fleisch und Gemüse weich sind. Etwas Mehl mit kaltem Wasser verrühren und die Sauce damit andicken. 1 Tasse gekochte Erbsen bereithalten. Das Stew mit den daraufgeschöpften Erbsen in einer tiefen Schüssel (Terrine) servieren und in der Schale gekochte und gebutterte neue Kartoffeln dazu reichen.

GESCHMORTES GEFÜLLTES FLANK STEAK[8] ist eine solche Köstlichkeit, dass niemand seinen überaus günstigen Preis erraten oder sich daran stören wird. Ein Stück von 750 g bis 1 kg reicht für 4 oder auch 6 Personen. Das Fleisch einige Minuten lang mit dem Kartoffelstampfer oder Fleischklopfer bearbeiten und dann ½ Tasse Mehl, 1 TL Salz und etwas Pfeffer in jede Seite klopfen. 1 kleine Knoblauchzehe zerdrücken, auf einen Zahnstocher spießen und in die Pfanne werfen, während man darin gleichzeitig ¼ Tasse Butter zerlässt. Danach den Knoblauch entfernen und die Butter zusammen mit ¼ Tasse fein gehackter Zwiebel, 1 EL gehackter Petersilie und 1 Prise Thymian zu 2 Tassen groben Semmelbröseln geben. Diese Masse auf dem Steak verteilen und das Fleisch locker aufrollen. 3 Stücke Speck um die Rolle wickeln und mit Küchengarn befestigen, so dass eine einzige Schnur das Fleisch zusammenhält. Man kann auch Zahnstocher dafür verwenden, Küchengarn hält allerdings besser. Das Fleisch in einem sehr leicht gefetteten Topf oder Bräter anbräunen und 1 gehackte Möhre, einige Sellerieblätter, ½ Tasse Tomatensaft, ½ Tasse Wasser und ½ Tasse Rotwein hinzufügen. Das Ganze zugedeckt entweder auf der Herdplatte köcheln lassen oder aber bei niedriger Temperatur im Ofen weich garen. Die gare Fleischrolle auf eine heiße Platte legen und, falls die Bratensauce zu fett erscheint, das Fett abschöpfen, ehe man die Sauce mit 1 Tasse saurer Sahne andickt und über das Fleisch gießt.

Und nun wollen wir zu Ehren unserer britischen Vettern mal BEEF & KIDNEY PIE ausprobieren! 500 g Oberschale vom Rind in 2,5 cm große Würfel schneiden. 2 Rindernieren mit kaltem Wasser bedecken und 1 Stunde wässern. Die Nieren nun in gleich große Würfel schneiden (dabei das innere

8 A. d. Ü.: Flank Steak = Fleisch aus dem unteren Rippenbereich, dem »Rinderlappen« unterhalb des Filets

Fettgewebe entfernen), mit Wasser bedecken und 30 Minuten köcheln lassen. Abgießen und mit kaltem Wasser abbrausen. Zum gewürfelten Rindfleisch geben und mit 4 EL Mehl bestäuben. 4 EL Fett in einer Pfanne zerlassen, Fleisch und 1 Tasse gehackte Zwiebeln hinzufügen und 10 Minuten unter häufigem Umrühren garen. Jeweils 2 Tassen Kraftbrühe aus der Dose und Wasser hinzufügen, ebenso wie Salz, Pfeffer, 1 Prise Thymian, 1 TL braune Würzsauce (Maggi) und 1 TL Worcestersauce. 3 Minuten köcheln lassen. Eine tiefe Backform mit Mürbeteig (S. 151) auskleiden und mit Eiweiß bepinseln. Das Fleisch mit der Sauce hineingießen. Die Teigränder mit Wasser befeuchten und einen Teigdeckel darauflegen, wobei man die Teigränder fest zusammendrückt. Den Pastetendeckel in der Mitte kreuzweise einschneiden. Im auf 200°C vorgeheizten Ofen 15 Minuten lang backen, dann die Hitze auf 180°C reduzieren und weitere 30 Minuten backen. Wer möchte, kann die Pastete auch noch 15 Minuten länger im Ofen lassen. Servieren Sie sie – noch heiß und brutzelnd – 6 oder 8 Gästen.

KALBFLEISCH-SCHINKEN-PASTETE erfordert zwar beträchtlichen Aufwand, ist aber *die* Antwort, wenn man für einen heißen Abend jene gewisse Abwechslung sucht. Das Rezept habe ich vom Küchenchef eines kleinen englischen Dampfers, der inzwischen wie so viele seiner stattlicheren Vettern gesunken ist. Eine Kalbshaxe mit kaltem Wasser bedecken, 1 geschälte Zwiebel, 1 Gewürznelke, 1 TL Petersilie und eine geschälte Möhre hinzufügen. Langsam zum Köcheln bringen und den Schaum abschöpfen. Mindestens 2 Stunden lang köcheln lassen; bis das Fleisch wirklich zart ist, kann es aber auch 3 Stunden dauern; dabei nach 1 Stunde Garzeit 1 TL Salz hinzufügen. Danach die Brühe seihen, das Fleisch grob hacken und dabei alle Knorpelstücke entfernen. Den Fond auf etwa 1 l einkochen, eventuell nachwürzen, abkühlen lassen und das Fett abschöpfen. 450 g mageren, gegarten Räucherschinken grob hacken und 3 hart gekochte Eier in Scheiben schneiden. 1 rohes Ei mit 1 EL Wasser, ½ TL Salz, etwas Pfeffer und je 1 Prise Bohnenkraut und Thymian verschlagen. 1 Tasse Semmelbrösel hinzufügen und die Masse zu kleinen, etwa murmelgroßen Bällchen formen. Eine tiefe Backform mit Mürbeteig auskleiden und mit 1 Eiweiß bepinseln. Dann ganz ohne Eile – sind die Engländer nicht eher bedächtige Zeitgenossen? – die Kalbfleisch- und Schinkenstücke sowie das hart gekochte Ei in der Form verteilen und hier und da ein paar der kleinen Semmelbröselklößchen dazwischenstecken. Wie im vorausgegangenen Rezept mit einem Teigdeckel verschließen, jedoch ein kleines rundes Loch in die Mitte schneiden. In dem wiedererhitzten Fond 1 TL Gelatinepulver auflösen, in das Loch im Pastetendeckel einen kleinen Trichter stecken und vorsichtig so viel Brühe einfüllen, dass das Fleisch davon bedeckt ist. Dann etwa 15 Minuten bei 200°C backen, ehe man die Hitze auf 175°C herunterschaltet und weitere 30 Minuten backt. Aus dem Ofen nehmen und vor dem Abkühlen so viel von der noch warmen Brühe einfüllen, bis sie bis unter den Pastetendeckel reicht. Mindestens 8 Stunden abkühlen lassen. … auch ihr anglophobster Gast wird beim ersten Bissen in die Hymne »There'll Always Be an England« einstimmen.

»Ihr esst das doch nicht?«

Meine Familie führte ein Leben gemäß der geltenden Konvention, doch während mein Vater als streng orthodoxer Quäker erzogen wurde, war es bei meiner Mutter wohl eher die Ära, in die sie hineingeboren wurde, die verhinderte, dass ihr irisches Temperament – abgesehen von ihrer Liebe zur Musik, strahlend blauen Augen und einem ansteckenden Lachen – zum Durchbruch kam. Aber auch ihr Hang zum ständigen Überziehen des Bankkontos, erklärte Vater, verrate ihre süßholzraspelnde[9] Herkunft, und das einzige Mal, das ich ihn sprachlos erlebte, war, als sie arglos behauptete, selbstverständlich gestatte jede vernünftige Treuhandgesellschaft ihren Depotinhabern gelegentliche menschliche Irrtürmer auf der falschen Seite ihrer Bilanzen.

9 A. d. Ü.: Im Süden Irlands steht »Blarney Castle« mit dem sog. Blarney Stone, den man in liegender Haltung, über einem Loch hängend und den Kopf in den Nacken gelegt küssen muss, um dadurch die Gabe der süßen Rede verliehen zu bekommen.

Vater seufzte erschöpft und gab es auf, Mutter die Prinzipien des Finanzwesens beibringen zu wollen; von da an hörte man sein resigniertes »Wie viel ist es denn diesmal?« auf den gewohnten Anruf ihrer Bank am Monatsende – fast schon bevor die sich mit *»Dependable Trust speaking«* gemeldet hatten.

Ansonsten folgte man in meinem Elternhaus dem üblichen edwardianischen Muster soliden »ansehnlichen« Mobiliars und üppiger, schwerer Mahlzeiten. Vater übernahm das Tranchieren bei Tisch und kümmerte sich um den Weinkeller, während Mutter den Haushalt führte und die drei Kinder wie auch die Dienstboten beaufsichtigte, die jeden Abend bereitwillig die vier Treppen zu ihren ungeheizten Dachkammern ohne Waschgelegenheit und Toilette hinaufstiegen; Dachkammern, die sowohl meine Mutter selbst als auch die Dienstboten als fast zu luxuriös betrachteten.

Unser Eheleben bestürzte meine bis dahin eher zustimmenden Eltern von Anfang an. Denn wir kauften nicht nur schäbige antike Möbel und räumten unserem einzigen fleißigen Hausmädchen unerhörte Privilegien ein, sondern wir verbrachten unseren Urlaub auch auf einem sieben Meter langen Segelboot, das keinen Raum für etwas besaß, was Mutter züchtig als »Bad« hätte bezeichnen können. Und Schlimmeres stand bevor. Die Geburt unseres zweiten Kindes und der zweite Hochzeitstag fielen beinahe zusammen, und bereits Monate davor mied ich beschämt Mutters Gemurmel – »muss Bauernblut gegeben haben in der Familie deines Vaters« –, während sie meinen lässig hingenommenen und rasch zunehmenden Leibesumfang beäugte. Stattdessen schob ich den schweren Kinderwagen, auf dem unser noch sehr junger Sohn auf den Tageseinkäufen thronte, häufig in das kleine nahe gelegene italienische Lebensmittelgeschäft und fand dort bei der uralten Eigentümerin Trost, die meinen angeblich schändlichen Zustand nicht nur als natürlich, sondern auch als einer jungen verheirateten Frau völlig gebührend betrachtete.

Wenn das Klingeln der rostigen Ladenglocke erstarb, tauchten die glänzenden Äuglein und das zahnlose Lächeln der Signora aus dem vollgerümpelten Hinterraum auf, wo sie umgeben von Rotweinflaschen, Gläsern voller selbst eingekochtem Tomatenmark und einer vielköpfigen Familie hauste. »'alo«, sagte sie dann. »'eute schöne Spaghetti kaufe? Mache bald neue Bambino, ja? Gutt!«

Sobald meine Einkäufe dann zum üblichen unförmigen Zeitungspaket verschnürt waren, schoss sie in ihre Küche und tauchte mit einem Stück warmen, bräunlich roten Gebäcks auf glänzendem Teller wieder auf. »Esse«, strahlte sie, »gutt für Madame und die neue Bambino.« Auf den ersten Bissen registrierte ich nichts außer einem faden Allerweltsgeschmack ohne jeglichen Reiz, aber damals lernte ich, dass man auch ein abwegig erscheinendes Gericht niemals verachten sollte: Das, womit sie mich nämlich zu verführen versucht hatte, war ein ITALIENISCHER TOMATENKUCHEN beziehungsweise eine PIZZA, und als ich mir das Rezept schließlich aneignete, aßen wir sie zu wachsender elterlicher Missbilligung nicht selten. Wie man sich vorstellen kann, war die ursprüngliche Anleitung verworren, doch folgendes ist das eindeutige Rezept, und die Zutaten sind in jedem anständigen amerikanischen Lebensmittelladen erhältlich. Man beginnt, indem man zwei 25 x 35 cm große Backbleche mit Olivenöl einfettet, in dem man zuvor eine zerdrückte Knoblauchzehe sautiert (und dann entfernt) hat. Als Nächstes den Pizzaboden zubereiten, und obwohl man auch eine gleich große Menge an Brotteig dafür verwenden kann, besitzt das untenstehende Rezept den authentischen Olivenölgeschmack, erfordert nicht viel des schwer erhältlichen und teuren Kokosfetts und ist im Handumdrehen geknetet. 1 Tasse lauwarmes Wasser in eine Schüssel geben und 1 EL Olivenöl, 1 EL Zucker, 1 TL Salz und 1 Würfel zerkrümelte Hefe hinzufügen. Kurz warten, damit die Hefe etwas aufweicht, dann 3–4 Tassen gesiebtes Mehl unterrühren, bis man einen weichen Teig erhält. Auf die Arbeitsfläche oder auf ein Tuch kippen und etwa 5 Minuten lang kneten, wobei man möglichst wenig Mehl zugibt, dann wieder in die saubere Schüssel legen und mit 1 EL des Olivenöls bepinseln. Abdecken und an einem warmen Ort auf den doppelten Umfang aufgehen lassen. Dies dauert nur etwa 1 Stunde, und wie andere Teige kann der Hefeteig nach dem Aufgehen wieder zusammengedrückt und bis zur Weiterverwendung abgedeckt im Kühlschrank aufbewahrt werden. Den Teig in der Mitte durchschneiden und jedes Stück so ausrollen, dass es aufs Blech passt. Das ist das einzig Schwierige dabei, da man Geduld und etwas Übung braucht, um den Teig genau zur gewünschten Dicke beziehungsweise »Dünne« auszurollen, doch rollen und ziehen Sie beharrlich weiter und drücken sie entlang der Blechkante einen gut 1 cm hohen Teigrand hoch. Die Pizza nun mit dünnen Provolone-Scheiben belegen, von denen man vorher die Rinde entfernt hat – je nach Dicke der Scheiben etwa 220 g Käse oder auch etwas mehr verwenden. 4 Dosen italienisches Tomatenmark mit 2 EL Olivenöl sowie 2 Tassen Kraftbrühe aus der Dose oder Geflügelfond verdünnen und über dem Käse verstreichen. 2 Dosen flache Sardellenfilets abtropfen lassen und in einem Rautenmuster auf das Tomatenmark legen – oder aber in jedem anderen Design, das Ihnen Ihre Phantasie eingibt. Man kann die Sardellenfilets aus der Dose auch durch 225 g gesalzene italienische Sardellen ersetzen, doch obwohl die vielleicht besser schmecken, muss man sie vorher noch 5 Minuten wässern, abtropfen lassen und von den Gräten befreien. Lassen Sie die Fladen an einem warmen Ort 1 Stunde lang aufgehen; dann 20 Minuten in den auf 190°C vorgeheizten Ofen schieben, bis die Ränder knusprig und braun und der Belag eine köstlich duftende und brutzelnde Masse ist. Jede Pizza sollte für 4–6 Personen reichen und lässt sich am besten mit einem Tortenmesser oder -heber servieren; eventuelle Reste verschwinden in verblüffendem Tempo aus dem Kühlschrank. Zur Sauce beziehungsweise dem Belag kann man auch noch Olivenscheiben und Champignonstücke hinzufügen ebenso wie etwas Basilikum, um der Pizza einen besonders authentischen Geschmack zu verleihen. Auch mehr Knoblauch oder Zwiebel sind denkbar, und falls die Anweisungen hier eher vage klingen, so vergessen Sie nicht, dass dies ein ebenso unbeschwertes Gericht ist wie seine Erfinder aus den Tagen der prämussolinischen Ära. Heiß oder kalt, zusammen mit einem grünen Salat und einer Flasche nicht zu sauren Chiantis serviert, hat sie Omas Krug und kargem Brotlaib alles voraus, und auch in der Einsamkeit benötigt man kein Bündel von Gedichten, um sie zu einer feinen Mahlzeit zu machen. Als unser Sohn während des Krieges feststellte, dass der italienische Koch seines Schiffs in einer Pizzeria gearbeitet hatte, müssen seine den Pazifik überquerenden flehentlichen Bitten nach dem salzigen Fisch aus der Dose den Zensoren den Eindruck vermittelt haben, dass die Operation Anchovis an Bedeutsamkeit gleich hinter der Atombombe rangierte.

Eine zwei Generationen überspannende Anhänglichkeit zum Jugendklassiker »Der Schweizerische Robinson«, führte dazu, dass unsere häufigen Ausflüge mit den Kindern nur noch »Schweizer Potter Picknicks« hießen und »Mutter« über Jahre hinweg an jedem schönen Sonntag ihre »wunderbare Tasche« mit sonst längst verschollenen Dingen füllte, unser Sohn alias »Ernst«, unterstützt von einem sehr femininen »Jakob« Lebensmittel im Wagen verstaute, während »Vater« erwartungsgemäß gelassen dabeistand und alle Arbeiten dirigierte. Ein Ausflug, der uns einige Meilen von unserem Sommer-Cottage entfernt zu einem Felsvorsprung führte, blieb uns im Gedächtnis, weil Vater und Mutter an diesem speziellen Morgen anders als ihre weniger feierfreudigen Schweizer Vorbilder unter den Nachwirkungen eines Muschelessens litten, bei dem es am Vorabend überaus ausschweifend zugegangen und viel zu spät geworden war. Dennoch, ein Versprechen war ein Versprechen, und so wurden Grill, Steak, Kartoffeln, Milch, Kuchen und Obst in den alten Ford gepackt und los ging's. Am Ziel angekommen, machte Vater aus Treibholz ein schönes Feuer, stellte den Grill auf und streckte sich mit der *sotto voce* geäußerten Bemerkung, Schlaf sei für seine Weiterexistenz wesentlich wichtiger als Essen, in der warmen Sonne aus. Inzwischen kraxelten die Kinder glücklich in den etwas weiter unten gelegenen Felsenbecken herum, kehrten jedoch nur allzu häufig zurück, um ihren apathischen Eltern irgendeinen neuen Schatz in Form einer toten Krabbe oder eines ähnlich stinkenden Schalentiers zu präsentieren. Plötzlich aber ertönten nach längerer willkommener Stille laute Schreie: »Mutter! Komm schnell«, und panisch rannte ich von unserem Felssims ans Wasser hinunter, überzeugt, meine Lieblinge würden von einer Herde hungriger Kraken angegriffen – oder Schlimmeres.

Doch Ernst und Jakob hatten das Buch nicht völlig umsonst gelesen wie ihre Altvorderen, und die Muschelbank, die sie in der Gezeitenzone gefunden hatte, machte uns den Tag ein zweites Mal unvergesslich. Wir rissen Hände voll davon ab, schnitten ihnen mit Ernsts dreckigem Taschenmesser die Bärte ab und wuschen sie gründlich mit kühlem Seewasser. Und dann, als wir uns fragten, worauf wir sie garen sollten, entdeckten wir ein Stück rostiges Wellblech, das in der Nähe an einem Felsen lehnte. Mit erneuertem Glauben an literarische Schweizer Erkenntnisse wurde das Eisen über den Grill gelegt, die Muscheln darauf verteilt, und bis die Hitze sie aufgehen ließ, hatten wir auch Butter dazu zerlassen und schlürften sie mit entzückten Zischgeräuschen aus ihren Schalen, und bald schon waren ein völlig wiederbelebter Vater und eine ebensolche Mutter – genau wie im Buch – in der Lage, Ernst und Jakob zu langweilen, indem sie sie auf die sprichwörtlichen Vorzüge der Empfehlung, immer die Augen offen zu halten, hinwiesen.

Muscheln, die auf dieser Seite des Atlantiks außer als Angelköder fast unbekannt sind, kann man auf vielen Fischmärkten kaufen und sind durchaus einen Versuch wert, egal ob bei einer Schweizer oder einer amerikanischen Familie. Zwar schmecken sie gut, wenn man sie ganz schlicht wie wir am Strand zubereitet, am besten jedoch munden sie in ihrer berühmtesten Form als MOULES MARINIÈRES. Für 4–6 Personen 2 kg Muscheln in mehrmals gewechseltem Wasser waschen und die Bärte sauber ausreißen oder mit der Küchenschere abschneiden. Einen passend großen Topf bereithalten und ½ Tasse trockenen Weißwein, 1 oder 2 gehackte Knoblauchzehen, ½ Tasse gehackte Petersilie, eventuell auch etwas gehackten Sellerie und ¼ Tasse Butter hineingeben. Wie bei Austern wird kein Salz benötigt, etwas frisch gemahlener Pfeffer allerdings kann nicht schaden. Die Muscheln dazugeben, den Topf verschließen und 5 Minuten lang auf den heißen Herd stellen, dann den Deckel heben und nachschauen, ob sich die Muscheln geöffnet haben. Wenn nicht, so lange weiterdämpfen, bis sie aufgegangen sind. Heiß zusammen mit dem duftenden Sud in großen Suppentellern oder -tassen servieren. Die Finger – und Fingerschalen – sind die einzigen Utensilien, die begeisterte Muschelesser zum Genuss dieser viel zu wenig bekannten Köstlichkeit benötigen, ebenso wie vielleicht eine dicke Scheibe warmen Baguettes für das Auftunken danach. Bringen Sie zimperliche Zeitgenossen, die nach Löffeln verlangen, zum Schweigen, indem sie die letzten kostbaren Tropfen der leckeren Sauce mit einer der leeren Schalen auflöffeln.

Zuweilen haben uns auswärtige Freunde schon für ungastlich gehalten, wenn auf unerwartete Anrufe ihrerseits nicht stets eine begeisterte Essenseinladung unsererseits erfolgte, doch bittere Erfahrung lehrte uns, welch desinteressierte Reaktion man erhalten kann, sobald man erwähnt, dass es zum geplanten Essen Kalbshirn geben soll, obwohl man von denselben Leuten lustigerweise weiß, dass sie selbst mit Stolz ausländische Menüs präsentieren und sich gern über den lukullischen Genuss einer *cervelle au beurre noire* ergehen. Wenn also auch Sie zunächst zögern, tun Sie einfach, als wären Sie in einem berühmten französischen Restaurant, wo Ihnen ein serviler Garçon – in der Gewissheit, dass es Ihren Beifall finden wird – dieses delikate *plat* serviert.

KALBSHIRN MIT BRAUNER BUTTER. Planen Sie jeweils 1 Hirn (2 Hälften) pro Person (und für echte Liebhaber auch mehr). Die Hirne etwa 1 Stunde lang in kaltem Wasser wässern, dann abtropfen lassen. 1 in Scheiben geschnittene Zwiebel, etwas gehackte Petersilie und Sellerie, 1 EL Salz und ½ Tasse Essig zu so viel kochendem Wasser geben, dass die Hirne davon bedeckt sind, und sie darin vorsichtig ½ Stunde köcheln lassen. Abgießen, und sobald sie abgekühlt sind, behutsam die Haut und eventuelle Knochenstücke entfernen, die dem Fleischer entgangen sind und noch an der Oberfläche haften. Für jeweils 2 vollständige Hirne ½ Tasse Butter (oder so viel Sie dafür erübrigen können) in einer Pfanne erhitzen und leicht anbräunen lassen. Die Hirne hinzufügen und bei mittlerer Hitze etwa 20 Minuten garen, bis sie auf beiden Seiten von einer hellbraunen Kruste überzogen sind. Auf eine vorgewärmte Servierplatte legen. Nun die Hitze, falls die Butter nicht bereits eine schöne dunkelbraune Farbe besitzt, erhöhen und 1 EL scharfen Essig sowie eventuell auch 1 EL Kapern hinzufügen. Dies und ein wenig gehackte Petersilie über die Hirne geben und servieren. Es handelt sich hier um ein Gericht, für das man echte Butter verwenden muss; sollte daher Mangel an Molkereiprodukten bestehen, bräunen Sie die Hirne in der kleinstmöglichen Menge an Butter an und übergießen Sie sie mit der Weißweinsauce auf S. 124. In diesem Falle genießen Sie dann eine CERVELLE AU VIN BLANC.

Ein meist unbeachteter Zwang zur Sparsamkeit war der Grund, weshalb ich lernte, einen Kalbskopf zuzubereiten. Die Geldbörse war jämmerlich dünn und Gäste schon unterwegs, doch zu äußerst geringen Kosten konnten sich vier entzückte Gäste zu einem Hauptgericht aus FALSCHER SCHILDKRÖTE zu Tisch setzen. Bitten Sie den Fleischer, Ihnen einen Kalbskopf zu spalten und das Hirn zu entfernen. (Was Sie mit dem anfangen, wissen Sie bereits.) Den Kopf 1 Stunde in kaltem Wasser einweichen, dann abgießen und mit frischem Wasser bedecken. 2 TL Salz, 1 Petersilienzweig und 1 in Scheiben geschnittene Zwiebel hinzufügen. Ebenso 1 Selleriestange sowie einige Pfefferkörner, falls man welche zur Hand hat. Vorsichtig – etwa 2 Stunden lang – köcheln, bis das Fleisch zart ist, dann abgießen und abkühlen lassen. Die Zunge heben Sie für ein anderes Gericht auf, das später kommt, denn Sie haben es hier mit einem wahrlich ergiebigen Teil des Tieres zu tun. Das Kopffleisch in 2,5 cm große Stücke schneiden. 3 Eier hart kochen, schälen und in Scheiben schneiden. 1 EL Butter in einem Wasserbadtopf zerlassen. 1 EL Mehl unterrühren und langsam 3 Tassen Sahne, 1 TL Salz, ½ TL Senfpulver und 1 Prise Cayennepfeffer hinzufügen. Sobald das Ganze etwas eindickt, Fleisch und Eischeiben dazugeben und alles gründlich durchwärmen lassen. In der Zwischenzeit die Dotter von 2 Eiern mit je 2 EL trockenem Sherry und Sahne verschlagen. Dies unter das heiße Fleisch und die Sauce rühren, wieder auf die vorherige Temperatur bringen und sofort servieren. Sowohl Löffel als auch Gabeln sollten diesen Gang begleiten, ebenso wie große Ofenkartoffeln.

Für KALBSPRESSSACK, einen großartigen Imbiss bei heißem Wetter, wird das Fleisch sehr weich gekocht, dann grob gehackt, mit etwas geriebener Zwiebel, 1 TL Salz, der gleichen Menge von Geflügelgewürz[10] und gehackter

10 A. d. Ü: Amerikanische Gewürzmischung für Geflügel, bestehend aus Salbei, Thymian, Pfeffer, Majoran und Gewürznelken

Petersilie sowie eventuell auch etwas Cayennepfeffer vermischt. Die noch warme Masse randhoch in eine gefettete Form füllen, fest verschließen und über Nacht kalt stellen, ehe man den Presssack dann auf ein Brunnenkressebett stürzt und zusätzlich mit hochroten Tomaten garniert.

GEKOCHTEN KALBSKOPF fand ich zwischen den Seiten eines sehr alten Kochbuchs. Auf der Rückseite des vergilbten Zettels ist in gestochener Handschrift zu lesen: »Juni 1837. Gib dies Helen.« Und was hier folgt, ist das Originalrezept, ergänzt durch moderne Klammern. Kochen Sie Ihren (?) Kopf, bis sich die Knochen entfernen lassen, dann herauslösen und ihn zum Abtropfen auf eine Platte legen. Ihre Butter, ein Stück von Eigröße (2 EL), auf das Feuer stellen, und sobald sie heiß ist, Ihren Kopf hineinlegen und etwas anbräunen lassen, nachdem er vorher mit Salz (1 TL), Pfeffer (¼ TL) und etwas Piment und Gewürznelken (jeweils 1 Prise) bestreut wurde. Herausnehmen und auf Ihre Platte legen. Ein walnussgroßes Stück Butter (2 TL) nehmen, etwas Mehl (1½ EL) darüberstäuben und anbräunen lassen. Ein wenig (½ Tasse) Wasser (oder verdünnten Fleischfond) dazugießen und 6 Gewürznelken, ebenso viele ganze Pimentbeeren sowie ein Wasserglas Wein (Sherry) hinzufügen. Alles dies miteinander köcheln lassen (bis es eingedickt ist), dann seihen und über das Fleisch gießen. 2 hart gekochte Eier hacken, darüberstreuen und mit Zitrone garnieren.

Die KALBSZUNGE reicht leider nur für 2 oder höchstens 3 Personen, doch sie ist so köstlich – und billig –, dass eine Extrazunge oder auch zwei sich stets als lohnender Kauf erweisen. Nach obiger Anweisung (falsche Schildkröte) garen, abkühlen lassen, Haut abziehen und eventuelle Knöchlein entfernen. Dann Rotweinsauce (S. 123), die aus der Garflüssigkeit der Zunge hergestellt wurde, darübergießen. Je 2 geschälte Möhren sowie einige sehr kleine geschälte Zwiebeln pro Portion hinzufügen und bei 190°C in einer gut schließenden Kasserolle etwa 1½ Stunden im Ofen garen. Das Ergebnis ist eine GESCHMORTE ZUNGE und wirklich etwas sehr Feines.

Eigentlich sollte der Titel als Rezeptanleitung genügen. Für ZUNGE UND CHAMPIGNONS die vorbereitete gegarte Zunge in dünne Scheiben schneiden, für jede Zunge etwa ½ Tasse in Scheiben geschnittene Champignons veranschlagen und beides in 2 EL Butter 5 Minuten lang sautieren. 2 EL Mehl dazugeben und ein wenig anbräunen lassen. Langsam 2 Tassen des Wassers unterrühren, in dem die Zunge oder der ganze Kopf gegart wurde. Köcheln und rühren, bis die Sauce cremig ist, dann 1 EL trockenen Sherry und 1 TL Worcestersauce, 1 Prise Cayennepfeffer und, falls nötig, auch etwas Salz hinzufügen. Auch ein ZUNGENHASCHEE, zubereitet wie auf S. 83, ist keineswegs zu verachten – wie Sie feststellen werden.

Das Wasser, in dem der Kalbskopf gegart wurde, ergibt eine leicht gelierende, aber relativ geschmacklose Suppe. Verwenden Sie sie entweder unter Hinzufügung von 225 g gehacktem rohem Rindfleisch als Basis für eine Gemüsesuppe (S. 48) oder würzen Sie sie mit Fleischextrakt, Suppenwürfeln oder Fleischbrühe aus der Dose, ehe Sie sie heiß oder kalt als klare Suppe servieren.

Alles in allem lohnt es sich durchaus, mit einem Kalbskopf zu experimentieren, und nicht nur, weil man sparen möchte. Den Möglichkeiten seiner Zubereitung kann lediglich Ihre Phantasie Grenzen setzen, und wenn Sie erst einmal damit begonnen haben, werden Sie sich kaum mehr wundern über meine Reaktion angesichts einer betulichen und ahnungslosen Vorstadtmatrone vom Helen-Hodgkinson-Typ, als diese in einer Fleischerei den letzten Kalbskopf als »Katzenfutter« erstand und nur gewisse Zwänge mich nicht zur Mörderin werden ließen.

Aale zu essen lernten wir – notgedrungen – während eines Angelausflugs zur abgelegenen Insel Chincoteague. Der Vorfrühling hatte die berühmten Ponys ins Freie gelockt, wo sie in gefälligen Gruppen herumstanden, wir hatten angenehme Zimmer und sogar eine Innentoilette, obwohl »die Badewanne an den Pastor ausgeliehen worden war« – zu welchem Zweck, fanden wir nie heraus –; doch an genau dem, um dessentwillen wir eigentlich gekommen waren, fehlte es bedauerlicherweise. Morgen für Morgen stießen wir in unserem kleinen Boot hoffnungsvoll von der Küste ab, um am späten Nachmittag mit sonnenverbranntem Pelz und leeren Körben wieder heimzukehren. Wir aßen im einzigen Lokal der Stadt, und nach einer Woche begannen die geschwenkten, frittierten, gegrillten oder gedämpften Austern auf dessen Speisekarte sogar Muschelverehrer wie uns anzuöden. Fleisch war knapp, entschuldigte sich der Inhaber, doch er würde uns liebend gern auch unseren jeweiligen Fang zubereiten und servieren. Mit einem in jedem Wortsinne hohlen Lachen mussten wir ihm gestehen, dass unser einziger bisheriger Fang aus Aalen bestanden hatte, die man selbstverständlich nicht essen konnte, sondern die wir voller Abscheu losgehakt und wieder ins Wasser geworfen hatten. Als er dann jedoch beteuerte, dass »Aale das Feinste hier anne Küste« seien, brachten wir ihm einige der unansehnlichen Dinger mit und baten ihn, sein

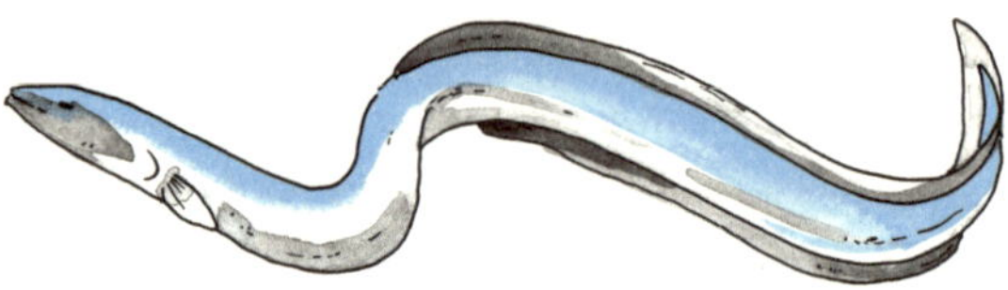

Bestes zu geben oder aber »alles wieder zurückzunehmen« und die grässlichen Kreaturen obendrein. Wir waren dann allerdings diejenigen, die beides taten. Die Aale wurden uns knusprig braun serviert und in fast andächtiger Stille

verschlungen. GEBRATENER AAL. Als Erstes die Aale gut außer Sichtweite enthäuten und köpfen lassen, es sei denn, Sie gehören zu den ganz robusten Naturen. Dann die Hauptgräte entfernen und die Aale in nicht zu kleine Stücke schneiden. 10 cm sind eine gute Länge. 1 ganzes Ei mit 2 EL Wasser oder Weißwein verschlagen. 1 Tasse Semmelbrösel auf einen Teller geben und mit 2 TL Salz und der gleichen Menge an schwarzem Pfeffer vermischen. Die Aalstücke in Ei tunken, dann in den Bröseln wälzen. Eine Pfanne mit etwa 1 cm rauchend heißem Speckfett bereithalten. Braten, bis der Aal auf allen Seiten appetitlich gebräunt ist; 10 Minuten sollten genügen. Vorsichtig abtropfen lassen und auf einer vorgewärmten Platte mit Zitronenachteln oder Zitronenbutter servieren (S. 124).

SAUTIERTER AAL ist in sehr wenig Butter unter Beigabe einer zerdrückten Knoblauchzehe gegartes Aalfilet. Den Knoblauch entfernen und für jede Portion jeweils 1 TL Weißwein und etwas gehackte Petersilie hinzufügen.

»BOILT AALS« stammen aus einem uralten englischen Kochbuch. König Alfred hat sie zweifellos genossen, wenn er nicht gerade damit beschäftigt war, Pfannkuchen anbrennen zu lassen und das Abendessen zu ruinieren. 1 EL gehackte Zwiebel – oder 2 EL gehackten Schnittlauch – in 2 EL Butter sautieren, bis die Zwiebel etwas Farbe annimmt. 1 EL gehackte Petersilie, 2 Tassen Rotwein, 2 TL Essig, 2 TL Salz, 1 Prise Pfeffer sowie Cayennepfeffer hinzufügen. Im Original wird auch 1 Prise Muskat verlangt, doch das bleibt ins Belieben des Kochs gestellt. Sobald der Wein köchelt, vorsichtig 1,5 kg filetierten Aal hineingleiten lassen und zugedeckt ½ Stunde weiterköcheln, dann den Aal auf eine vorgewärmte Platte heben und die Sauce 2–3 Minuten weiterkochen lassen. 2 TL Butter mit 2 TL Mehl vermischen, das Ganze mit ein wenig vom heißen Wein verdünnen und langsam in den restlichen Wein einrühren. 10 Minuten lang rühren und köcheln, dann über die Aalstücke gießen. »Mit *sippets of toste* [gerösteten Brotstückchen] zu servieren.« Der Rotwein scheint den Prinzipien der Fischküche zu widersprechen, das Resultat aber ist hier ein herzhaft saftiges Gericht, und sind Aale denn letztlich wirklich Fische?

Gegen Kutteln kämpfte ich lange und letztlich auf verlorenem Posten und preise wie viele andere Besiegte nun den Sieger. In der Stadt war ich an die allwöchentliche Bemerkung meines Mannes »Heute Mittag gibt es Kutteln« gewöhnt und begegnete ihr mit Gleichgültigkeit, wobei ich mir schwor, dass nichts mich je dazu bringen werde, das widerlich aussehende Zeugs zu probieren, geschweige denn zuzubereiten. Doch als wir aufs Land zogen, meilenweit vom nächsten Restaurant entfernt, wurden seine Winke hinsichtlich seiner Lieblingsspeise so drängend, dass es sich zu einer Frage von Kutteln oder Scheidung zuspitzte, und einen Moment lang war dies eine schwierige Entscheidung. Die »Sieger« waren *tripes créoles*, die viel besser sind als ein Trip nach Reno.

Die KUTTELN in sämtlichen folgenden Rezepten – wenn nicht anders angegeben – wie folgt zubereiten: 400–500 g pro Person veranschlagen, da sie beim Kochen unglaublich schrumpfen. Kutteln vom Netzmagen sollen angeblich die besten sein, doch englische und französische Kochbücher behaupten – und sie sollten es wissen –, dass der Pansen den feineren Geschmack besitzt. Sowohl die eine wie die andere Sorte ist gut, ebenso wie eine Mischung beider. Den Pansen 1 Stunde in kaltem Wasser einweichen, dann erneut mit frischem Wasser bedecken und zwischen den Händen reiben, als wasche man ein Badetuch aus, mit dem er große Ähnlichkeit hat. Das ist lustiger, als es klingt. Nun den Magen erneut mit Wasser bedecken, 1 in Scheiben geschnittene Zwiebel, einige Pfefferkörner, 1 Petersilienzweig hinzufügen und zum Kochen bringen. Deckel auflegen und köcheln lassen, bis er sehr weich geworden ist. Zu meiner

Überraschung kalkulieren die meisten Kochbücher nur 1 Stunde dafür ein, ich fand allerdings stets, dass es mindestens 3 Stunden dauert, bis der Rindermagen das Stadium der Perfektion erreicht hat. Die Garprobe machen sie, indem Sie mit der Gabel ein Stück aus dem Topf heben; sobald ein scharfes Messer es leicht durchschneidet, können Sie es genug sein lassen. Abgießen und abkühlen lassen. Gut abgedeckt hält sich das Ganze mindestens 2–3 Tage und ist daher ein weiteres dieser praktischen Lebensmittel, die im Voraus zubereitet werden können.

TRIPES CRÉOLES. Pansen oder Netzmagen in Streifen schneiden, die etwa so breit und halb so lang wie ein Bleistift sind, und diese in Sauce créole (S. 122) sehr heiß werden lassen. Mit viel gekochtem Reis servieren.

AUSGEBACKENE KUTTELN. 1 Ei mit 2 TL Wasser oder Weißwein verschlagen. 1 Tasse Semmelbrösel mit 1 TL Salz und ebenso viel Pfeffer würzen. Die Kuttelstreifen oder -flecke erst in Ei, dann in Bröseln wälzen und in heißem Fett oder Öl braten und dabei wenden, falls nötig. Auf Küchenpapier abtropfen lassen und einfach so oder aber mit Weißweinsauce (S. 124) oder Tomatensauce (S. 232) servieren.

Gegrillte Kutteln aßen wir zum ersten Mal in einem kanadischen Hotel, und zwar umgeben von pensionierten »Colonel Blimps« und deren Lorgnetten umklammernden Gattinnen. Sogar die baumwollbestrumpften Kellnerinnen trugen jene distanziert hochnäsige Miene zur Schau, die man in der Regel mit königlichen Hoheiten assoziiert, und als ich mich untertänigst erkundigte, ob ich eine weitere Portion vom Fleisch haben dürfe und man mir ein schnippisches »Ja, Madam, Sie dürfen« erwiderte, fühlte ich mich von einer Expertin in die Schranken gewiesen. Doch das typisch britische Essen war weit besser als gewöhnlich, und die GEGRILLTEN KUTTELN superb. Handtellergroße gekochte Kuttelstücke in Öl oder zerlassene Butter tunken.

Leicht abtropfen lassen und rasch unter dem heißen Grill bräunen. Sie wurden mit ganz schlichten gekochten Kartoffeln serviert – oh, diese Engländer! – und Sahne-Zwiebeln, und das ist eine so hinreißende Kombination, dass ich augenblicklich in die Hymne »The Maple Leaf Forever« einstimmen könnte.

TRIPES À LA MODE DE CAEN ist der letzte Akkord dieser Symphonie. Für 6 Personen 3 kg Kutteln waschen, jedoch nicht kochen, und in mundgerechte Stücke schneiden. Eine tiefe, große Kasserolle mit fest schließendem Deckel einfetten. 2 Scheiben gehackten Speck und 1 Kalbs- oder Schweinsfuß (lassen Sie ihn sich vom Fleischer in dicke Scheiben hacken) auf den Topfboden legen. Die Kutteln hinzufügen und jeweils 1 Tasse Möhren- und Zwiebelscheiben, 2 gehackte Knoblauchzehen, 1 gehackte Stange Bleichsellerie, 1 Petersilienzweig, ½ Lorbeerblatt, 1 Prise Thymian und 1 ganze Gewürznelke ringsum verteilen. ½ Tasse enthäutete und gehackte Tomaten oder dieselbe Menge aus der Dose hinzufügen und 1 Tasse trockenen Weißwein sowie 1 Tasse guten Weinbrand dazugießen. Letzterer macht das Ganze zwar teurer, aber dafür sind die Kutteln entsprechend günstig. Fleischbrühe oder Geflügelfond aus der Dose hinzufügen, so dass das Fleisch bedeckt ist, eventuell mit Salz abschmecken, etwas frisch gemahlenen Pfeffer dazugeben und den Deckel auflegen. Und nun kehren Sie in Ihre Kindheit zurück, rühren eine zähe Mehl-Wasser-Pampe (fast 1 Tasse) an und versiegeln die Kasserolle damit. Garen Sie die Kutteln im auf 135–150°C vorgeheizten Ofen 6–8 Stunden lang (je nachdem, wie es günstiger für Sie ist) und servieren Sie sie heiß und brodelnd aus dem Kochgeschirr. Manche Köche meinen, man solle die Kasserolle öffnen

und vor dem Servieren noch die paar Knochen entfernen, aber natürlich ginge so die überschwängliche Geste verloren, mit der der Gastgeber oder die Gastgeberin das harte Teigsiegel aufschneidet, und man brächte auch die aufgeregt wartenden Gäste um jene ihnen rechtmäßig zustehende erste Duftschwade des verdientermaßen klassischen Mahls. Mit gebutterten Pell- oder Salzkartoffeln und einem grünen Salat servieren. Und steht dann noch ein geeister Weißwein auf dem Tisch – kann es eine perfektere Mahlzeit geben?

Die Gerichte waren am Wahltag geschlossen, und an diesem klaren Novembermorgen gaben mein Anwaltsgatte und ich unsere Neinstimmen gegen oppositionelle »Rechtsparteien« ab und starteten zu einer ganztägigen Erkundung der pennsylvaniadeutschen Provinz. Hexenzeichen waren damals unsere Leidenschaft. Schließlich kamen wir nach Intercourse[11] – ja, eine solche Stadt gibt es tatsächlich, man findet sie auf der Landkarte – und schickten von dort aus schadenfroh mehreren Freunden, von denen keiner wusste, dass wir uns in diesem Teil des Bundesstaats aufhielten, anonyme, aber frankierte und mit Poststempel versehene Postkarten zu, auf die wir die Botschaft kritzelten: *Wish you were here!* Ach, die Jugendzeit! Und dann schauten wir uns, erschöpft von diesem Versuch sowohl in Sachen Humor als auch Erpressung, nach einem Restaurant um. Die beiden ersten, bei denen wir es probierten, waren ohne Wenn und Aber geschlossen; sie nehmen ihre Politik und ihre Religion sehr ernst in dieser Gegend. Im dritten aber war man bereit, uns zu bedienen, sofern wir essen wollten, was auch die Familie aß. Und wie wir das wollten! Die traditionellen süßen und sauren Dinge standen schon auf dem Tisch, also stürzten wir uns auf – und jetzt halten Sie die Luft an – eingelegte Rote Bete, Essiggurken, grüne Senftomaten, Ketchup, würzig eingelegte Pfirsiche, altmo-

11 A. d. Ü.: = Verkehr i. S. von Geschlechtsverkehr

dischen Krautsalat, Apfelbutter, Erdbeermarmelade, Quittenhonig und »viele andere Dinge, die sich hier nicht einzeln aufzählen lassen«, wie es auf ländlichen Auktionen oft so schön heißt, und die sich einfach so materialisierten, während der Kellner uns eine große dampfende Terrine mit Fleisch in leckerer Sauce brachte und kaum eine Minute später unter einer gleichermaßen großen Schüssel mit Bratkartoffeln herangestolpert kam. Uns verschlug es die Sprache, doch als unser Ganymed mit einem hohen Apfelkuchen und einem etwa einpfündigen würzigen Käselaib erschien, hatten wir uns genügend erholt, um uns nach dem Namen des Schmorgerichts zu erkundigen. Ein herausgewürgtes »Konchen« war die Antwort, und erst, als wir schon wieder halb daheim waren, stieß ich einen verspäteten Schrei des Begreifens aus.

Unsere schwarze Köchin hörte sich die Geschichte an und erbot sich, ein Rezept für ein ebenso gutes KANINCHENFRIKASSEE zu besorgen. Lassen Sie sich, wenn möglich, vom Fleischer das Kaninchen entlang des Rückens spalten und zerlegen, obwohl man das im Grunde genauso leicht zu Hause tun kann – wie auch bei einem Hähnchen. Nicht waschen, es sei denn, es ist wirklich nötig. Die Fleischstücke mit gewürztem Mehl bestäuben – 1 TL Salz, 1 TL Pfeffer auf 1 Tasse Mehl. Von etwa 110 g gepökeltem Bauchspeck die Schwarte entfernen und den Speck in kleine Würfel schneiden. In einer großen Pfanne auf mittlere Hitze stellen, und sobald der Speck etwas Farbe hat, das zerteilte Kaninchen hinzufügen. Hitze ein wenig heraufschalten und die Fleischstücke unter fortwährendem Wenden braun und knusprig braten. 2 EL gewürztes Mehl dazurühren und ebenfalls leicht anbräunen lassen. Langsam 3 Tassen Wasser hinzugießen und köcheln lassen, bis das Ganze einzudicken beginnt. In einer zweiten kleinen Pfanne 2 EL Butter zerlassen und die Leber und ½ Tasse gehackte Zwiebeln darin anbräunen, wobei man die Leber möglichst fein zerdrückt. Dies zum Kaninchen geben, einen gut schließenden Deckel auflegen und etwa 1½–2 Stunden köcheln lassen, bis das Fleisch zart geworden ist. Dazu schmecken schlichte, im Ofen gebackene Süßkartoffeln.

Kaninchen lässt sich auch nach dem Rezept von BŒUF À LA MODE zubereiten; dann erhält man einen ganz ausgezeichneten HASENPFEFFER. Gekochte Nudeln und Bier sind hier die Begleiter, und ein strenges Gefühl für poetische Gerechtigkeit verlangt hier sowohl Erbsen als auch Kopfsalat, nachdem Peter Hase und seine Brüder ja so rücksichtslose Plünderer beider Gemüsesorten sind.

Mein »französischer« Onkel, der Künstler, schwärmte von HAHNENKÄMMEN IN WEIN, aber es brauchte schon die Lebensmittelrationierung der Kriegszeit und eine Hühnerfarm in unserer Nachbarschaft, damit ich sie ausprobierte. Damals war durch den Dorfklatsch bereits bekannt geworden, dass ich an einem Buch schrieb – meine irrwitzige Bitte muss für sie eine herbe Enttäuschung gewesen sein. Die Hahnenkämme wurden allwöchentlich, wenn das Federvieh für den Markt vorbereitet wurde, aufgehoben und eingefroren; und sobald dann wieder eine Schublade voll war, luden wir einige Gourmets, die sie zu schätzen wussten, dazu ein. Zwei Tassen reichen für 4 Personen. Die Hahnenkämme in Wasser abspülen, abtropfen lassen, mit frischem Wasser bedecken – etwa 2 weiteren Tassen –, 1 TL Salz und ein wenig frisch gemahlenen Pfeffer hinzufügen und in etwa 5 Minuten weich köcheln. Abseihen und die Brühe auf 1 Tasse einkochen. 2 EL Butter in einer Pfanne zerlassen, 1 TL fein gehackten Sellerie und die gleiche Menge an fein gehackter Petersilie und Zwiebel hinzufügen. Schnittlauch oder grüne Frühlingszwiebelenden sind noch besser, falls Sie welche zur Hand haben, denn dies ist ein delikates Gericht. Bei gelinder Hitze etwa 5 Minuten sautieren, dann 2 EL Mehl hinzufügen. Sobald die Einbrenne brutzelt, die Brühe und 1½ Tassen trockenen

Sauterne[12] oder leichten roten Bordeaux dazugießen. Nicht den schwereren Burgunder, denn der zerstört das Aroma. Köcheln lassen und umrühren, bis das Ganze cremig ist, die Hahnenkämme hinzufügen, in der Sauce heiß werden lassen und mit getoasteten Dreiecken umlegt servieren. Wir essen dazu gekochten Reis und den üblichen grünen Salat, obwohl es womöglich auch traditionellere Beilagen gibt. Aber Onkel Charlie malt jetzt seine Bilder für eine zweifellos verständnisvolle himmlische Heerschar, und seit mir sein Zuspruch hier auf Erden abgeht, ist mein Französisch auf das Niveau der »scole von Stratford-atte-Bowe«[13] herabgesunken.

Da Sie, wie ich hoffe, inzwischen zu der Überzeugung gelangt sind, dass seltsame Lebensmittel nicht nur essbar, sondern sogar köstlich und oft sehr preisgünstig sein können, so setzen Sie doch ihre kulinarischen Streifzüge fort, indem Sie abgelegene Feinkostgeschäfte und kleine versteckte Lädchen nach weiteren ungewöhnlichen Dingen durchforsten. Betrachten Sie Fehlkäufe als Erfahrung – aber Sie werden weit mehr positive als negative Erlebnisse zu verbuchen haben. Italienische Geschäfte verkaufen Kräuter, Würste und Käsesorten, die zu probieren sich unbedingt lohnt, ebenso wie man koschere Brotsorten, Pökelfleisch und Salzheringe verkosten sollte, wobei das grobe koschere Salz übrigens sehr viel aromatischer ist als all die stets streufähigen Jodsalzsorten. Französische und schwedische Lebensmittelläden benötigen keine weitere Empfehlung, und oh, wenn die deutsche Nation sich nur mal auf Sachen konzentrieren würde, wie etwa mehr Kümmelsamen unter ihr Pumpernickel zu kneten! Sogar ein Warenhaus an einer Straßenkreuzung kann sich als Gold-

12 A. d. Ü.: Keinen Sauternes, denn das ist ein französischer süßer Dessertwein!

13 A. d. Ü.: In den *Canterbury Tales* macht sich Chaucer über das im 14. Jahrhundert in England gesprochene Französisch lustig, insbesondere das einer Priorin eines Klosters in Stratford-Bowe, und zwar sowohl über den Akzent als auch über die Bastardisierung der Sprache.

mine entpuppen. Und ein winziger Tante-Emma-Laden in einem Küstenort führt unsere geliebten Baked-Lima-Beans (in der Dose), die vorrätig zu halten überhebliche Großstadthändler sich weigern, der Inhaber des Ladens aber, ein Fischer, salzt oder räuchert einen Teil seines Fangs ein, damit wir das ganze Jahr etwas zu frühstücken haben. Und ein anderer kleiner Laden in einem winzigen Städtchen des Staates New York versorgt uns mit köstlichen Schinken.

Erkunden Sie sowohl fremde als auch vertraute Stadtviertel nach Esslokalen. Der Polizist auf Streife oder der Tankwart geben oft bessere Ratschläge als Werbeschilder von schicken Cafés oder Bücher über gutes Essen. Wir nehmen meilenweite Anfahrten und Umwege auf uns, um in einer schmuddeligen Stadt im Kohlerevier zu speisen, wo uns ein polnischer Polizist ein makelloses Restaurant empfohlen hat und wo kindisches Gejammer wie »Don't go down the mine, Daddy!«[14] unbekannt sein müssen, denn die Arbeiter steigen hier gestärkt von gigantischen Portionen himmlisch geschmorten Rindfleischs und federleichter Knödel wieder ins Bergwerk hinunter.

Die besten italienischen Spaghetti, die ich je kostete, aß ich überraschenderweise in einem abgeschirmten weißen Zelt, das man auf einem ländlichen Jahrmarkt in Upstate Ohio strategisch zwischen dem Bingospiel und der Küchengeräteausstellung platziert hatte. An jedem Tag dieser Landwirtschaftsmesse kehrten wir treu und brav zu diesen drei Attraktionen zurück. Wegen der Sprachschwierigkeiten missglückte anfangs mein Versuch, das Spaghettirezept in Erfahrung zu bringen, doch am Ende winkte man uns in das kleine Kabuff, wo die Patrona auf einem winzigen Ölkocher Tomatensauce kochte, und nach unverständlichen Komplimenten erhoben schließlich beide Seiten ihre Gläser mit heimischem Rotwein auf die internationale Küche und Einigkeit.

14 A. d. Ü.: Populärer Song von 1910 von Robert Donnely und Will Geddes

Viele Hinweise auf schwer erhältliche Kräuter und andere Gewürze wurden in diesem Buch absichtlich weggelassen, denn sie lassen ein neues Rezept zwar interessanter erscheinen, bewirken leider aber noch öfter, dass man es gar nicht erst ausprobiert. Was zum Beispiel den deprimierenden und allzu häufig wiederkehrenden Ruf nach »Schalotten« in vielen Kochbüchern angeht: nur Mut! Aus Erfahrung kann ich sagen, dass nur wenige den Unterschied zwischen Schalotten und milder Zwiebel herauszuschmecken vermögen – und die Aufschreie der Feinschmecker, einschließlich jener meines französischen Friseurs, verhallen ungehört, während ich das hier niederschreibe. Nachdem mich dieses unmöglich zu erstehende Ingrediens jahrelang gequält hatte, bestellte ich schließlich zu einem sehr hohen Preis bei einer protzigen New Yorker Samenhandlung ganze Zwiebelsätze davon – und war kaum verwundert, als der Bestellung die Bitte um den Namen unseres »Gutsverwalters« folgte. Auf unserer Farm in Maryland gediehen sie wie die wilden Zwiebeln, denen sie so sehr ähneln, und in jedem neuen Frühjahr brachten die vergessenen Zwiebelchen des Herbstes eine neue üppige Ernte hervor. Inzwischen dienen sie nur noch dazu, zu Besuch weilende Gourmets zu beeindrucken, denen man meist erklären muss, wo das vertraute Aroma herrührt.

Gehen Sie also mit Selbstvertrauen und ohne Entschuldigungen Ihrer kulinarischen Wege. Halten Sie sich, wenn es ums Ausprobieren ungewohnter Lebensmittel und Gewürze geht, nur an einen einzigen Maßstab: dass Ihnen das Resultat schmecken muss. Einem neuen Rezept sollte man beim ersten Ausprobieren exakt folgen, danach aber sollten Sie angstfrei Ihre individuellen Akzente setzen und leichten Herzens nur wenig auf meine oder sonst jemandes Anweisungen geben, es sei denn, Sie entsprechen Ihren persönlichen Vorlieben.

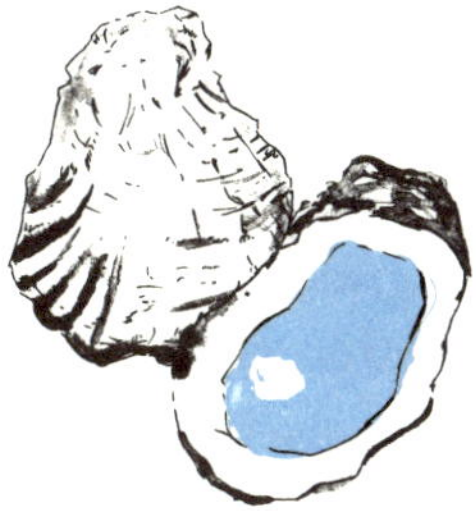

Hartschalige Vorfahren und ihre flossenbewehrten Freunde

Ein glückliches Wochenende lang waren wir an Marylands herrlicher Ostküste umhergegondelt, hatten die Grenze nach Virginia überquert und Meilen von Schotterpiste hinter uns gelassen, um jene Stelle zu sehen, wo einer meiner Altvorderen unter einem imposanten Klotz aus behauenem Stein begraben liegt. Vorfahr hin oder her, ein grässlicher Mensch war er auf alle Fälle. Denn obwohl Mrs Custis eine miese Köchin gewesen sein mag – keine Ehefrau der Welt, egal welche Fehler sie auch besaß, hätte so eine rachsüchtige Inschrift auf seinem Grab verdient:

Unter dieser Marmorgruft liegt der Leib
des Ehrenwerten John Custis, Esq.,
aus der Stadt Williamsburg
und der Pfarrei Bruton.
71 Jahre alt und doch nur sieben gelebt,

jene Zeitspanne nämlich,
die er das Haus eines Junggesellen in Arlington führte.

Nachdem wir tagelang nur das fade Zeug an Straßenimbissen genossen hatten, wandten wir uns nach Norden und hielten zunächst an einem alten Anlegeplatz, wo wir vergnügt einen Jutesack mit einem halben Scheffel großer Salzaustern und gut drei Dutzend ebenso großer Venusmuscheln mitgehen ließen. Und weiter ging es, wobei uns schon der Mund wässerte, wenn wir an den bevorstehenden Besuch bei unserer Freundin Kitty Higgins dachten, die nicht nur eine fabelhafte Köchin ist, sondern sich mit unserer Schwiegertochter die Auszeichnung teilt, zu den geschicktesten weiblichen Austernöffnern von Chesapeake Bay Country zu gehören. Das ist eine wirkliche Gabe und bei diesem Geschlecht fast ebenso selten wie die Fähigkeit, mit dem Hammer umzugehen.

Das erste Abendessen umfasste sowohl geröstete als auch rohe Austern, und der Geschmack der gerösteten ist so fein, dass ich mich frage, warum nicht mehr Leute ihre im ganzen Land aus dem Boden schießenden Gartengrills zu deren simpler Zubereitung nutzen. Ob im Freien oder drinnen, das Procedere ist das gleiche. Wir etwa garten unsere im Wohnzimmer, wo ein glimmendes Feuer die Herbstkühle in Schach hielt. Eine Hausfrau mit geringerem Interesse am köstlichen Resultat hätte jedoch vielleicht an der damit einhergehenden Ferkelei Anstoß genommen. Wenn Sie die Sauerei nicht stört, so lassen Sie das Feuer bis auf die Glut herunterbrennen, legen die gründlich geschrubbten Austern mit der tiefen Schale nach unten auf einem Grillrost über das Feuer, und sobald sich die Schalen öffnen, nichts wie runter mit ihnen vom Rost. Vorsicht, die Austern sind heiß. Kaltes Bier ist das Getränk der Wahl, und der echte Ostküsten-Grillaustern-Addict mag sich beim bevorstehenden Genuss nicht durch alberne Gemüse- oder Salatbeilagen vom Wesentlichen ablenken lassen. Sobald er mal die schweren Handschuhe anhat, die es ihm erleichtern, die heißen Schönheiten vom Grill zu holen, geht er nur noch mit der Gabel und einem Schälchen zerlassener Butter zu Werke.

Am nächsten Abend servierte uns unsere Gastgeberin überbackene Austern, und die Freuden der Mahlzeit des Vorabends waren nahezu vergessen. Ihr Rezept ist alt, was die großzügige Verwendung von Butter erklärt – die sich hier wirklich lohnt, wie Sie zugeben müssen – und war für vierzig, ja, Sie haben richtig gehört, vierzig Personen berechnet. Es hat einmal – lang ist's her – so etwas wie echte Gastfreundschaft gegeben und auch reichlich Butter. Das Rezept endet mit der Ermahnung, nur immer so viele zu backen, dass es zu einer Portion für jeden reicht; falls Sie also mehr als die vier Personen verköstigen wollen, von denen die moderne Version ausgeht, so planen Sie wenigstens zwei Auflaufformen ein. Auch bei einer kleineren Anzahl von Gästen ist es keine schlechte Idee, Austern in Schüben zu garen, denn sie müssen frisch aus dem Ofen kommen und sehr heiß sein, um sich von ihrer leckersten Seite zu zeigen. 1 kg große, frisch geöffnete Austern verwenden – und nicht die kleinen, geschmacklosen *stewers*, wenn es sich vermeiden lässt, die lose aus einer unappetitlichen Schüssel oder Blechkanne geschöpft werden. Die werden meist nur von Gastronomen verwendet, zusammen mit einer zähen Sauce, und sind – da bin ich mir sicher – für den schlechten Ruf verantwortlich, in den dieses eigentlich so saftige Gericht geraten ist. Den Saft abgießen, die Austern sorgfältig verlesen, um jedes Schalenstückchen zu entfernen. Eine Kasserolle, die 3–4 Austernschichten Platz bietet, dick mit Butter einfetten und mit groben Semmelbröseln ausstreuen. Selbst gemachte Brösel sind die besten, doch es tun auch gekaufte. Dann eine Schicht Austern, etwas frisch gemahlenen Pfeffer, ¼ Tasse in kleine Stücke geschnittene Butter und einen

Hauch Zwiebel, sagen wir ¼ TL, hineingeben. Es folgt eine weitere dünne Schicht Semmelbrösel. Mit Austern, Semmelbröseln, Zwiebel und Butter fortfahren, bis die Kasserolle voll ist. Auf die letzte Bröselschicht eine Extraportion Butterflöckchen setzen. Ein altmodisches Rezept, wie es im Buche steht. Dann im auf 200°C vorgeheizten Ofen 15–20 Minuten backen, bis die Brösel oben gebräunt sind und der aromatische Saft der Austern das ganze Gericht durchfeuchtet hat. Wegen fehlenden Salzes muss man sich hier keine Gedanken machen, denn wirklich frische Austern brauchen nur sehr wenig davon. Dazu gab es Spargelsalat mit Vinaigrette und warmes Baguette – und zum Nachtisch Obstsalat und selbst gebackenen Kuchen. Und alle im Haus waren pappsatt und zufrieden.

Wenn ich Kitty auch zugutehalten muss, dass sie mich in die simple Methode des Austernöffnens eingeführt hat, sind die gefüllten VENUSMUSCHELN, die wir vor unserer Abreise aßen, eine Kombination sowohl aus ihrem wie aus meinem Rezept, mit den jeweiligen Stärken beider. 30 große Venusmuscheln in einen Topf geben, dessen Boden nur knapp mit Wasser bedeckt ist. Deckel auflegen und Muscheln dämpfen, bis sie sich öffnen. Dies geschieht überraschend schnell, daher den Topf im Auge behalten und die Muscheln vom Herd nehmen, sobald die Schalenränder auch nur die kleinste Ritze aufweisen. Mit einem Messer mit dünner Klinge zwischen den geöffneten Muschelhälften entlangfahren, und schon ist die Muschel ausgelöst. Man tut dies über einer Schüssel, um jeden Tropfen des kostbaren Safts aufzufangen; das Garwasser aus dem Topf ebenfalls in die Schüssel geben. Die Venusmuscheln auf Schalenstückchen untersuchen, wie vorher bereits die Austern, dann im Blitzhacker oder in der Küchenmaschine etwa mittelgrob zerkleinern. Es ist keine schöne Arbeit, doch die einzige Möglichkeit, die zähen Teile genießbar zu machen. (2 EL der gehackten Venusmuscheln kann man zum abgeseihten

Saft geben und dies dann, falls man mag, für eine Muschel-Bisque, S. 51, aufheben.) Nach den Muscheln 6 Scheiben hartes, altbackenes Brot, 1 kleine geschälte Zwiebel und 2 Stängel Petersilie in den Blitzhacker geben; oder aber statt Brot 1½ Tassen Semmelbrösel verwenden. Alles mit 1 oder 2 Prisen Thymian vermischen, aber nicht zu viel davon zugeben, da man ansonsten das Muschelaroma zerstört. Die Masse sollte dick genug sein, um die Form zu halten; erscheint sie zu fest, ein wenig Muschelsaft hinzufügen. Ähnlich wie Rezepte mit Mehl sind auch solche mit Semmelbröseln nur schwer zu standardisieren. 12 der größten und tiefsten Muschelschalen, flache Portionsauflaufförmchen oder eine große Backform verwenden, gründlich einfetten, Muschelmasse hineinhäufen, Oberseite mit weiteren Bröseln bestreuen und Butterflöckchen daraufsetzen. Die Schalen möglichst gerade in eine niedrige Backform stellen und bei 190°C backen, bis die Brösel gebräunt sind.

POCHIERTER ROTBARSCH ist ein weiteres berühmtes Ostküstenrezept, aber auch jeder andere festfleischige Fisch schmeckt in dieser Zubereitung. Kaufen Sie einen Fisch von etwa 1,5 kg – kleinere vertragen die folgende Behandlung nicht so gut –, den Sie ausnehmen und säubern lassen; Kopf und Schwanz bleiben jedoch dran. In Käseleinen oder ein anderes sauberes Tuch einnähen, sogar ein Stück von Daddys entsorgtem Hemd würde es tun. Den Fisch locker darin einschlagen, dann den Stoff mit grobem Garn und großen Stichen zusammennähen. In einem Fischtopf oder anderen großen Topf, in dem der Fisch sich ausstrecken kann, auf ein Gestell legen. Mit kochendem Wasser bedecken, 2 in Scheiben geschnittene Zwiebeln, Salz und Pfeffer hinzufügen und 30 Minuten köcheln lassen. Inzwischen haben Sie womöglich das Gefühl, dass Sie ein Exmitglied des Ku-Klux-Klan bearbeiten, und niemand wird Ihnen deswegen Vorwürfe machen. Auf mittlerer Hitze 2 EL Butter zerlassen, 2 EL Mehl hinzufügen, verrühren, und nach und nach 1 Tasse Fischsud sowie 1 Tasse Sahne unterrühren. Leise köchelnd eindicken lassen, dann 2 EL Kapern, 2 EL der Kapernflüssigkeit und 1 EL Weißwein hinzufügen. Diese KAPERNSAUCE warm halten. Behutsam den Fisch aus dem Sud heben – was sich mit zwei Tortenschaufeln bewerkstelligen lässt, falls Sie keinen willigen Helfer finden. Auf eine vorgewärmte Platte legen und mit der gleichen Sorgfalt aus seiner Hülle befreien. Seien Sie heiter und legen Sie ihm eine Schleife aus grüner Paprikaschote oder Peperoni um den Hals. Dann den Fisch mit der Hälfte der Sauce bedecken und den Rest in einer Saucière dazu reichen. Dies ist eines der seltenen Gerichte, die sich gleichermaßen für ein Lunch, ein Abendessen oder ein herzhaftes Frühstück eignen.

JAKOBSMUSCHELN IN WEISSWEIN sind eine willkommene Abwechslung zu jenen ewigen, zu lang gebratenen Miniportiönchen, die für die meisten Anfang und Ende dieser Meeresfrucht darzustellen scheinen. Für 4 Personen 500 g oder, besser noch, 750 g davon bestellen. 4 EL Butter in einer Gusseisenpfanne zerlassen, die Jakobsmuscheln dazugeben und bei mittlerer Hitze garen, bis sie eine verführerisch goldene Farbe annehmen, dann herausheben und, damit sie sich recht wohl fühlen, auf eine vorgewärmte Platte legen. Jede Spur von Aroma vom Pfannenboden kratzen und dann 1 EL Mehl sowie jenen Hauch von Zwiebel hinzufügen, auf dem ich ständig herumreite. Auf den Herd zurückstellen und, sobald das Mehl zu brutzeln beginnt, langsam 1½ Tassen trockenen Weißwein sowie Salz und Pfeffer nach Geschmack unterrühren. Noch 10 Minuten köcheln lassen und über die Muscheln gießen.

Für ÜBERBACKENEN FISCH für 4 Personen benötigt man 2 Tassen pochiertes, leicht zerpflücktes Fischfilet, 3 in Scheiben geschnittene hart gekochte Eier und 3 Tassen weiße Sauce (S. 120). Den Fisch – frisch gegart oder Reste – mit den Eiern in einer gefetteten Auflaufform verteilen, die weiße Sauce darübergießen, mit Semmelbröseln und etwas Salz und Pfeffer bestreuen, Butterflöckchen darauf verteilen und bei 190°C goldbraun backen. Verwendet man Erbsen statt der Eier, wird das Ganze zu einem FISH WIGGLE oder Wackelfisch. Ganz schön schräger Name! Oder Sie geben 2 EL Sherry zur Sauce und nennen das Ganze POISSON AUX POIS.

PROVENZALISCHER LACHS wird aus 2 cm dicken, nicht enthäuteten Lachssteaks zubereitet, die man in Öl tunkt und in eine flache gebutterte Backform legt, welche man nach dem Einfetten gründlich mit einer zerschnittenen Knoblauchzehe eingerieben hat. Unter dem Grill rasch anbräunen, vorsichtig wenden und die andere Seite bräunen. Den Fisch auf eine vorgewärmte Platte legen. In der gleichen Backform pro Lachssteak je 1 EL Butter und 1 TL Weißwein erhitzen. Etwas gehackte Petersilie hinzufügen und vor dem Servieren über den Fisch gießen.

LACHS-MOUSSE für 4–6 Personen kann sowohl aus frisch pochiertem als auch aus Dosenfisch zubereitet werden. 500 g des gewählten Lachses durch die feine Scheibe des Fleischwolfs drehen. ½ Tasse Semmelbrösel hinzufügen, die man vorher in 1½ Tassen Sahne eingeweicht hat. Die Masse mit Salz und Pfeffer würzen, gut vermischen und gründlich kühlen – falls gewünscht, über Nacht. Die steif geschlagenen Eiweiße von 6 Eiern unterziehen; dann in eine gefettete Form geben. In einen niedrigen Topf mit Wasser stellen und bei 190°C 45 Minuten backen. Eine Form in Gestalt eines Fischs wäre hier angemessen, doch die Mousse schmeckt genauso gut, wenn man sie in einer länglichen Brotform backt. Aus der Form stürzen und mit 2 Tassen heißer weißer Sauce (S. 120) servieren, die man durch ½ Tasse Krebsfleisch oder sautierte gehackte Champignons sowie 1 EL Sherry verfeinert hat.

Meine persönliche Version von CRAB IMPERIAL erfordert zwar einen gewissen Zeitaufwand, aber nur einen einzigen Topf. 4 große grüne Paprikaschoten längs halbieren, Samen und weiße Scheidewände entfernen und die Schoten 5 Minuten vorkochen. Abtropfen lassen und in eine gefettete Backform legen. 500 g Krebsfleisch durchsehen und mit 2 EL Weißwein und 1 Spritzer Zitronensaft vermischen. Im leeren Topf 2 EL Butter zerlassen, 1½ EL Mehl darin anschwitzen und langsam 1½ Tassen Sahne unterrühren. Salz, Pfeffer, je 1 TL gehackte Petersilie und Schnittlauch, 1 EL Worcestersauce, 1 TL Senfpulver, 1 Prise Cayennepfeffer sowie 1 Prise Muskatnuss hinzufügen. Das Krebsfleisch unterziehen und 1 gehacktes hart gekochtes Ei hinzufügen. In die Paprikaschoten häufen, mit Semmelbröseln bestreuen und im auf 200°C vorgeheizten Ofen 10–15 Minuten backen.

GEBACKENE ALSE HOLLANDAISE. Eine ausgenommene Alse von 1,5 kg innen salzen und pfeffern. Mit zerlassener Butter oder Öl bepinseln und im auf 200°C vorgeheizten Ofen 30 Minuten garen. Vorsichtig auf eine heiße Platte heben, mit Sauce hollandaise (S. 125) übergießen und rasch unter den sehr heißen Grill schieben, bis die Sauce zu bräunen beginnt. Sofort servieren. In dieser Zubereitung schmeckt jeder große »Back«-Fisch, doch Sie werden feststellen, dass die Alse etwas Besonderes ist. Verwenden Sie bitte nicht Ihre beste Silberplatte, denn sonst könnte es passieren, dass Sie einen Metallklumpen auf dem Boden Ihres Ofens finden und, schlimmer noch, kein Abendessen.

SHRIMPS FLORENTINE für 4 Personen kann genauso gut aus gegartem zerzupftem Fischfilet oder Krebsfleisch zubereitet werden; falls Sie jedoch gekochte Spargelspitzen als Basis verwenden, müssen Sie das Gericht selber umtaufen. 2 Tassen gekochten Spinat fein hacken, Salz, Pfeffer sowie etwas Zwiebel und 1 winzige Prise Muskat hinzufügen. Alles in eine gebutterte Auflaufform geben. 500 g Shrimps 20 Minuten in kochendem Salzwasser garen. Abgießen, Köpfe, Schwänze, Panzer und den schwarzen Darm entfernen, dann die Shrimps über dem Spinat verteilen. Mit 2 Tassen kräftig abgeschmeckter weißer Sauce (S. 120) bedecken, die mit 2 EL Weißwein aromatisiert wurde. Mit Semmelbröseln und 1 TL geriebenem Parmesan bestreuen. Auch Emmentaler oder Gruyère lässt sich verwenden. Butterflöckchen daraufsetzen, mit etwas Paprika bestäuben und 15 Minuten bei 400°C backen.

Wenn Sie nächstes Mal teure FILETS DE SOLE MARGUERY auf der Speisekarte eines protzigen Restaurants entdecken – zählen Sie nicht deprimiert Ihre Pennies! Bereiten Sie es lieber daheim zu. Für 4 Personen benötigt man 4 mittelgroße Heilbuttfilets, insgesamt 1–1,2 kg, die man halbiert. Die Filets in einen niedrigen Topf geben, knapp mit trockenem Weißwein bedecken, 2 Zwiebelscheiben, Salz und ein paar Pfefferkörner hinzufügen und 10 Minuten lang leise köcheln. Den Fisch gründlich abtropfen lassen und auf einer vorgewärmten Platte beiseitestellen, wo er ungestört ist. Den Wein auf ½ Tasse einkochen. Dotter von 2 Eiern schlagen, bis sie blass sind, dann nach und nach den heißen reduzierten Wein hinzufügen. Eier und Wein in den oberen Behälter eines kleinen Wasserbadtopfs geben, der über sehr heißem, aber nicht sprudelndem Wasser steht. Die Sauce, sobald sie etwas eingedickt ist, über den Fisch gießen und ihn mit 1 TL Parmesan bestreuen. Rasch unter den sehr heißen Grill schieben, leicht bräunen lassen und sofort servieren.

Und nun kommen wir zur berühmten Filets-de-Sole-Marguery-Kontroverse, bei der sich Gourmets in der Hitze des Gefechts in Kochbuch-Französisch Schimpfnamen um die Ohren zu hauen pflegen und übelste Streitereien vom Zaun brechen. Dabei behauptet die eine Schule der Küchenchefs, dass der wehrlose gare Fisch mit Stücken gekochter Garnelen, Champignons, Venusmuscheln, Miesmuscheln, Hummer und Trüffeln verziert werden müsse. Die andere Schule dagegen, die genauso viele Cordon bleus vorzuweisen hat, macht sich stark für den Fisch, wie Gott ihn schuf, oder vielmehr, wie er aus dem Ofen kam, also lediglich mit der mit Käse aromatisierten Sauce bedeckt.

Ob so oder so, in beiden Zubereitungsweisen schmeckt er köstlich, doch bekanntermaßen haben schon älteste Freunde darüber gestritten und sind diesbezüglich unversöhnt auseinandergegangen. Vielleicht war es ja genau ein solcher Streit, der John Custis verbittert in sein Grab in Virginia sinken ließ, und hätte ihm seine Gattin nur SOLE TURBANE serviert, in dem jedes Flunderfilet um eine gekochte geschälte Garnele gewickelt, in Wein geköchelt und schließlich mit einer schlichten Sauce abgerundet wird (zubereitet wie im vorausgegangenen Rezept), vielleicht, ja vielleicht hätte mein jähzorniger Vorfahre friedlich bei Tische gesessen und ein fast identisches Gericht und ein glückliches Eheleben genossen.

Gemüse vom eigenen Acker

Vier Jahre Landleben haben mich vieles gelehrt, unter anderem die Gewissheit, dass der falsche Goldbarren nicht *an* den Bauern sondern *von* ihm verkauft wurde. Unsere bäuerliche Vermieterin kassierte für eine heruntergekommene Farm ungeniert eine hohe Stadtmiete, milde Ersuchen nach einem dichten Dach oder der Reparatur der Wasserleitung jedoch galten ihr genauso viel wie die Anträge ihrer Pächter nach sicher abgedeckten Quellen und wetterfesten Scheunen. Allerdings bekamen wir ein paar Schindeln für unser Verandadach spendiert, nachdem wir sie während eines Sommergewitters einmal unter die schlimmste undichte Stelle gesetzt hatten. Die Notwendigkeit eines neuen bedeutsamen Toiletteninventars war schwieriger darzustellen, so dass sie lediglich wiederholt darauf hinwies, dass selbiges – ob nun funktionstüchtig oder nicht, wenigstens aus Porzellan bestehe und sich im Haus befinde, wobei sie dieser selbstgefälligen Überlegung häufig noch die Bemerkung folgen ließ, dass die Böden ja wirklich fürchterlich aussähen (nur allzu wahr!), und warum *wir* es eigentlich nicht fertigbrächten, sie abzuschleifen und neu zu streichen.

Was unsere Nachbarn von uns hielten, fanden wir nie heraus, und vielleicht war es auch besser so, denn während alle anständigen Großmütter in gestärkten Hauskleidern im Schaukelstuhl auf der Veranda saßen, konnte man mich im Frühjahr dabei ertappen, wie ich in erdverkrusteter Hose beim Pflügen half, um die angefutterten Pfunde wieder loszuwerden. Im Sommer sah man uns nicht nur geeisten Weißwein trinken statt Bier, sondern wir speisten auch zu unchristlicher Stunde erst abends um acht; und im Herbst und Winter unternahm ich lange Spaziergänge, statt hektisch den schwarzen Staub zu bekämpfen, mit dem unsere vier Kohleöfen Möbel und Gebälk so großzügig überzogen.

Die meisten Erinnerungen sind allerdings glückliche, denn bald fanden wir Freunde, die unsere Ansicht teilten, dass sieben Uhr abends eher die rechte Zeit ist, einen kongenialen Cocktail zu schlürfen, als Geschirr abzutrocknen. Der Laden an der Kreuzung litt kaum unter kriegsbedingten Engpässen, und sein freundlicher Inhaber war – obwohl er noch nie von »so ausgefallenen französischen Dingen wie Linsen« gehört hatte – fast der einzige Gewerbetreibende, der uns nicht misstrauisch als »Zugezogene« beäugte und auch sonst niemanden bevorzugte.

Draußen auf der Wiese setzte ein mürrischer Ochse Fett an, dem – um uns mit Fleisch zu versorgen – ein patriotisches, wenn auch unbetrauertes Ende bevorstand, und unsere kleine Ackerparzelle erbrachte, obwohl man sie in der Nachbarschaft verächtlich als »Büchergarten« titulierte, üppigste Erträge. Und das Allerbeste: Im Mai und Juni strotzten die Feldränder nur so von wilden Spargelstangen. Wochenlang aßen wir uns daran satt und nahmen dafür gern den Prestigeverlust in Kauf, der in den Augen der Einheimischen mit dem Pflücken der Stangen einherging. Unser Lieblingsgericht waren einfache SPARGEL MIT BUTTER. Spargel schälen, harte Enden entfernen und die Stangen mit 5 cm breiten Stoffstreifen zu leicht handhabbaren kleinen Bündeln schnüren. In sprudelndem Salzwasser garen, bis sie gerade weich sind. Abgießen, Stoffstreifen entfernen, den Spargel auf Dreiecken aus knusprigem, gebuttertem Toast servieren und etwas zerlassene Butter über die Spitzen verteilen.

Manchmal gibt man der Butter beim Zerlassen eine zerdrückte Knoblauchzehe bei. Wenn man den Knoblauch entfernt und 1 EL Semmelbrösel in je ½ Tasse der Butter anröstet, erhält man ITALIENISCHEN SPARGEL – wobei 1 TL geriebener Parmesan auf jeder Portion den Namen zwar nicht mehr verändert, aber dem Gericht einen völlig anderen, köstlichen Geschmack verleiht. Auch eine Sauce hollandaise (S. 125) kann – als kaschierende Umhüllung – groß herauskommen; weiße Sauce (S. 120) und Käsesauce sind ebenfalls willkommen, und wenn ein sättigender Gang zum Mittagessen angezeigt scheint, kochen wir SPARGEL AUF LÄNDLICHE ART. Den Spargel wie im ersten Rezept zubereiten, mit Butter auf Toast servieren und zu jeder Portion ein frisch gekochtes und geschältes 10-Minuten-Ei geben. Dieses wird beim Essen mit den heißen grünen Spargelspitzen vermengt und ist ein göttlicher Genuss.

SPARGELSOUFFLÉ. Die Eigelbe von 4 Eiern zu einer blassen Masse schlagen, zu 1 Tasse weißer Sauce (S. 120) geben und schlagen, bis alles gut vermischt ist. 1 Tasse gehackte gekochte Spargelspitzen, etwas Zwiebel oder 1 TL fein gehackten Schnittlauch hinzufügen. Mit Salz und Pfeffer nachwürzen, wenn nötig, und die steif geschlagenen Eiweiße von 4 Eiern unterheben. In eine gebutterte Backform gießen. Diese in eine flache, halb mit Wasser gefüllte Ofenpfanne stellen und bei 175°C 45 Minuten garen. Es handelt sich um ein höchst delikates und deliziöses Hauptgericht für ein leichtes Mittagessen. Falls gewünscht, können Eigelbe, Spargel und weiße Sauce schon im Vorhinein vermischt und der Eischnee erst kurz vor dem Backen untergehoben werden.

Später im Sommer haben wir dann unseren Brokkoli und Blumenkohl auf dieselbe Weise wie den Spargel gegart und mit den gleichen Saucen variiert, vorher aber verschlangen wir noch so viele reife Tomaten und goldenen Bantam-Mais, wie wir nur konnten.

Haben Sie je frischen TOMATENSAFT zum Frühstück gekostet? 1 kg reife geviertelte Tomaten mit 1 TL gehackter Zwiebel und, falls gewünscht, einer Spur Knoblauch sowie etwa 1 Blatt Basilikum köcheln, bis der Saft gerade zu fließen beginnt. Behutsam durch ein Sieb drücken und Salz und etwas frisch gemahlenen schwarzen Pfeffer hinzufügen, dann über Nacht kalt stellen. Am nächsten Morgen den Saft umrühren, ehe man ihn in Gläsern und mit einem Hauch Sellerie und 1 dünnen Zitronenschale serviert. Worcestersauce und Tabasco dürfen zwar ebenfalls auf dem Tisch stehen, doch warum das wundervolle Gartenaroma ruinieren?

GESCHMORTE TOMATEN sollten nie mit Semmelbröseln, Mehl oder – Gott bewahre – Stärkemehl angedickt werden, sondern im offenen Topf köcheln, bis sie die richtige Konsistenz erreicht haben. Dies kann je nach Saftigkeit des Gemüses 1–3 Stunden dauern. Die dreifache Menge der Tomaten, die man letztlich benötigt, schälen und in Viertel schneiden, so dass man, wenn man beispielsweise 4–6 Personen verköstigen will, mit 12 oder 14 Tassen Tomaten beginnt. 2 EL gehackte Zwiebel, 1 EL Salz und ⅛ TL schwarzen Pfeffer hinzufügen und nach Anweisung köcheln. Eine halbe Stunde vor dem Servieren 1 Blatt frisches Basilikum oder 1 Prise des getrockneten Gewürzes hinzufügen. Und wenn es dazu große Süßkartoffeln aus dem Ofen und frische Maiskolben gibt – wen kümmert's da noch, ob auch Fleisch auf der Speisekarte steht!

GEFÜLLTE TOMATEN. 1½ oder 2 EL des Fruchtfleischs von der Oberseite reifer mittelgroßer Tomaten entfernen. Die Früchte jedoch nicht vollständig aushöhlen, wie in so vielen Rezepten geraten wird. Schließlich wollen Sie Tomaten essen und keine Semmelbrösel. Innen leicht salzen und in eine gefettete flache Backform setzen. Für jeweils 4 Tomaten 1 TL gehackte Zwiebel in 2 EL Olivenöl oder Butter anschwitzen. Von der Kochstelle nehmen, 1 Tasse grobe Semmelbrösel, ½ TL Salz, etwas gemahlenen Pfeffer und 1 Prise Thymian hinzufügen. Eventuell auch noch etwas getrocknetes oder frisches Basilikum. Mit dem Saft des Fruchtfleischs anfeuchten, das man aus den Tomaten entfernt und durch ein Sieb passiert oder mit den Fingern zerdrückt hat. Die Masse sollte kaum feucht und niemals teigig sein. Diese Farce nun locker in die Tomaten füllen, Reste davon daraufhäufen und auf jede Tomate ein 2–3 cm großes Speckquadrat legen. Bei 190°C etwa 30 Minuten backen, bis die Tomaten gerade weich und der Speck braun und knusprig ist.

ÜBERBACKENE TOMATEN für 4–6 Personen. 6 beziehungsweise 8 Tomaten enthäuten, locker in eine tiefe, gefettete Backform setzen, mit 2 Tassen der Farce aus dem Rezept für gefüllte Tomaten (oben), der man außerdem noch ½ TL Zucker zugegeben hat, umgeben und bedecken. Butterflöckchen auf die Semmelbrösel setzen und im auf 190°C vorgeheizten Ofen 45 Minuten backen.

GEBRATENE TOMATEN mit Sahnesauce stehen im Widerspruch zur Tradition, niemals zwei auf gleiche Weise gegarte Gerichte zur gleichen Mahlzeit zu servieren, denn sie schmecken wunderbar zu gebratenem Fisch. Stiel- und Blütenansätze von festen Tomaten entfernen und diese in etwa 1 cm »dicke« Scheiben schneiden. 1 TL Salz und ½ TL schwarzen Pfeffer zu 1 Tasse Mehl geben, auf Pappteller oder Wachspapier schütten und die Tomatenscheiben darin wenden. In einer Gusseisenpfanne, in der die Tomaten genügend Platz finden, gut 1 cm Fett erhitzen, bis es zu rauchen beginnt; Speckfett eignet sich dafür mit Abstand am besten. Tomatenscheiben vorsichtig hineingleiten lassen und bei mittlerer Temperatur braten, bis sie auf beiden Seiten tiefbraun sind; nur einmal wenden. Dies sollte etwa 10 Minuten pro Seite dauern. Tomaten auf eine Platte legen und warm halten. Für die 10 oder 12 Scheiben, die für 4 beziehungsweise 6 Personen reichen, sodann 1½ EL des gewürzten Mehls zu dem in der Pfanne verbliebenen Bratensaft geben, unterrühren, dabei alle eingetrockneten Röststoffe vom Pfannenboden kratzen, und dann langsam 2 Tassen Vollmilch hinzufügen. 10 Minuten lang unter gelegentlichem Umrühren köcheln lassen, dann über die Tomaten gießen. Man kann 1 Prise Basilikum zur Sauce geben und das fertige Gericht mit etwas knusprigem Speck servieren. Auch hier machen große Ofenkartoffeln und ein grüner Salat das Ganze zu einem überaus sättigenden Mittagessen.

GEBRATENE GRÜNE TOMATEN sind so gut, dass wir oft die noch unreifen Früchte dafür geopfert haben. Garen Sie sie genau wie im obenstehenden Rezept und bereiten Sie auch die Sauce in der gleichen Pfanne zu – und zwar mit dicker saurer Sahne oder Crème fraîche und 2 TL Mehl. Ein Feinschmeckertraum.

In den Sommern, als Diamond Jim Brady ein prügelndes Paar in den Atlantic Highlands von New Jersey herumchauffierte, wobei Lillian Russell sich in vollerblühter Schönheit neben ihm räkelte, war er Stammgast eines kleinen Wirtshauses, das versteckt in einem verlassenen Nachbardorf lag. Seine Geschäftsethik mochte ja anfechtbar sein, beim Essen machte ihm keiner etwas vor, und so weit verbreitete er den Ruhm der gekochten Maiskolben des Gasthofs in der Gegend, dass aus dem ländlichen Bungalow bald ein großes Restaurant wurde, das so lange florierte, bis die Prohibition seine Schließung erzwang. Ehe jedoch der französische Besitzer starb – angeblich an gebrochenem Herzen –, verriet er mir die simple Methode, nach der er jenes Gericht zubereitete, das ihm Ruhm und Reichtum beschert hatte.

GEKOCHTE MAISKOLBEN À LA DELISLE. Vorsichtig die Grannen vom frischen Mais entfernen, aber so viel vom grünen Hüllblatt stehen lassen, dass jede Ähre bedeckt ist. Einen großen Topf bereithalten, der mit einer kochenden Wasser-Milch-Mischung (halb/halb) gefüllt ist. Den Mais darin, je nach Alter, 5–10 Minuten garen und darauf achten, dass er stets mit Wasser bedeckt ist; dann gründlich abtropfen lassen und in einer Serviette servieren. Lassen Sie jeden Gast seinen Kolben selbst enthülsen, und schon mit dem ersten köstlichen Bissen werden Sie eine wunderbare Überraschung erleben. Ganz zu schweigen davon, dass auf diese Weise gegarter Mais erstaunlich wenig Butter zu benötigen scheint.

Zarter Mais am Kolben ist – zugegeben – unübertroffen, doch wenn die Maiskörner zäher werden oder Großvater mit seinen wehen Zähnen zum Essen kommt, sollten Sie SAHNE-MAIS servieren. Die rohen Körner vom Kolben kratzen und schaben. Zu jeder Tasse Mais 2 EL Sahne, ½ TL Salz, ¼ TL Pfeffer und 1 TL Butter geben. In einen Wasserbadtopf geben und über kochendem Wasser zugedeckt 15 Minuten garen. Geben Sie noch 1 EL gehackte sautierte grüne oder rote Paprikaschote dazu und Sie erhalten MAIS MEXICAINE.

Großvater, aber auch jeder andere, wird CORN OYSTERS [Maisküchlein] lieben. Den Mais wie oben zubereiten und jeweils ½ Tasse Vollmilch, 2 EL Mehl, etwas Salz, Pfeffer, 1 TL zerlassene Butter sowie 1 verschlagenes Ei zu einer Tasse Maiskörner geben. Diese Masse in Teelöffelportionen auf einer leicht gefetteten heißen Grillpfanne garen. Sie sollten dünn und zart sein.

MAISPUFFER sind herzhafter und können auch aus Resten zubereitet werden. Für 4–6 Personen 2 Tassen gekochten Mais vom Kolben schneiden, ½ Tasse gesiebtes Mehl, ½ TL Salz, etwas Pfeffer und 3 Eigelbe hinzufügen. Gründlich verschlagen, dann 3 steif geschlagene Eiweiße unterheben. In mindestens 1 cm tiefem heißem Fett ausbacken. Von beiden Seiten bräunen und sofort servieren. Die ideale Beilage zu geschmortem Hähnchen.

MAIS LOUISIANA für 4–6 Personen. 3 große Süßkartoffeln der Länge nach schälen und vierteln. In Salzwasser bissfest kochen, was etwa 10–15 Minuten dauert. Abgießen. Ein Ende jedes Kartoffelviertels zuerst in Sherry, dann in braunen Zucker tunken. Mit dem gezuckerten Ende nach oben entlang des Rands einer gefetteten Backform platzieren. In die Mitte 2 Tassen Mais mexicaine (S. 111) geben. Ein paar Butterflöckchen (insgesamt etwa 1 TL) auf den Mais setzen und mit feinen Semmelbröseln bestreuen. Etwa 15–20 Minuten bei 200°C backen, bis die Kartoffeln etwas Farbe angenommen haben. Die perfekte Beilage zu gebackenem Schinken.

GEBACKENER KÜRBIS. Zarten jungen gelben Sommerkürbis waschen und Stielenden entfernen. In kleine Würfel schneiden; Kerne nicht entfernen, es sei denn, sie sind sehr grob. Für 4–6 Personen 3 Tassen Gemüsewürfel in eine gefettete Backform geben, ½ Tasse Wasser, ½ TL Salz, ⅛ TL Pfeffer, 2 EL Butter und 1 TL fein geriebene Zwiebel hinzufügen. Abdecken und bei 190°C etwa 20 Minuten backen, bis der Kürbis zart ist.

Jeder weiß, dass Gurken die ideale Fischbeilage sind, doch die meisten Köche geben sich damit zufrieden, dünne Scheiben davon in French Dressing zu servieren, und vergessen, dass die ausgewachsene Gurke einst nicht nur als Salat, sondern auch als Gemüse galt. Nur wenige wissen heute noch, dass sie sich wunderbar mit dem kleinen, unbedeutenden Spinat verträgt. Für jedes der zwei folgenden Rezepte wird gekochter Spinat benötigt, den man hackt und durch den Fleischwolf dreht. »Vorkochen« sollten Sie sich auch diesmal zum Motto erwählen, oder aber Reste verarbeiten. GEFÜLLTE GURKEN für 4–6 Personen. 4 mittelgroße Gurken abschaben, Stielenden kappen, Gurken der Länge nach halbieren und Samen entfernen. Die bootförmigen Stücke 5 Minuten in Salzwasser garen. Gründlich abtropfen lassen. ½ Tasse weiße Sauce (S. 120) zu 2 Tassen gehacktem Spinat geben. Mit Salz, Pfeffer und einem Hauch fein gehackter Zwiebel abschmecken, auf die Gurkenboote häufen, Semmelbrösel darüberstreuen, ein paar Butterflöckchen daraufsetzen und eine Idee Parmesan darüberreiben. In eine gefettete flache Backform setzen und 10–15 Minuten bei 200°C backen, bis die Brösel gebräunt sind. Sofort servieren.

SPINATRING MIT GURKEN. Eine gefettete Ringform mit 4 Tassen gehacktem Spinat füllen, der mit Salz, Pfeffer, einigen Körnchen Cayennepfeffer und etwas Zwiebel gewürzt wurde. Die Form in eine flache Backform mit Wasser stellen und für etwa 25 Minuten in den auf 165°C vorgeheizten Ofen schieben, bis das Ganze durch und durch heiß ist. Gurken schälen und in dünne Scheiben schneiden, so dass man etwa 3 Tassen erhält. 5 Minuten in Salzwasser garen und gründlich abtropfen lassen. Den Spinat auf eine heiße Platte stürzen, Gurken in die Mitte geben und mit Sauce hollandaise (S. 125) übergießen. Das schmeckt nicht nur köstlich und sieht aufwendig aus, sondern ist auch wirklich leicht zuzubereiten, denn der Spinat und die Gurken können warm gehalten werden, und auch die Sauce nimmt eine kleine Verzögerung nicht krumm.

Dieses Rezept für GEBACKENE AUBERGINE war in Zeiten des Fleischmangels geradezu lebensrettend: 1 mittelgroße Aubergine halbieren, mit Salzwasser bedecken und 5 Minuten lang kochen. Abgießen, schälen und in 2,5 cm große Würfel schneiden. 1 Tasse Reis 5 Minuten in Salzwasser kochen, abgießen und zu den Auberginen geben. 1 Tasse in Scheiben geschnittene Zwiebel und 1 fein gehackte Knoblauchzehe in 2 EL Butter oder Pflanzenöl anschwitzen. 2½ Tassen Tomaten aus der Dose oder frisch enthäutete, gehackte Früchte zu Aubergine und Reis hinzufügen, leicht vermengen, 1 TL Salz und ⅛ TL Pfeffer unterrühren und in eine gefettete Backform geben. Mit ½ Tasse Semmelbrösel und eventuell auch 1 TL Parmesan bestreuen, mit Butterflöckchen besetzen und 45 Minuten bei 175°C backen. Sollte das Gericht kurz vor Ende der Backzeit etwas trocken wirken, vorsichtig etwas Tomatensaft oder verdünnten Rinderfond hinzufügen, ohne die Kruste zu beschädigen. Das fertige Gericht sollte keinesfalls flüssig und Tomaten, Auberginen und Reis distinkt und deutlich erkennbar sein.

Unser erster Winter auf dem Lande brach über zwei Großstädter herein, die bis dahin keine Ahnung gehabt hatten, dass mit dem Frost auch ein Mangel an frischem Gemüse einherging. Ich hatte nichts eingemacht, und die vierzig Meilen zum nächsten größeren Großstadtmarkt hätten für die Inhaber eines A-Aufklebers[15] für Benzin genauso gut vierhundert sein können. Sowohl Vitamine als auch Abwechslung musste das gleichbleibende, aber auch uninspirierende Angebot des örtlichen Ladens, bestehend aus Kohl, Sellerie und Möhren liefern. Die Frage war dann eigentlich nur noch, wie man dieses allgegenwärtige Trio möglichst appetitlich zubereitete.

Hinsichtlich des Weißkohls verabschiedete ich mich von den üblichen langen Garzeiten und den sie begleitenden Düften und fand ihn köstlich, wenn ich ihn zunächst wie für Krautsalat dünn schnitt, dann ½ Stunde in Eiswasser knackig werden ließ, um ihn anschließend in 5 oder nicht mehr als 10 Minuten

15 A. d. Ü.: Einen A-Aufkleber erhielt im Rahmen der kriegsbedingten Treibstoffrationierung derjenige, dessen Tätigkeit und damit dessen Wagen als nicht kriegswichtig eingestuft waren.

in sprudelndem Salzwasser zu garen. Danach gründlich abtropfen lassen – 2½ Tassen reichen für 4–6 Personen – und die heißen Streifen mit weißer Sauce (S. 120) oder Käsesauce (S. 121) bedecken, aber nicht vermischen, und man erhält ein überraschend feines Gemüsegericht für jeden Tag. Zu besonderen Anlässen übergießt man den Kohl mit Sauce hollandaise (S. 125) und stellt fest, dass das erzielte Ergebnis auch ein Bankett schmücken könnte.

Ganz und gar nicht fein und nur in einer gut zu lüftenden Küche empfehlenswert ist GEDÄMPFTER WEISSKOHL. 10 Tassen Weißkohl hacken, waschen und abgießen, ½ Tasse Speck, Schinken oder Schweineschmalz in einer Pfanne zerlassen, den Kohl dazugeben und zugedeckt bei mittelstarker Hitze unter gelegentlichem Umrühren 30 Minuten garen, bis der Kohl weich und auf die Hälfte zusammengefallen ist. Deckel abnehmen, Hitze heraufschalten und etwa 15 Minuten oder länger weitergaren und -rühren, bis der Kohl zu bräunen beginnt. Dies ist ein schönes, herzhaftes Gericht der Schwarzen und zweifellos dasjenige, wegen dem Topsy[16] so »in die Höhe schoss«, denn schon allein sein Geruch dürfte einen Zwerg zum Wachsen veranlassen. Aber probieren Sie es auch einmal mit geschmortem Schinken und sehen Sie, ob der sich nicht um die Hüften anlagert.

Auch SELLERIE erwies sich als überraschend lecker und glamourös obendrein – als ich nämlich aufhörte, die Stangen zu würfeln, stattdessen die Stauden ganz ließ, die Wurzel kappte, oben ein ziemliches Ende abschnitt (man kann es für Suppen und Garnituren aufheben) und dann die Staude der Länge nach – je nach Größe – in Viertel oder Sechstel zerteilte. Die Stauden

16 A. d. Ü.: Kleines Sklavenmädchen aus *Onkel Toms Hütte* von Harriet Beecher Stowe, das mit der Wendung »growed like Topsy« in die englische Sprachgeschichte einging und nach dessen Vorbild später sogar Puppen gestaltet wurden.

außen, wenn nötig, abschrubben und in möglichst wenig Wasser garen. Das Garwasser für den morgendlichen Tomatensaft aufheben.

GESCHMORTER SELLERIE. Den Sellerie 5–8 Minuten in Salzwasser nicht ganz durchgaren. Abtropfen lassen, erneut auf den Herd stellen und ½ Tasse Kraftbrühe aus der Dose sowie 1 EL Butter hinzufügen. Nochmals zugedeckt etwa 5 Minuten dämpfen, bis der Sellerie völlig gar ist, dann den Deckel abnehmen und bei hoher Temperatur kochen, um die Flüssigkeit auf die Hälfte zu reduzieren. Sofort servieren. Abgegossen, kühl gestellt und mit French Dressing übergossen, nennt sich dies Sellerie *en branche* – und raten Sie mal, welches Dressing das Gemüse zu SELLERIE VINAIGRETTE macht?

SELLERIE CRÉOLE. Sellerie 10 Minuten in Salzwasser garen, abtropfen lassen und mit Sauce créole (S. 122) übergießen.

Für SELLERIE AU GRATIN besinnen wir uns wieder auf die Anfangsgründe und schneiden die Selleriestangen quer in 2 cm lange Stücke. 2 Tassen davon reichen für 4–6 Personen. In Salzwasser weich garen, abgießen und mit 2½ Tassen weißer Sauce (S. 120) und ½ Tasse geriebenem Käse vermischen. Mit Semmelbröseln bedecken, Butterflöckchen darüber verteilen und in einer gefetteten Form bei 200°C etwa 20 Minuten backen, bis die Brösel gebräunt sind.

Auch vier Monate fortgesetzten Kampfs mit den Karotten ließ mich kalt für ihre Möglichkeiten, wenn man vom Rösten ganzer Möhren um einen Lamm- oder Rinderbraten herum einmal absieht, und obwohl meine GESCHMORTEN GANZEN MÖHRCHEN, die zuerst geschält, dann wie geschmorter Sellerie gegart werden, für köstlich erklärt wurden – ebenso wie meine MÖHREN MIT MINZE. Für 4–6 Personen 2 Tassen Möhren schälen und achteln, so dass sie in etwa wie große Zündhölzer aussehen. 5 Minuten in Salzwasser kochen. Abgießen. Auf den Herd zurückstellen und 1 EL Butter sowie

1 EL Minzgelee hinzufügen. Bei mittelstarker Hitze rühren, bis das Gelee schmilzt, und servieren.

Auch der Gedanke an die letzten beiden Gerichte ist von keinem der Hungergefühle oder jener mundwässernden Vorfreude begleitet, die mit dem Niederschreiben der Rezepte für die anderen Gemüsesorten einhergeht, halten wir also lediglich fest: »Möhren kann man kochen und essen, nur wozu?«, und überlassen sie jenen Kinderstubengefährten und Gartengeiseln Flopsi, Mopsi, Wollschwanz und Peter Hase.

Saucen sind ein Kinderspiel

Wie viele kleine Mädchen, frage ich mich, lesen heute wohl noch Louisa M. Alcott? Verglichen mit Cartoons und Westernfilmen müssen ihre altmodischen Geschichten ziemlich handlungsarm wirken, und doch waren die vier March-Schwestern für mich einst so real wie das Waisenkind Annie[17] für die heutige Generation.

Meine (meiner damaligen Meinung) nach geradezu »anstößige« Gesundheit – bis heute kann ich nicht einmal zart aussehen – bewahrte mich davor, dem Beispiel der armen Beth zu folgen und ein frühes Grab zu finden. Der weniger spirituelle Ehrgeiz, einen eigenen Spielzeugherd zu besitzen, der wirklich funktionierte, war da schon leichter umzusetzen, und seit dem Morgen, an dem ich ihn unter dem Weihnachtsbaum entdeckte, habe ich die Entscheidung, zu der ich mich damals gezwungen sah, niemals bereut. Und

17 A. d. Ü.: *Little Orphan Annie*, Hauptcharakter der gleichnamigen Comicstripserie

das ist auch gut so, denn sowohl Gesundheit wie eigener Herd bewirken bis heute, dass ich auf dem Teppich bleibe.

Mein Spielzeugherd war ein viereckiger Blechkasten mit einem Ofenrohr und zwei Kochlöchern, der mit Töpfen und Pfannen in Puppengröße komplett bestückt war. Die Hitze kam aus einem Metallrohr, aus dem zwei kerzenförmige, mit Watte gestopfte Auswüchse ragten, von denen sich, sobald man Alkohol daraufgoss und ein Streichholz daranhielt, eine heiße, doch – wie ich rasch lernte – auch völlig unregulierbare Flamme erhob.

Meine Mutter, die selbst zwar nicht kochte, aber wie jede gute Hausfrau jener Zeit wusste, »wie es gemacht wurde«, erschien, sobald das neue Spielzeug aufgestellt war, im Kinderzimmer und verkündete, dass sie mir jetzt, ehe ich herumzupanschen begann, eine lohnende Sache beibringen wolle. Dies sollte die weiße Sauce sein, und lohnend ist sie allemal – nur wenige Köche verstehen sich heute noch auf ihre Zubereitung, wie die Paste bezeugt, die sich in Restaurants und, trauriger noch, auf dem häuslichen Esstisch als solche auszugeben versucht. Mutters Rezept für WEISSE SAUCE ist nach wie vor das einzig richtige und wahre. 2 EL Butter bei mittlerer Hitze zerlassen und 2 EL Mehl unterrühren. Sobald die Mehlschwitze zu brutzeln beginnt, Topf vom Feuer nehmen und 1 Tasse Milch einrühren. Tun Sie dies sehr langsam; das Mehl soll die Flüssigkeit so absorbieren, dass keine Klümpchen bleiben. Den Topf auf den Herd zurückstellen und ebenso langsam 1 zweite Tasse Milch dazugießen, ohne das ständige Rühren zu unterbrechen. 1 TL Salz und ⅛ TL schwarzen Pfeffer hinzufügen und noch mindestens 10 Minuten auf schwächerer Hitze stehen lassen und dabei gelegentlich umrühren. Falls Sie nach dem Unterrühren der Milch keine Zeit mehr für die Sauce haben, gießen Sie sie zum Fertiggaren in den oberen Behälter eines Wasserbadtopfs. Man erhält eine mitteldünne Sauce, die durch je 1 weiteren EL Mehl und Butter – vor der Milch hinzufügt – stärker gedickt werden kann oder aber, indem man mit Milch zu einer Paste angerührtes Mehl dazugibt, sobald die Sauce einzudicken beginnt. Achten Sie jedoch darauf, dass die fertige Sauce keinen mehligen Geschmack besitzt, und garen Sie sie daher stets gründlich.

Leider muss ich sagen, dass mir der Spielzeugherd kurz nach dieser Kochstunde weggenommen wurde, denn nach einem allein in seiner Gesellschaft verbrachten Nachmittag wurde ich dabei ertappt, wie ich ein Paar übel versengte Augenbrauen mit Bleistift zu kaschieren versuchte und mich über einen verdächtigen dunklen Fleck an der Kinderzimmerdecke lieber ausschwieg. Mutters Rezept war das Erste, das ich meiner Tochter beibrachte, nachdem *jener* junge Mann aufgetaucht war, der sie zum ersten Mal an kulinarische Belange denken ließ, doch wie *ich* wiederum intime Kenntnis der fatalen Folgen erlangte, die es hat, wenn man Alkohol auf einen brennenden Docht gießt, ruht bis heute hinter versiegelten Lippen.

Die Zubereitung dieser Grundsauce sollte so lange geduldig geübt werden, bis man die Technik beherrscht, denn obwohl sie auch an sich gut schmeckt, bildet sie die Grundlage für zahlreiche andere. Im Folgenden finden Sie einige Vorschläge.

Um KÄSESAUCE zuzubereiten, die weiße Sauce auf dem Wasserbad stehen lassen und ½ Tasse geriebenen Käse unterrühren oder auch mehr, bis der Käse geschmolzen und der gewünschte Geschmack erreicht ist.

FALSCHE NEWBURG-SAUCE: 2 verschlagene Eidotter mit ½ Tasse Milch verdünnen, 2 Tassen heiße weiße Sauce darübergießen, in den Wasserbadtopf zurückgeben und 5 Minuten lang rühren. Vor dem Servieren 1 EL Sherry hinzufügen.

CHAMPIGNONSAUCE: 1 Tasse gehackte Champignons in der Butter sautieren, dann wie bei üblicher weißer Sauce fortfahren.

EIERSAUCE: Unmittelbar vor dem Servieren 2 gehackte hart gekochte Eier zur weißen Sauce geben.

Für SELLERIESAUCE benötigt man 1 Tasse des passierten gegarten Gemüses, 1 Tasse des Selleriegarwassers sowie 1 Tasse Milch. Ansonsten wie weiße Sauce zubereiten.

ZWIEBELSAUCE: Auf die gleiche Weise zubereiten.

KAPERNSAUCE NUMMER 1: Wie auf S. 100.

KAPERNSAUCE NUMMER 2: ½ Tasse Kapern zur weißen Sauce geben.

KAPERNSAUCE NUMMER 3: 2½ Tassen Geflügelfond [eventuell auch aus Brühwürfeln zubereitet] auf 2 Tassen einkochen. Jeweils 2 EL Mehl und Butter zerlassen – wie bei der Zubereitung von weißer Sauce. Langsam die Brühe und jeweils 3 EL der Kapern und ihrer Flüssigkeit hinzufügen. Kochen, bis die Sauce eingedickt ist, und vor dem Servieren 2 EL Sauerrahm unterrühren. Alle Kapernsaucen passen gut zu Fisch.

SAUCE CRÉOLE: ½ Tasse gehackte geschälte Zwiebel, ½ Tasse gehackte grüne Paprikaschote und ½ gehackte Knoblauchzehe in 2 EL Butter anschwitzen. 3½ Tassen geschälte gehackte Tomaten oder Dosentomaten hinzufügen. ½ Stunde köcheln lassen. Andicken, indem man 2 EL Mehl mit 2 EL Butter verknetet, diese Masse dann mit ½ Tasse der Sauce verdünnt und in die Sauce zurückgibt, gründlich unterrührt und weitere 10 Minuten köcheln lässt. Wässrige Tomaten benötigen unter Umständen etwas mehr Mehlbutter. Diese Sauce schmeckt zu gekochten Garnelen, Fisch oder Fleisch, kaschiert Reste und schafft es sogar, dass gekochte Kutteln weniger nach Badetuch schmecken.

ECHTE NEWBURG-SAUCE: 2 Tassen Sahne im oberen Einsatz eines Wasserbadtopfs erhitzen. Die Dotter von 3 Eiern mit 1 TL Salz und einigen Körnchen Cayennepfeffer zu eine blassen Masse schlagen. Langsam in die heiße Sahne einrühren. Im Wasserbad bei niedriger Hitze garen, bis das Ganze leicht eingedickt ist, und vor dem Servieren noch 2 EL Sherry hinzufügen. Diese Sauce kann auch ½ Tasse sautierte gehackte Champignons enthalten sowie die gleiche Menge an sautierten Pfeffer- oder grünen Paprikaschoten und ist von der Zubereitung her die vielleicht schwierigste Sauce. Sobald sie eingedickt ist, vom Wasserbad nehmen, gekochten Hummer, Garnelen, Jakobsmuscheln oder was immer in großen Stücken hinzufügen und erneut auf das heiße Wasser setzen, bis alles gründlich erhitzt ist, jedoch keine Minute länger. Die Sauce darf niemals kochen.

Die Zubereitung einer wirklich guten BRATENSAUCE erfordert ebenso viel Übung und Geduld wie die einer weißen Sauce. Das gegarte Fleisch aus dem Bräter heben und warm halten. Etwa 2 EL Fett im Topf belassen und diesen auf mittlere Hitze stellen. 1½ EL Mehl einrühren und gleichzeitig alle Fleisch- und Bratensaftreste vom Topfboden kratzen. Langsam 2 Tassen Wasser, 1 TL Salz und ⅛ TL Pfeffer dazurühren. Unter gelegentlichem Umrühren 10 Minuten lang köcheln lassen. Dies ist ein weiteres Grundrezept, und es macht Spaß, damit herumzuexperimentieren. Verändern Sie seinen Geschmack durch gehackte Zwiebel oder Champignons, und probieren Sie auch mal Tomatensaft, Rotwein oder Fleischsaucen wie Worcestersauce darin aus. Statt einfach Wasser zu verwenden, kann man auch Kraftbrühe aus der Dose nehmen, die man mit der gleichen Menge an Wasser verdünnt. Dies ergibt eine besonders aromatische Bratensauce, die – machen Sie den Test! – eine weitere köstliche Abwandlung durch 1 EL Sauerrahm oder Crème fraîche erfahren kann.

ROTWEINSAUCE: 2 EL gehackte Zwiebel oder, besser noch, Schnittlauch in 2 EL Butter anschwitzen. 1½ EL Mehl und dann nach und nach 1 Tasse Rotwein sowie 1 Tasse Kraftbrühe aus der Dose oder Fleischbrühe unterrühren. 1 TL gehackte Petersilie hinzufügen, umrühren und 10 Minuten köcheln lassen. Die Sauce passt gut zu Resten sämtlicher roter Fleischsorten.

WEISSWEINSAUCE wird auf die gleiche Weise zubereitet, wobei die Flüssigkeit allerdings je zur Hälfte aus Weißwein und Hühnerbrühe besteht und zu gegartem Huhn, Kalb oder Schwein gereicht wird. Beide Weinsaucen vertragen sich auch gut mit ein paar gehackten Sellerieblättern oder etwas geraspelter roher Möhre; 1 TL scharfer beziehungsweise französischer Senf, vor dem letzten Köcheln zugegeben, macht sie zur idealen Begleiterin für Räucherschinken oder Zunge.

SÜSSSAURE SAUCE ist Rot- oder Weißweinsauce (oben), der man 1 EL Essig, 2 EL Rosinen und 1 TL Zucker beimischt und die man anschließend einige Minuten köchelt, ehe man sie über das vorgesehene Fleisch schöpft.

Die MEERRETTICHSAUCE, zu Tafelspitz oder Roastbeef so unverzichtbar, besteht lediglich aus 2 Tassen dickem Sauerrahm oder Crème fraîche, die man nach Geschmack mit Sahnemeerrettich aus dem Glas verrührt.

Auch ZITRONENBUTTERSAUCE gehört zu den einfacheren Saucen, denn ihre Zutaten entsprechen den in ihrem Namen genannten: 2 EL oder mehr geseihter Zitronensaft werden zu ½ Tasse zerlassener Butter gegeben. Die Sauce passt gut zu grünen Gemüsesorten und ist unter Zugabe von etwas fein gehackter Petersilie oder Schnittlauch auch köstlich zu gegrilltem, gebackenem oder frittiertem Fisch.

Vielleicht, weil das komplizierte Rezept in ihrem Kochbuch nicht nur eine Probe kulinarischer Fähigkeiten, sondern auch eine Charakterprüfung darstellte, verlangte Mutter stets, dass sich eine neue Köchin auf Sauce hollandaise zu verstehen hatte, ehe sie sie einstellte. Auch meine Familie liebt diese Sauce, doch da meine Köchinnen vorwiegend jene gelassene Wesensart benötigten, die es ihnen gestattete, den Tisch für unerwartete Gäste neu zu decken und dann ruhig abzuwarten, während wir einen weiteren Cocktail schlürften, entwickelte ich ein Rezept für Sauce hollandaise, das die gleichen Eigenschaften besaß wie deren Köchinnen und so narrensicher wie nur möglich war. Sobald Sie das unkomplizierte Rezept beherrschen, wird sie häufig auf Ihrem Tisch stehen. Falls Sie sich also für die Zubereitung einen kleinen Wasserbadtopf zulegen können – einen, in den ein Schneebesen gerade hineinpasst, ohne an die Seiten zu schlagen –, so werden Sie mühelos die Lösung von Mutters großer Preisfrage erfahren.

Verlässliche SAUCE HOLLANDAISE. ¾–1 Tasse Butter im oberen Teil eines Wasserbadtopfs zerlassen. 2 EL geseihten Zitronensaft hinzufügen. 3 Eidotter mit ½ TL Salz und einigen Körnchen Cayennepfeffer zu blassem Schaum schlagen. Langsam unter die zerlassene Butter und den Saft schlagen. Sichergehen, dass das heiße Wasser den Boden des Einsatzes nicht berührt, dann Eier und Butter erneut aufs Wasserbad setzen, 3 EL heißes Wasser hinzufügen und bei niedriger Hitze unausgesetzt rühren, bis die Sauce einzudicken beginnt. Dieses kritische Stadium ist erreicht, sobald leichte Falten deren einstmals jugendliches Antlitz zu kräuseln beginnen; wenn es so weit ist, sofort die Sauce vom heißen Wasser nehmen, denn dann ist sie gar. Auch Sie genehmigen sich jetzt vielleicht jenen Extracocktail, oder hat der Herr des Hauses womöglich beschlossen, dass er sich genau in dem Augenblick, da das Essen angekündigt wird, noch einmal besonders gründlich die Hände waschen oder sein Hemd wechseln muss? Glatt und ohne zu gerinnen hält sich die Sauce ohne weiteres 15 bis 20 Minuten lang, wenn vielleicht auch nicht ganz ohne Mühe. Den unteren Topf des Wasserbads mit lauwarmem Wasser füllen, die Sauce abgedeckt daraufsetzen. Trösten Sie sich mit der Erinnerung, dass eine Hollandaise auch in den besten Hotels niemals kochend heiß serviert wird, und konzentrieren Sie sich auf die einfachere Aufgabe, das, worauf Sie die Sauce schöpfen wollen, wirklich heiß zu halten.

Für SAUCE BÉARNAISE benötigt man 3 EL Estragonessig anstelle des

Zitronensafts, ansonsten wird sie exakt so zubereitet und warm gehalten wie die Hollandaise.

Alte Kochbücher empfehlen auch Olivenöl statt Butter als Basis für beide Saucen. Olivenöl eignet sich genauso gut wie diese, und im Notfall ist auch anderes Öl akzeptabel, niemals aber sollten Sie hier mit Kokosfett experimentieren. Die Verzweiflung hat mich einmal dazu getrieben, doch schweigen wir lieber davon – wie auch von jener anderen Geschichte.

Saison für Salat und Grünschnäbel – und wie man sie anmacht

Mein Onkel, der Künstler, verbrachte den größten Teil seines Bohème-Lebens in Frankreich und kehrte nur zu seltenen, jedoch mit Spannung erwarteten Besuchen in seine Heimatstadt zurück, vielleicht um ein Familienporträt zu malen, auf jeden Fall aber, um der Welt mit Gesten darzutun, wie viel besser »da drüben« alles eingerichtet war.

Als schließlich ich an der Reihe war, auf Leinwand gebannt zu werden, saß ich reglos stundenlang Modell, ängstlich, den Zauber seiner herrlich unzüchtigen Jugenderinnerungen an die Quat'z'Arts-Bälle und das Pariser Leben der ausgehenden 1890er zu brechen. Als ich ihn später dort besuchte, zeigte sich, dass das Atelier seiner gesetzteren Jahre lediglich ein großer unaufgeräumter Dachboden war, zu meiner Enttäuschung ohne schöne hüllenlose Frauen, aber ein großartiger Ort zum Mittagessen. Gespannt trabte ich neben Onkel Charlie her, während er in saloppem Französisch um Unmengen von Blattsalat- und Gemüsesorten feilschte, von deren Existenz ich bis dahin noch nicht einmal gehört hatte, trug das meterlange, noch warme Brot und die ungesalzene Butter und half ihm beim Aussuchen des reifen Käses und der luftigen Gebäckstücke. Und dann, als das Teewasser über der zischenden Gasflamme brodelte, deckte ich den Thron des Modells mit bäuerlichem Steingut und Stahlbesteck, während er den Salat anmachte, und als ich die erste Gabelvoll davon kostete, wunderte ich mich nicht mehr über all die bildhaften Beiwörter, mit denen er seine Fragen nach echtem Olivenöl, einer Pfeffermühle und Weinessig garniert hatte. Obwohl seine Zutatenmengen für das Dressing absolut über den Daumen gepeilt waren, behauptete er steif und fest, die einzige Art und Weise, den richtigen Hauch Knoblauch hinzubekommen, käme dadurch zustande, dass man eine durchgeschnittene Zehe über eine kleine trockene Brotkruste oder Toast reibe und dieses Brot dann in kleinen Stückchen in die Salatschüssel breche. Schweres spanisches Olivenöl war seine bevorzugte Sorte, und seinen WEINESSIG produzierte er selbst, indem er eine geöffnete Flasche Rot- oder Weißwein zum Sauerwerden auf einem sonnigen Fensterbrett stehen ließ, und sie, sobald sie sauer genug war und ihm schmeckte, wieder verkorkte; auch war meine aufgeräumte Seele zunächst empört darüber, wie er, nachdem wir unseren Salat verzehrt hatten, nur lässig die ungespülte Holzschüssel auswischte.

Und jetzt, gefüttert mit all diesen Hinweisen, holen Sie Ihre Salatschüssel und ein Salatbesteck heraus und starten Ihre eigene künstlerische Karriere. Experimentieren Sie mit verschiedenen Kombinationen von Blattsalaten und Kräutern, stellen Sie sich ein Tablett mit diversen Ölsorten und -flaschen sowie aromatisiertem Essig zusammen, wobei Sie auch verschiedene Salzsorten und eine Pfeffermühle nicht vergessen sollten. Olivenöl muss man kaufen, AROMATISIERTEN ESSIG aber kann man auch in der eigenen Küche herstellen, und es muss Sie nicht mehr Mühe kosten als Onkel Charlie, diesen notorischen Faulpelz. Den erhitzten Wein oder Apfelessig über den Inhalt eines Einmachglases gießen, das man vorher locker mit leicht zerdrückten Kräutern eigener Wahl gefüllt hat, um es dann 10 Tage – oder bis der gewünschte Geschmack erreicht ist – fest verschlossen stehen zu lassen. Anschließend noch durchseihen. 2 oder 3 EL getrocknete Kräuter pro Liter Essig führen zum gleichen Resultat. Estragon ist das klassische Kraut dafür, bald aber werden Sie es auch mit Basilikum, Sellerie, Zitrone, Thymian oder Kapuzinerkresse probieren wollen. Erkunden Sie nicht nur die Läden, um Ihre Schüssel zu füllen, sondern auch die Straßenränder – Sie werden feststellen, dass pfeffrige Kresse, Sauerklee, wilder Sauerampfer und jener Fluch aller glatten Rasenflächen, die Blätter des Löwenzahns, Aroma wie Textur Ihres Salats verbessern. Ehe man sich versieht, hat man sich auch seine eigene feste Meinung über die korrekten Maße und Zutaten für ein köstliches persönliches FRENCH DRESSING gebildet; für den Anfang aber kann man sich an folgende Maße halten: ¼ Tasse Essig, ½ TL Senfpulver, 1 TL Salz, ⅛ TL Pfeffer, 1 TL Paprikapulver, die man mit ¾ Tasse Olivenöl vermischt. Hin und wieder als willkommene Abwechslung 1 EL Tomatenketchup und/oder etwas geriebene Zwiebel dazugeben und als echte Abwechslung Sauerrahm-Dressing zubereiten, bei dem ¾ Tasse Sauerrahm das Olivenöl ersetzt. Besonders gut schmeckt dieses Dressing über Gurkenscheiben mit fein gehacktem Schnittlauch.

CREOLE-DRESSING, das man am besten im Voraus zubereitet, ist der perfekte Begleiter für weißgelben Chicorée. Je ½ Tasse Tomatenketchup und fein gehackte Brunnenkresse zu 1 Tasse French Dressing hinzufügen (oben).

Für ROQUEFORT-DRESSING braucht man mindestens 60 g Roquefort, den man unter 1 Tasse French Dressing (oben) mischt, und beim – in den gleichen Mengenverhältnissen zubereiteten – CHEDDAR-DRESSING ist es wichtig, dass der Käse schön reif ist.

Eine schnelle VINAIGRETTE lässt sich herstellen, indem man ½ Tasse des roten Tomaten-Pickles (S. 164) mit 1 Tasse French Dressing (oben) vermischt.

Die aufwendigere VINAIGRETTE NUMMER 2 besteht aus ⅛ Tasse Estragonessig, ½ Tasse Apfel- oder Weinessig, 1 TL Senfpulver, 2 EL gehacktem Schnittlauch, ½ TL fein gehackter Zwiebel, ½ Tasse gehackter geschälter Tomate, 1 EL gehacktem Sellerie und der gleichen Menge an grüner Paprikaschote. Salz, Pfeffer, Paprika und einige Körnchen Cayennepfeffer hinzufügen und alles mit ½ Tasse Olivenöl gründlich vermischen. Beide Dressings schmecken köstlich zu Spargel und verleihen einem Salat aus kalten gekochten grünen Bohnen ein kräftiges Aroma.

Mein Vater liebte jede Art von Salat und mochte rohe Tomaten so gern, dass er sie in Zeiten, in denen noch die alte Furcht vor den roten »Liebesäpfeln« nachwirkte, schon morgens zum Frühstück verzehrte. Oft sah ich ihn, wie er sich als sommerliches Mittagessen dünne Tomatenscheiben und rote Zwiebelringe in eine große eiskalte Schüssel schnitt und dann die Schüssel mit einem dicken Stück Brot buchstäblich auswischte, um auch den letzten Tropfen des French Dressings aufzutunken. Auch Gurken und Sellerie mochte er in diesem Salat und behauptete lange vor unserer vitaminbewussten Ära, dass Gurken ohne das vorherige Einweichen in Eiswasser, gekühlt und ungeschält in papierdünne Scheiben geschnitten, am besten schmeckten. Und auch den schlichten und köstlichen SELLERIESALAT, den er stets zu allen Geflügelgerichten verlangte, würden moderne Ernährungsspezialisten gutheißen. Für 4–6 Personen 2 TL Senfpulver zu 1 Tasse French Dressing (S. 129) geben und über 3 Tassen gewürfelten knackigen Sellerie gießen. Gut gekühlt in Salatschälchen servieren, wie Vater es liebte, und dann zusehen, wie alle die Sauce auftunken.

Sein Coleslaw kam niemals mit Mayonnaise in Berührung, sondern musste stets mit dem GEKOCHTEN DRESSING meiner Großmutter übergossen werden. ¾ Tasse Apfelessig, ¾ Tasse Vollmilch, 2 Eidotter, je 1 TL Senfpulver und Salz sowie 1 EL Zucker verschlagen. Dies über kochendem Wasser im oberen Einsatz eines Wasserbadtopfs unter ständigem Rühren erhitzen, bis es einzudicken beginnt. Den steifen Eischnee von 2 Eiern sowie 2 EL Pflanzenöl hinzufügen, dann vom Herd nehmen und schlagen, bis alles gut vermischt ist.

GEKOCHTES DRESSING NUMMER 2 ist ein ebenso altes Rezept, gleichermaßen gut und womöglich etwas einfacher. 4 EL Butter oder Pflanzenöl, 6 EL Sahne oder Sauerrahm, je 1 TL Salz und Senfpulver, 2 TL Zucker sowie ¾ Tasse Apfelessig zum Kochen bringen. Vom Herd nehmen und langsam mit 3 ganzen Eiern verrühren, die vorher schaumig geschlagen wurden. In einen Wasserbadtopf geben und über heißem Wasser etwa 5 Minuten schlagen, bis das Dressing eindickt.

Beide Dressings sollten ein wenig abkühlen, ehe man sie über die 4 Tassen geschnittenen Weißkohl gießt, der die Basis des COLESLAWS für 4–6 Personen bildet. 1 Tasse grob geraspelte Möhren verleihen dem Salat eine modische Farbe und ebensolchen Geschmack, doch das echte Aroma und Aussehen der alten Zeit erreicht man, indem man nach dem Mischen des Coleslaws 2 EL Selleriesamen unterzieht.

Gekochtes Dressing schmeckt auch zu Tomaten oder einfachem Kopfsalat, um jedoch auch das gelegentliche Verlangen nach MAYONNAISE zu stillen, sollten sie diese auf folgende leichte und schnelle Art zubereiten! 2 Eidotter, 2 EL Zitronensaft oder Essig, je 1 TL Salz und Senfpulver sowie einige Körnchen Cayennepfeffer in einer gekühlten Schüssel schlagen. 2 Tassen Oliven- oder Salatöl hinzufügen, wobei man es langsam und tröpfchenweise zugibt und ununterbrochen rührt. Dies ist ein Grundrezept – je nach

Geschmack kann man mehr Zitronensaft oder Senfpulver hinzufügen oder, nach Fertigstellung des Dressings, vielleicht auch noch eine Tasse Sauerrahm.

RUSSISCHES DRESSING besteht aus Mayonnaise (oben) oder gekochtem Dressing (oben), das man mit der gleichen Menge Chilisauce oder Tomatenketchup verrührt, und kann den im Winter zuweilen faden Geschmack von Eisbergsalat verbessern.

Die klebrigen Haufen sülziger Marshmallows und gefärbter Früchte, die heute auf zu vielen Tischen stehen, sollte man mitsamt der widerlich süßen Mayonnaise mit Schaudern meiden, mein KARTOFFELSALAT jedoch ist etwas völlig anderes. 4 Scheiben Speck hacken, anbräunen; das ausgebratene Fett aufheben. Den Speck abtropfen lassen und mit 4 Tassen gekochten Kartoffelwürfeln vermischen. 3 EL des Speckfetts erhitzen, 4 EL gehackten Schnittlauch – oder 1 EL gehackte Zwiebel –, 1 EL Petersilie, eventuell 1 EL gehackten frischen Dill, 1 TL Salz, ¼ TL schwarzen Pfeffer und ½ Tasse Essig hinzufügen. Dies alles noch heiß über die Kartoffeln gießen, sie anschließend abdecken und kalt stellen, wenn man will, auch über Nacht. Vor dem Servieren ½ Tasse Mayonnaise (siehe oben) unter die Kartoffeln ziehen, auf Salatblättern servieren und mit weiterer Mayonnaise, eventuell auch gefüllten oder in Scheiben geschnittenen hart gekochten Eiern, Tomatenvierteln und Oliven garnieren. Selbstverständlich ist dies auch eine perfekte Ergänzung zu fein geschnittenem Räucherschinken und Essiggurken.

Ein Salat, der gleichermaßen zu kaltem Schweinefleisch, Kalb oder auch Huhn passt, ist WALDORFSALAT. Zubereitet wird er aus 2 Tassen gewürfelten sehr sauren Äpfeln und der gleichen Menge an gehacktem Sellerie, die man mit 2 Tassen säuerlicher Mayonnaise (siehe oben) vermischt. Noch ½ Tasse grob zerdrückte Walnüsse hinzufügen, ehe man das Ganze auf Salatblättern serviert und mit ganzen Walnusshälften garniert.

Ein Ring aus Tomatengelee, gefüllt mit Selleriesalat oder Coleslaw, sieht nicht nur köstlich aus, sondern schmeckt auch so. Eine schnelle Zubereitungsmethode dafür findet sich auf S. 205, wenn jedoch Zeit keine Rolle spielt, bereiten Sie TOMATENGELEE NUMMER 2 zu. ¼ Tasse Zwiebeln und ½ kleine Knoblauchzehe hacken. Beides zu 3½ Tassen Tomatensaft oder 4 Tassen Dosentomaten (oder geschälten gehackten frischen Tomaten) geben. Alles zum Kochen bringen, 1 kleines Lorbeerblatt, 1 Gewürznelke und ein paar Pfefferkörner, 1 TL Salz und einige Körnchen Cayennepfeffer hinzufügen. 20–30 Minuten köcheln, durchseihen und in der heißen Flüssigkeit 2 EL Gelatine auflösen. In eine sehr leicht gefettete Form gießen. Abkühlen lassen und zum Erstarren 2–3 Stunden in den Kühlschrank stellen.

Meine Aktivitäten als Debütantin zeichneten sich noch nicht durch jene rasende Hektik aus, die ein modernes gesellschaftliches Debüt nach sich zieht. Damals wurden Tee-Empfänge meist von weiß behandschuhten Alten besucht, deren Billigung des jugendlichen Verhaltens noch wirklich zählte, und eine volle Tanzkarte zu haben und – oh welch Wonne! – »seine Walzer aufteilen zu müssen« galten als Höchstmaß an Popularität. Sogar beim kleinsten, zwanglosesten Anlass wurden herzhafte Speisen serviert. Wenn ich über die schlichten Rührei-und-Wurst-Abendimbisse auf heutigen Bällen lese, muss ich an Platten denken, auf denen sich überbackene Austern, Virginiaschinken und Geflügelsalat türmten.

Im letzten Winter beschloss ein alter, schrulliger Vetter, seinen Geburtstag mit einem Familienessen zu feiern. Die brüske Einladung am Telefon war von typischer Freudlosigkeit: »Ich werde am Samstag siebzig. Wahrscheinlich mein letzter Geburtstag. Dachte, ich geb ein anständiges Abendessen. Geflügelsalat und Austern. Komm nicht, wenn du das nicht magst!«

Das versprochene Menü war mit Sicherheit nostalgisch und es mangelte ihm gehörig an Vitaminen, aber so viele seiner Gäste genehmigten sich zweite und sogar dritte Portionen, dass es bis zum Ende des Abends zu keinem einzigen Familienstreit gekommen und Vetter Joseph besser gelaunt war, als irgendeiner von uns ihn je erlebt hatte.

Und so hatte er seinen GEFLÜGELSALAT bestellt. Für 4–6 Personen: Ein 2 kg schweres, zerlegtes Suppenhuhn mit Wasser bedecken, 1 kleine, in Scheiben geschnittene Zwiebel, 1 Petersilienzweig und ½ Tasse gehackte Sellerieblätter hinzufügen. Zum Kochen bringen und köcheln, bis der Vogel zart ist, wobei man nach der Hälfte der Garzeit 2 EL Salz hinzufügen und das Fleisch anschließend im Garwasser abkühlen lässt. Das Huhn gründlich abtropfen lassen und in 2,5 cm große Würfel schneiden. Auch hier ist kein modernes »Zerkleinern« gefragt, und bitte darauf achten, dass wirklich jedes Stückchen Haut und Knorpel entfernt wird. Es sollte etwa 3¼ Tassen Fleisch ergeben. 1¼ Tassen zarte innere Selleriestangen hacken, ½ TL Salz hinzufügen und leicht mit den Fleischstücken vermischen, ehe man das Fleisch in den Kühlschrank gibt, damit es gründlich durchkühlt. 1 Tasse Mayonnaise (S. 131) mit einer gleich großen Menge an gekochtem Dressing (S. 131) vermischen und die Hälfte davon mit der Huhn-Sellerie-Mischung vermengen. Zum Servieren auf eine eiskalte Platte geben, die vorher mit knackigem Kopfsalat ausgelegt wurde, und mit der restlichen Hälfte des Dressings übergießen. Die Platte mit 3 in Scheiben geschnittenen hart gekochten Eiern sowie ½ Tasse in Scheiben geschnittener gefüllter Oliven verzieren. Eventuell alles mit ¼ Tasse Kapern bestreuen.

KREBSSALAT wird auf die gleiche Weise zubereitet, wobei man anstelle des Huhns 450 g gekochtes Krebsfleisch verwendet; TOMATEN-SURPRISE besteht aus einer ausgehöhlten Tomate, die auf ein paar gerüschten Salatblättern ruht und mit Geflügel- oder Krebssalat gefüllt ist. Wen das allerdings »überraschen« soll, habe ich nie begriffen; ganz bestimmt nicht die Gäste. Doch es ist ein großartiger Auftakt zu einem sommerlichen Mittagessen, ebenso wie AVOCADO SURPRISE, wo die halbierten, entsteinten Früchte mit Krebssalat gefüllt sind.

Einen »bankrotten«, aber amüsanten Sommer lang teilten wir uns ein Cottage mit Freunden, die Kinder im gleichen Alter hatten, und Juli und August hatten etwas von einer unaufhörlichen Studentenparty. Die Anzahl der Gäste war stets ungewiss – bis sich auch der letzte Spätfrühstücker an den Strand begeben hatte –, und auch dann war ich nie sicher, wie viele weitere es um die Mittagszeit vorbeispülen würde, um den Kühlschrank zu plündern. Zum Glück und praktischerweise nahm ein Hotdog-Stand an der Strandpromenade ihrem jugendlichen Appetit ein wenig an Schärfe, doch gegen zwei Uhr nachmittags waren Salat, Sandwiches und Milch anscheinend immer gefragt. Das beliebteste *pièce de résistance* hatte ich allerdings ganz vergessen, bis ich vor kurzem den Dauergast jenes Sommers wiedertraf, der inzwischen ein gesetzter (meint er zumindest) und verheirateter Börsenmakler ist. Er begrüßte mich mit dem Satz: »Könnten Sie meiner Frau bitte erklären, wie Sie diesen guten Schlabber-Salat gemacht haben, von dem sie noch nie gehört haben will.« Was kaum verwunderlich war, denn der Name, den seine begeisterten Anhänger ihm verpassten, klingt nicht unbedingt einladend, und wahrscheinlich würde SALADE À LA RUSSE weit größeren Anklang finden. Doch nennen Sie ihn, wie Sie wollen, so jedenfalls wird er gemacht. Für 4–6 Personen 3 Tassen gekochte grüne Bohnen, 1 Tasse enthäutete gehackte Tomaten, ½ Tasse gehackter Bleichsellerie und 1 in dünne Scheiben geschnittene rote Zwiebel verwenden. 1 Tasse – oder, falls vorhanden, auch mehr – gewürfeltes gekochtes Fleisch oder Fisch hinzufügen und alles in einer großen Schüssel mit 1 Tasse geschnittenem knackigen Blattsalat und 2 Tassen French Dressing

(S. 129) vermengen. Kein schwieriges Rezept, nicht wahr, und unnötig zu erwähnen, dass man die Zutaten praktischerweise vom Inhalt der Essensreste im Kühlschrank abhängig machen kann. In tiefen Salattellern angerichtet und von Käsesandwiches begleitet, die meine »Pensionsgäste« sich selbst belegten, verschwand er kiloweise; und im sicheren Wissen, dass meine Hausbewohner eine sättigende, ausgewogene Mahlzeit genossen hatten, konnte ich zusehen, wie sie zu ihrer Nachmittagsbeschäftigung davonzogen.

Auch wenn die Art des zu servierenden Salats bei jeder Mahlzeit natürlich in der Hauptsache von den ihm vorausgehenden beziehungsweise nachfolgenden Gängen abhängt, wird jeder Salat noch besser, wenn man Käse dazu reicht. Und getoastete Cracker oder warmes Baguette, wie Onkel Charlie es mochte, sollte ihn ebenfalls stets begleiten.

Die Käse-Pâté (S. 265) schmeckt ebenso gut zu Salat wie als appetitanregende Vorspeise. Abgesehen davon benötigt ein gut gereiftes Stück »Rattenfalle« nie eine Entschuldigung, und experimentelle Käufe in einem gut sortierten Feinkostladen sind hier stets willkommen, denn auch Onkel Charlies Welt der Modelle und Maler kann an einer neuen Kunsttechnik nicht interessierter sein als die noch größere Welt dankbarer Speisender an neuen Zutaten und Ideen beim beliebtesten aller Lebensmittel – *les salades*.

Nicht nur Nachspeisen – Mrs Rorers, Großmutters und mein wohlverdienter Nachruhm

Mütter und Väter sind unumgänglich, ich weiß, aber oft sind sie so beschäftigt mit Aufpassen, ob die kleine Mary auch ihre Gummistiefel trägt oder ihre Milch austrinkt, dass alle Kinder Großeltern haben sollten, die ihnen jene Extraportion an Verwöhnung zukommen lassen. Denn nichts verleiht ein solches Gefühl von Sicherheit und Wohlbefinden – das für die Gemüter der Kleinen so wichtig ist – wie die gelegentliche Gesellschaft und Anerkennung eines/r vernarrten Alten.

In dieser Hinsicht war ich ein sehr glückliches kleines Mädchen. Denn ich war nicht nur der Liebling meiner Großmutter, sondern meine Großmutter lebte auch noch auf dem Lande. Nicht auf einer Farm, so richtig auf dem Land, das wäre denn wohl des Guten zu viel verlangt gewesen, nein, aber ihr Haus in einem noch unerschlossenen Vorort durfte als überaus befriedigender Ersatz gelten. Es gab einen See, umgeben von einem Wald, in dem ich zu Frühjahrsanfang auf blaue Leberblümchen Jagd machte; der Nachbar nebenan hielt eine Kuh und Hühner, und auf einer nahebei gelegenen Wiese wurde tatsächlich Heu gemacht. All dies Wunder ohne Ende für ein Stadtgewächs wie mich. Es gab auch einen Baum im Hinterhof, der die kleinsten und sauersten Schwarzkirschen hervorbrachte, die ich je gekostet habe. Viele glückliche Stunden verbrachte ich damit, Kerne einzupflanzen, und so groß war und ist mein Glaube an Mutter Natur, dass ich, als ich vor wenigen Jahren am alten Haus vorbeifuhr, immer noch nicht glauben mochte, dass mein frühestes Gärtnerexperiment ein kompletter Reinfall war.

Aber wirklich in Erinnerung geblieben ist mir vor allem die Küche, denn dort verbrachte Großmutter den Großteil ihrer Zeit – stets bereit, mich helfen zu lassen, indem ich die gelbe Schüssel mit dem restlichen Kuchenteig ausschleckte oder das Werktagsgeschirr abtrocknete. Und dort machte ich auch zum ersten Mal Bekanntschaft mit *Mrs Rorer's Philadelphia Cook Book*, das auf der Liste meiner Lieblingslektüren nach wie vor einen der obersten Plätze belegt, obwohl ihre unbekümmerten Anweisungen auf dem Belletristikregal womöglich eher am Platz wären.

Mrs Rorers Verleger waren ihrer Zeit um einiges voraus – insoweit, als sie ihren Band mit einem Foto seiner Autorin schmückten; und wenn dem vom Vorsatzblatt starrenden entschlossen-vernünftigen Gesicht auch der Sexappeal der modernen Romanschriftstellerin abgehen mag – deren Heldinnen könnten mit Sicherheit von den hausbackenen Ratschlägen zu anständigem Benehmen profitieren, die den Köchinnen auf diesen Seiten ans Herz gelegt werden.

Mrs Rorers Liste einer angemessenen Küchenausstattung füllt drei in Doppelspalten eng bedruckte Seiten. Und erst die Rezepte! Jedes ein Abenteuer – wenn auch zuweilen ein deprimierendes, denn nachdem man mit nahezu kindischer Freude mehrere Abschnitte über die Zubereitung entbeinten

Huhns verschlungen hat, erfolgt die gestrenge Warnung: »Dies durchzuführen ist fast unmöglich, es sei denn, Sie haben schon einmal dabei zugesehen«, und der gleiche Rat folgt auch auf die Herstellung von Blätterteig. Vielleicht war Mrs R. ja nur herzensgut und versuchte, die unerfahrene Köchin vor Verschwendung zu bewahren; ihr Foto allerdings hinterließ bei mir eher den Eindruck, dass sie zu jenen gehörte, die im Küchenschrank auf einen lauern, um bei einem Fehlschlag mit einem »Hab ich's nicht gleich gesagt« jäh herauszufahren, und ich wette, dass viele ihrer weniger selbstbewussten Leserinnen mit einem unerfüllten Verlangen nach beiden dieser Köstlichkeiten ins Grab gesunken sind.

Dem »Wild« wird ein langes eigenes Kapitel gewidmet, das viele Hinweise darauf enthält, wie man »den Wildgeschmack loswird«, und hinterlässt ganz allgemein den Eindruck, dass ein Mann als schlechter Ernährer galt, wenn er nicht – während das Frauchen stundenlang am Lieblings-*Bird's-Nest*-Pudding [Bratäpfel in Teig] Ihres Gatten schuftete, der »aufwendig war, aber dann auch richtig was hermachte« – in seinen öden Augenblicken im Büro vom Fenster aus ein Reh abknallte oder zumindest hinter seinem Rollschreibtisch einen Unterstand baute.

Jeder Erwähnung von Wein folgt in der Regel ein verschämtes »Falls Sie welchen verwenden«, obwohl sie in einem glorreichen Rezept für Fruitcake richtig auf die Pauke haut, dem christlichen Abstinenzverband der Frauen eine Nase dreht und fordert, dass nicht nur Brandy und Rum parat zu stehen haben, sondern auch ein Liter guten Champagners, um das fertige Produkt zu tränken, wobei sie mit einem nochchalanten »Das Resultat wird Sie für den Aufwand entschädigen« endigt. Es könnte also sein, dass die Dame toleranter war, als ihr Foto verrät.

Großmutter benutzte das Kochbuch nur selten, was meine Vertrautheit mit seinem Inhalt erklärt, stand allerdings eine Biskuittorte auf dem Plan, wurde Mrs Rorer meinem Griff entwunden, und Großmutter begann – getreu dem noch heute wahren Motto »Der Ofen kann auf den Kuchen warten, niemals jedoch der Kuchen auf den Ofen« – mit dem nicht enden wollenden Verstellen und Regulieren der Züge und Klappen ihres uralten schwarzen Kohleherdes. Mehl und Zucker wurden jeweils fünfmal gesiebt und dann auf der Küchenwaage in bestimmten festgesetzten Verhältnissen zu ausgewählten Eiern gewogen, Zitronenschale wurde gerieben und meine fröhlichen jungen Tanten beide zum Helfen verpflichtet, denn obschon dies liebevolle Herz mich nicht als störend empfand, war Großmutter ansonsten strikt dagegen, dass ihr andere Frauen in der Küche in die Quere kamen. Biskuittorte allerdings war ein etwas größeres Unterfangen. Zunächst wurden Eiweiß und Eigelb mit fanatischer Sorgfalt voneinander getrennt und in zwei große kalte Porzellanteller gegeben, dann erhielt jede Tante einen davon zugeteilt zusammen mit einem flachen Schneebesen und dem Befehl, den Teller waagrecht zu halten und den Inhalt gleichmäßig und langsam zu schlagen, während Großmutter zwischen den beiden hin und her schoss und in strategischen Momenten fein gesiebten Zucker mal zum einen, mal zum anderen Teller hinzufügte. Dann wurden die beiden schaumigen Massen miteinander vermengt, das Mehl mit derartiger Sorgfalt untergehoben, dass ich kaum zu atmen wagte, und der kostbare Teig behutsam in die Backform gegossen. Schließlich wurde der Ofen mit Großmutters verlässlicher Hand als Thermostat ein weiteres Mal getestet, das Ergebnis all dieser Mühen hineingeschoben, die Tür sanft geschlossen wie hinter einem schlafenden Kind, und wir Jungen für die nächste halbe Stunde aus der Küche gescheucht, aus Sorge, unachtsame Schritte oder lautes Geschrei könnten den Kuchen zusammenfallen lassen. Wenn ich während dieser heiligen Riten besonders brav und ruhig gewesen war, durfte ich ein bisschen von dem Teig naschen, der mit dem großen Kuchen als »Testküchlein« gebacken worden war. All diese Vorkehrungen schienen mir stets höchst überflüssig, denn die Torte fiel, soweit ich mich erinnern kann, niemals zusammen, und ich fühlte mich zu Unrecht aus meinem liebsten Spielreich verbannt. Schließlich, nach einigen angespannten, verstohlenen Blicken, verkündete Großmutter, dass der Kuchen aus dem Ofen könne, und wir alle marschierten wieder zurück, um zuzuschauen, wie seine goldene Vollkommenheit aus der Form gestürzt wurde, während gleichzeitig der »Testkuchen« in meinem kleinen hungrigen Schlund verschwand. Großmutter schnitt den Kuchen, solange er noch ein wenig warm war, in der Mitte durch und bestrich den unteren Boden entweder mit säuerlichem, selbst eingekochtem Johannisbeergelee oder einer cremigen Orangenfüllung, doch egal, was sich zwischen den Schichten befand, die Oberseite wurde nie mit etwas anderem als einem schneeigen Hauch fein gesiebten Puderzuckers bestäubt. Die Glocke zum Tee musste kein zweites Mal ertönen, wenn das köstliche Gebäck unterwegs war, und falls etwas davon übrig blieb, freute man sich schon, wenn man an das in Aussicht stehende Trifle oder den Kuchenpudding dachte.

Großmutters Rezept, für die heutige Zeit aktualisiert, ist nicht allzu aufwendig – um meine Freundin Mrs Rorer zu zitieren –, und mit unseren verlässlichen Öfen kann sogar eine unerfahrene Köchin diesen Stolz einstiger Küchen leicht nachbacken; da Eier inzwischen billig geworden sind, gesellt sich zu seinen sonstigen Vorzügen auch noch ein niedriger Preis hinzu.

BISKUITTORTE: Mehl auf Wachspapier sieben, dann 1 Tasse davon abmessen und zusammen mit ¼ TL Salz zwei weitere Male sieben. Zucker sieben und 1 Tasse abmessen. Die Eiweiße von 5 Eiern schlagen, bis sich steife Spitzen bilden, dann ½ Tasse des Zuckers unterschlagen. 1 EL Zitronensaft und 1 EL geriebene Zitronenschale zu den 5 Eigelben geben und schlagen, bis eine dicke blasse Schaummasse entstanden ist. Restlichen Zucker hinzufügen und weiterschlagen. Beide Eimischungen vermengen, wobei man behutsam mit einer alles umschließenden Bewegung das gesiebte Mehl unterhebt und nicht mehr schlägt. Denken Sie an Großmutters Motto und sorgen Sie dafür, dass der Ofen vorgeheizt ist. Dann in einer tiefen ungefetteten Backform 45 Minuten bei 160°C oder aber in 2–3 dünneren Schichten 30 Minuten bei 175°C backen. Für die JOHANNISBEERGELEE-FÜLLUNG einfach 1 Tasse des Gelees mit der Gabel zu verstreichbarer Konsistenz verrühren und auf 1 beziehungsweise 2 der dünneren Böden streichen oder die durchgeschnittene größere Torte damit füllen. Die ORANGENFÜLLUNG muss bereits im Voraus zubereitet werden – vielleicht, während der Kuchen backt – und ein wenig abkühlen, ehe man sie auf gleiche Weise weiterverwendet. 1 Tasse Milch im oberen Teil eines Wasserbadtopfs zum Kochen bringen. 1 EL Stärkemehl, die Dotter von 2 Eiern und 2 EL Zucker verschlagen, bis man eine helle Masse erhält. Die abgekochte Milch langsam und unter Rühren darübergießen. Erneut im Wasserbad auf den Herd stellen, 1 EL Butter hinzufügen und unter ständigem Rühren garen, bis das Ganze eingedickt ist. Dann vom Wasserbad nehmen und 2 EL Orangensaft und die gleiche Menge geriebene Orangenschale unterrühren.

TRIFLE für 4–6 Personen basiert auf einem Kuchenstück, das aus etwa einem Drittel der großen Biskuittorte oder einem dünneren Biskuitboden besteht, der jeweils zwei oder drei Tage alt ist. Auch ein hartes, altbackenes Biskuitstück lässt sich dafür verwenden, daher den Kuchen sicher verwahren! ½ Tasse Sherry in eine niedrige Servierschüssel geben, den in ziemlich schmale Streifen geschnittenen Biskuit folgen lassen, mit Johannisbeergelee, Himbeer- oder Erdbeermarmelade bestreichen und den Biskuit den Sherry absorbieren lassen, währenddessen man den GEKOCHTEN CUSTARD zubereitet. 3 Tassen

Milch im oberen Einsatz eines Wasserbadtopfs zum Sieden bringen. 3 Eier mit ¼ Tasse des Zuckers und ½ TL Salz verschlagen. Unter Rühren nach und nach die heiße Milch darübergießen. Aufs Wasserbad zurücksetzen und bei mittlerer Hitze und unter ständigem Rühren garen, bis die Sauce eingedickt ist. Sofort vom Wasserbad nehmen und ¼ TL Vanilleextrakt hinzufügen. Mit aufgelegtem Deckel abkühlen lassen, dann über den sherrygetränkten Biskuit gießen. Vor dem Servieren kalt stellen. Man kann das Dessert mit Gelee- oder Marmeladenklecksen verzieren; besonders üppig ist eine Schlagsahnegarnitur. Aber auch ohne Gelee schmeckt der Trifle sehr gut, egal ob man ihn ganz schlicht serviert oder Sahne dazu reicht; völlig unverdient bei diesem berühmten britischen Dessert aber ist sein Ruf als Internatsspeise.

BAKED-CAKE CUSTARD besteht aus fast identischen Zutaten. Man beginnt den Custard wie im vorausgehenden Rezept mit 3 Tassen abgekochter Milch, die über die 3 geschlagenen Eier, Zucker und Salz gegossen werden. Die Vanille hinzufügen und über 2 Tassen grobe, altbackene Kuchenbrösel oder -stücke gießen, die man auf dem Boden einer eingefetteten Backform verteilt hat. Die Form in einen mit Wasser gefüllten Bräter stellen und bei mittlerer Hitze (175°C) 30–45 Minuten backen, bis eine in den Custard gestochene Messerklinge sauber bleibt. Vor dem Servieren abkühlen lassen.

Einfacher GEBACKENER CUSTARD beruht auf dem gleichen Rezept – allerdings ohne die Kuchenreste – und kann in kleinen gefetteten Glas- oder auch Porzellantassen gegart werden; fügt man vorher noch 1 Tasse geriebene Kokosnuss (frische bitte) hinzu, wird er – wen wundert's – zu einem KOKOSNUSS-CUSTARD.

REIS-KOMPOTT für 4 Personen besteht aus 2 Tassen gekochtem Reis, über den man 2 Tassen pochierte Pfirsiche oder Dosenfrüchte gibt und anschließend mit gekochtem Custard oder Schlagsahne garniert. Sehr kalt serviert ist dies ein Dessert, das Männer ebenso gern oder noch lieber zu essen scheinen als ihren geliebten REISPUDDING. Doch um sich beim anderen Geschlecht noch mehr einzuschmeicheln, sollten sie Letzteren für 4–6 Personen *so* zubereiten: 3 EL Reis waschen und zusammen mit 4 EL Zucker und ½ TL Salz zu 3 Tassen Milch geben. In einer gefetteten Auflaufform im auf 160°C vorgeheizten Ofen 3 Stunden lang backen. Während der ersten Stunde drei-, viermal umrühren – mehr Mühe erfordert dieser Versuch, die männliche Aufmerksamkeit auf sich zu ziehen, nicht. Kalt und mit etwas frisch geriebener Muskatnuss bestäubt servieren.

CRÈME BRÛLÉE ist quasi die reiche Tante der Custard-Familie. Im Wasserbadtopf 2 Tassen Sahne erhitzen. 4 Eigelbe mit ¼ TL Salz und 1 TL Zucker leicht verschlagen. Die aufgekochte Milch unter fortwährendem Rühren darübergießen und über dem heißen Wasser garen, bis sie etwas eindickt. Etwa 5 cm hoch in eine gefettete feuerfeste Form gießen und – eventuell über Nacht – sehr kalt werden lassen. Dann mit ¾ Tasse hellbraunem Zucker bestreuen und die Form direkt unter den sehr heißen Grill platzieren, bis der Zucker zu schmelzen beginnt. Erneut gründlich abkühlen lassen, dann servieren. Ehe sie davon probiert hatten, schauderten Gourmets angesichts der Häresie: Aber frische Erdbeeren oder in Scheiben geschnittene Pfirsiche sind eine ganz wunderbare Ergänzung dazu. »Sehr aufwendig in der Zubereitung«, würde Mrs Rorer zweifellos murmeln, aber *sie* hat ja auch nie von diesem Dessert gehört.

Für meinen KIRSCHRING für 4–6 Personen benötigt man 1 Dose großer schwarzer entsteinter Süßkirschen oder 1½ Tassen frischer reifer Früchte. Falls Sie frische verwenden, diese nach Geschmack süßen (mit etwa ¼ Tasse Zucker) und köcheln lassen, bis Saft austritt. Den Saft abgießen und aufheben und mit Wasser auf 2 Tassen Flüssigkeit ergänzen. Diese zum Kochen bringen und 1 Päckchen Götterspeise mit Himbeergeschmack darin auflösen. Die Kirschen hinzufügen. In eine Ringform gießen und kühlen, bis der Wackelpudding erstarrt. Dann den Ring stürzen und mit 2 Tassen Schlagsahne oder Vanilleeis in der Ringmitte servieren. Den Rand mit Kirschen garnieren und die Schlagsahne mit ½ Tasse zerstoßenen trockenen Makronen bestreuen.

KIRSCHPUDDING für 4 Personen. 2 Tassen entsteinte Sauerkirschen, frisch oder aus der Dose und nach Geschmack gesüßt (1 Tasse Zucker oder sogar mehr), 15 Minuten lang köcheln. Die Kirschen abtropfen lassen, in eine gefettete Backform geben und den Kirschsaft auf 1 Tasse einkochen. Über die Früchte gießen. 4 EL Butter mit ⅓ Tasse Zucker cremig rühren, 1 gut verschlagenes Ei hinzufügen; und dann – abwechselnd mit ½ Tasse Milch – 1 Tasse Mehl (mit 2 TL Backpulver und ¼ TL Salz gesiebt) unterrühren. Dies über die Kirschen und den Saft gießen und 40 Minuten im auf 175°C vorgeheizten Ofen backen. Heiß oder warm servieren. Gut dazu schmeckt, wie auch zu allen anderen Sauerkirschdesserts und -kuchen, Crème fraîche oder Sauerrahm.

STRAWBERRY oder PEACH SHORTCAKE [Erdbeer- oder Pfirsichkuchen] für 4–6 Personen gibt es in drei Versionen; dennoch beginnt man jedes Mal mit 2 Tassen der jeweiligen Frucht, die zerdrückt und gesüßt wird, während man ein paar ganze Beeren oder Scheiben zum Garnieren zurückbehält. Beim schlichteren COUNTRY SHORTCAKE [Ländlichen Obstkuchen] verwendet man den Brötchenteig (S. 179), wobei man zum Mehl noch 1 EL Zucker hinzufügt. Die Hälfte davon ausrollen und in eine runde Kuchenform geben. Mit ½ Tasse zerlassener Butter bestreichen und die zweite ausgerollte Teighälfte darauflegen. Bei 230°C 15 Minuten backen. Die beiden Hälften, solange sie noch warm sind, mit einer Gabel auseinanderziehen, die untere Hälfte mit ¼ Tasse Butter bestreichen, die Erdbeeren darauf verteilen, mit der zweiten

Kuchenhälfte abdecken, mit den zurückbehaltenen Früchten verzieren und mit reichlich Schlagsahne servieren.

CITY SHORTCAKE [der städtische Obstkuchen] besteht aus Schichten unseres alten Bekannten, dem Biskuit, hat Biskuitböden als Deckel und Basis und wird vor dem Garnieren mit 1 Tasse Schlagsahne überzogen.

Bei SHORTCAKE VIENNOISE [Wiener Torte] mit seinem üppig exotischen Aroma beginnt man mit dem Backen von Tortenböden für eine Sahnetorte, die an sich schon ein wunderbares Dessert darstellt. 7 ungesalzene Cracker auf Wachspapier mit dem Nudelholz zu Krümeln zerkleinern. Die Dotter von 4 Eiern mit ½ Tasse Zucker leicht verschlagen. Die zerbröselten Cracker, 1 Tasse grob gehackte Walnüsse, 1 TL Backpulver und ½ TL Vanille hinzufügen. 4 steif geschlagene Eiweiße unterziehen und in 2 gefetteten Kuchenformen 25 Minuten bei 190°C backen. 1 Tasse der zerdrückten gesüßten Früchte behutsam über einen der Böden verteilen, dann 1 Tasse Schlagsahne darübergeben, mit dem zweiten Boden abdecken und mit der gleichen Menge an Obst und Sahne fertigstellen. Mit den ganzen Früchten garnieren und sich selbst dabei lauschen, wie man den Donauwalzer summt.

Mein Rezept für Früchtekuchen stammt von meinem Mann, in dessen Familie es sich zusammen mit dem resoluten Kinn über vier Generationen weitervererbt hat, wobei das zweite Charakteristikum mit Sicherheit dazu beitrug, das verblichene Papier über die Jahre zu retten. Die vagen Anweisungen, etwa »Fügen Sie 1 Tasse destilliertes Rosenwasser hinzu, obwohl ich es niemals tue«, oder »Probieren Sie den Teig noch einmal, um zu sehen, ob Sie genug Gewürze verwendet haben«, machte es zunächst zu einem echten Horrorrezept, das zu standardisieren Jahre in Anspruch nahm. Auch wenn zwei, drei Helferinnen – interessiert daran, den Ertrag zu teilen – die Arbeit beschleunigen können, wäre Mrs Rorer wohl zu damenhaft gewesen, um meine

Bemerkung hinsichtlich der damit verbundenen Plackerei wiederzugeben. Dennoch mache ich bis heute beharrlich weiter, denn wenn nicht wenigstens ein Schwung von FRÜCHTEKUCHEN gebacken und zum Verschenken bis Weihnachten gereift ist, verstopfen die Klagen der Freunde und Verwandten bis Neujahr den Briefkasten. Folgende Mengen reichen für 8 Brotbackformen, aber für Geschenke, die verschickt werden sollen, sind Formen mit geraden Seiten besser geeignet, und am allerbesten für diesen Zweck sind die neuen Glas-Auflaufformen mit Deckel, die man auch während des Backens auf den Kuchen lassen kann und die sie später auf der Reise schützen. Die eingewickelten Kuchen in stabilem Pappkarton verpacken, dann noch einmal in kräftiges Packpapier einschlagen, ehe sie an Ihre Freunde abgehen. In tiefen Formen, die 7,5 cm auf 18 cm klein sein können, backen, oder aber größere Kuchen nach dem Reifen halbieren, um sie als wundervolle »Extras« in Weihnachts- oder Geburtstagspäckchen zu stecken. Meine sind in einwandfreiem Zustand um die halbe Welt gereist. Messen Sie die Mengen der Trockenfrüchte im Rezept mithilfe der Packungsangaben ab. Fallen Sie nicht auf die bereits zerkleinerten und abgepackten Zitrusschalen herein – sie sind *nicht* so gut wie die frisch geschnittenen. Verwenden Sie für das Mischen von Eiern, Butter und Zucker, wenn möglich, ein elektrisches Rührgerät, und krempeln Sie, ehe Sie anfangen, die Ärmel hoch, denn Sie werden bis zu den Ellbogen drinstecken. 1350 g Korinthen, 675 g entkernte Traubenrosinen und 675 g Sultaninen verlesen. 450 g entsteinte Datteln in kleine Stücke schneiden. 450 g kandierte Zitronatzitronenschale sowie jeweils 110 g kandierte Zitronen- und Orangenschale würfeln. 225 g kandierte Kirschen halbieren. Die Früchte und kandierten Zitrusschalen vermischen und mit ½ Tasse Rum beträufeln. In einer zweiten Schüssel 450 g Butter mit 450 g hellbraunem Zucker cremig rühren. 12 Eier schlagen, bis man eine blasse Schaummasse erhält, zusammen mit ¾ Tasse Melassesirup und ½ Tasse Brandy oder Roggenwhisky zu Butter und Zucker hinzufügen und erneut schlagen. Nun 4 Tassen Mehl darübersieben, ebenso wie je 1 EL Zimt, Muskatnuss und Muskatblüte sowie je ½ TL Nelken beziehungsweise Piment. Erneut schlagen. Diesen Teig über Früchte und Zitrusschalen gießen, gründlich vermischen, bis alles davon überzogen ist. Ab jetzt sind die bloßen Hände die besten Werkzeuge und ein großer Topf oder eine große Spülwanne der am besten geeignete Behälter. Die gewählten Back- oder Auflaufformen mit Öl oder Speck einfetten. Boden und Seiten mit dickem Packpapier[18] auskleiden und auch dieses einfetten. Den fertigen Kuchenteig behutsam bis auf drei Viertel der Höhe in die Formen füllen. Die Kuchen in den auf 135°C vorgeheizten Ofen stellen, auf dessen Boden eine Backform mit Wasser steht; dann die kleineren 3½ Stunden, die größeren 4 Stunden lang backen. Noch heiß aus den Formen stürzen und das Papier entfernen. Abkühlen lassen und jeden Kuchen mit 1 EL Alkohol (Rum, Sherry, Whisky oder Weinbrand, um Himmels willen aber keinen Gin) beträufeln. Die Kuchen mindestens 2 Monate lang in einem abgedeckten irdenen Topf oder Brotkasten aus Metall stapeln, die man vorher mit Wachspapier ausgekleidet hat, wobei sie etwa alle 2 Wochen gewendet und die berauschende Alkoholdosis wiederholt wird. Puuh! Das ist vielleicht eine Arbeit. Zu Beginn kann man sie sich ein wenig erleichtern, indem man die Kuchen schubweise backt, denn der fertige Teig darf an einem kühlen Ort mindestens 24 Stunden ruhen, und die vorbereiteten und mit Alkohol besprengten Früchte und Zitrusschalen lassen sich ebenfalls so lange beiseitestellen. Aber wenn der köstliche Kuchen, der wahre Lohn dieser Arbeit – und was für einer –, auf diese Weise in einem ruhigen Moment im Herbst gebacken ist, so ist auch ein

18 A. d. Ü.: Heute würde man vielleicht eher Backpapier verwenden (das man nicht einfetten muss).

beträchtlicher Teil der Weihnachtsgeschenkliste bereits abgearbeitet, ehe die hektische Zeit herannaht. Vor dem Servieren oder Verschenken werden die Kuchen mit Blättern und Beeren aus in Scheiben geschnittener Zitronatzitronenschale und kandierten Kirschen verziert, die man mit einem Sirup aufklebt, der aus ½ Tasse Zucker und ¼ Tasse Wasser so lange gekocht wird, bis Tropfen davon, die man in Eiswasser gibt, spröde werden. Jeden Kuchen vorsichtig in doppelte Bögen Wachspapier oder Zellophan einschlagen, ehe man ihn in festliches Seidenpapier wickelt – und, zu guter Letzt: Überlegen Sie sich gut, ob Sie einem abstinenten Freund etwas davon schenken. Einmal nämlich, als ein solcher ein großes Stück meines gut durchgereiften Früchtekuchens verputzt hatte, wurde ich fälschlicherweise beschuldigt, einen unschuldigen Jungen mit einem Drink versorgt zu haben.

Ein Stück Früchtekuchen, das man 2 Stunden im Backofen dämpft, ergibt zwar einen guten Pudding, aber der echte ENGLISCHE PLUM PUDDING ist besser und kann wie die Früchtekuchen schon eine Weile vor den Weihnachtstagen – ob zum eigenen Verzehr oder als geschätztes persönliches Geschenk – zubereitet werden. Tatsächlich entdeckte ich letzte Weihnachten einen gut versteckten, drei Jahre alten Pudding, und er war der beste, den wir je gekostet hatten. Als Erstes die tiefen Puddingformen, die aus schwerem Porzellan oder Keramik sein können, vor sich aufreihen. Die Formen sollten groß genug sein, um nach Einfüllen des Teigs noch etwas Spielraum zu lassen. Für den großen Pudding eignet sich eine Puddingform von etwa 3 l Fassungsvermögen, für die kleineren entsprechend kleinere Formen verwenden. Und nun kommt ein wenig leichte Näharbeit. Den oberen Umfang jeder Form abmessen, ebenso wie den oberen Durchmesser und ein Stück schweren Musselinstoff so lang wie den Umfang und so breit wie die Hälfte des Durchmessers plus 7,5 cm zuschneiden. Die Breitseiten etwa 1 cm von der Kante entfernt fest zusammennähen, umdrehen und untere und obere Stoffkante versäubern. Dies sind die Formdeckel, die in die Familie der Puddingbeutel des braven König Artus gehören. Die Formen einfetten. 450 g Korinthen und 450 g Rosinen verlesen und die Rosinen zerschneiden. 110 g Zitronatzitronenschale und 110 g Zitronen- oder Orangenschale zerkleinern und die Früchte und Zitrusschalen mit ½ Tasse Mehl bestäuben. 3 Eier mit 1 Tasse Milch verschlagen. 1 Tasse Mehl und 2½ Tassen Semmelbrösel (selbst hergestellte sind die besten) unterrühren und weiterschlagen. Die bemehlten Früchte und Zitrusschalen, 1½ Tassen Zucker und 225 g durchgedrehten Rindernierentalg hinzufügen. Gründlich verschlagen. Dann ¼ TL Muskat, je ½ TL Zimt und Salz, 1 EL geriebene Zitronenschale und je ⅛ TL Gewürznelken und Muskatblüte hinzufügen. Zuletzt noch ½ Tasse Weinbrand und ½ Tasse Milch unterrühren. Die Formdeckel einige Minuten in kochendem Wasser einweichen, auswringen – Verbrennen Sie sich dabei nicht die Finger! – und innen dick mit Mehl bestäuben. Die Formen einfetten und zu drei Viertel mit dem Teig füllen. Nun vorsichtig die Deckel von unten her über die Puddingformen ziehen, bis einer der gesäumten Ränder die Form knapp unterhalb ihrer Oberkante umschließt. Den Musselin zusammenfassen und mit festem Garn oder einer Schnur zusammenbinden. Einen Rost oder einen Dosendeckel in einen Topf mit kochendem Wasser geben, die Form daraufstellen, darauf achten, dass sie stets zur Hälfte mit der Flüssigkeit bedeckt ist, und 4 Stunden lang dämpfen. Die Puddings können dann direkt aus diesem heißen Urbad serviert werden, indem man den Musselindeckel nah beim Formrand aufschneidet und den Pudding herausstürzt; sehr viel besser aber schmecken sie, wenn man sie trocknet, einige Monate lagert und dann 1 Stunde in kochendem Wasser wieder erwärmt. Dazu reicht man die schwierige Sauce (S. 182) oder aber mit Rum oder Weinbrand aromatisierte, gesüßte kalte Schlagsahne. Zum Verschenken gedachte Puddings sollten Sie in bunten Formen dämpfen und dem Päckchen unbedingt schriftliche Anweisungen für das Aufwärmen und womöglich auch für die schwierige Sauce beifügen. Machen Sie das Licht aus und umlegen Sie den heißen Pudding mit in Weinbrand getränkten, flammenden Zuckerwürfeln, um einem Festmahl ein aufregendes Finale zu geben.

MÜRBETEIG für 2 gedeckte Kuchen oder Pasteten. Der beste überhaupt, nicht schlechter als Blätterteig und – tja, Mrs Rorer – kinderleicht zuzubereiten. 1 Tasse Schmalz und ⅓ oder ½ Tasse Butter, beides eiskalt und in kleine Stücke geschnitten, bereithalten. 3 Tassen Mehl mit 1 TL Salz sieben. Das Schmalz mit zwei Messern in das Mehl schneiden, bis das Ganze feinen Bröseln ähnelt. Gerade genug eiskaltes Wasser zugießen, damit Mehl und Schmalz zusammenhalten, und rasch mit einer Gabel vermischen; dabei die feuchten Teile auf eine Seite schieben, ehe man die trockenen befeuchtet. Auf einer bemehlten Arbeitsfläche knapp 2 cm dick ausrollen und ein Drittel der kalten Butterstückchen auf dem Teig verteilen. Jeweils ein Drittel des Teigs nach innen falten, erst von den Seiten her, dann von den Enden, und ausrollen. Den Teig um 90° drehen und den Vorgang mit der Butter, das Falten und Ausrollen wiederholen. Dies noch ein weiteres Mal tun, wobei man jeweils nach Möglichkeit von sich wegrollt. In Wachspapier eingeschlagen, hält sich dieser Teig im Kühlschrank bis zu 1 Woche lang.

Für einen GEDECKTEN PIE [Obstkuchen] den Teig etwa so dünn wie ein 5-Cent-Stück ausrollen, locker auf eine ungefettete Pieform legen und den Rand beschneiden, wobei man etwa 2,5 cm Teig überhängen lässt und diesen »Saum« später umklappt. Den Mürbeteigboden mit Eiweiß bepinseln und den Pie mit dem gewünschten gesüßten Obst füllen. Einen Teigdeckel ausrollen und ausschneiden, der etwa 2,5 cm größer ist als die Pieform, die

Ränder des Pies mit kaltem Wasser befeuchten, den Teigdeckel darüberbreiten, unter den Boden klappen und die Ränder mit den Fingern oder einer Gabel fest zusammendrücken. Den Deckel mehrmals einschneiden und zum Spaß auch ein paar passende Initialen hineinstechen. Den Pie 15 Minuten bei 200°C backen, dann auf 175°C herunterschalten und weitere 30 Minuten garen. Bei besonders saftigen Füllungen kann ein kleines in den Teigdeckel gestecktes Metallrohr dafür sorgen, dass alles unter Kontrolle bleibt. Für eine GEBACKENE PIEHÜLLE die Pieform wie zuvor mit dem Teig auskleiden, jedoch den Teig etwas stärker überhängen lassen

und mit den Fingern zu einem dreischichtigen Damm aufrichten. Mit einer Gabel einstechen. 15–20 Minuten bei 200°C backen, bis die Hülle zart gebräunt ist. Sie lässt sich nun hervorragend mit gegarten gesüßten Früchten füllen und mit einer BAISERMASSE krönen, die man aus 3 kalten Eiweißen und 1 Prise Salz steif schlägt, ehe man nach und nach 7 EL gesiebten Puderzucker hinzufügt. Mit ½ TL Zitronensaft oder einigen Tropfen Vanilleextrakt aromatisieren. Auf den gefüllten Pie häufen und bei 150°C 15–20 Minuten backen. Apfelmus, ob frisch oder aus dem Glas und mit ½ TL Muskat gewürzt, ist eine schöne Füllung unter einem Baiser, und das gleiche aromatisierte Apfelmus oder die gedämpften Früchte allein, über denen man hohe Baisergipfel auftürmt, ergeben, gebacken, gekühlt und mit Schlagsahne serviert, etwas, das ich – trotz Mrs Rorer und ihrem anderen, schwierigen Rezept – bei mir stets VOGELNEST-PUDDING genannt habe.

Für MINCE PIE kann man jedes gute fertige *mincemeat*[19] verwenden, wobei man pro Pie ¼ Tasse Weinbrand hinzufügt.

Der PUMPKIN PIE [Kürbiskuchen] zu Thanksgiving sollte besonders üppig ausfallen. Zu 1¾ Tassen passiertem gekochtem Kürbis ¾ Tasse hellbraunen Zucker, 1 TL Zimt, ½ TL Ingwer, ⅛ TL Muskat, ½ TL Salz und 1 EL abgeriebene Orangenschale geben. 2 Eier und 2 Tassen Sahne sowie 1 TL Sherry unterschlagen. Die Masse in eine noch nicht gebackene Piehülle gießen, die man vorher mit Eiweiß bepinselt hat, und nach der Anleitung für GEDECKTE PIES backen. Warm servieren, und zum Aufwärmen – er hält sich gut 1 Tag – mit 1 EL zerlassener Butter beträufeln, ehe man ihn in den Ofen schiebt. Reichen Sie auch ein Gläschen Sherry dazu.

Einen CUSTARD PIE können Sie unter Verwendung des Rezepts für gekochten Custard (S. 142) backen. Den aus rohen Eiern und erhitzter Milch bestehenden Custard in die ungebackene Piehülle gießen und backen wie oben angegeben. Und was 1 Tasse geriebene Kokosnuss im Custard bewirkt, das wissen Sie schon!

Versuchen Sie den Teig mit möglichst wenig Abfall auszurollen, Reste können jedoch immer auch für TEIGTASCHEN neu verknetet und ausgerollt werden: In 10–15 cm große Quadrate schneiden und 1 EL Marmelade oder gekochte Früchte in die Mitte setzen, zu Dreiecken falten und die angefeuchteten Ränder mit einer Gabel zusammendrücken. Bei 200°C 15 Minuten backen. Auch Käseschnecken (S. 267) können aus Teigresten hergestellt werden.

19 A. d. Ü.: Mincemeat ist eine Mischung aus gehackten Trockenfrüchten, Weinbrand und Gewürzen, die zuweilen auch Rindertalg enthält und als Pasteten- und Kuchenfüllung verwendet wird. Ursprünglich enthielt die Mischung immer auch Fleisch, woher ihr Name rührt.

Pies kann man vorbereiten, indem man die Backform mit dem Teig auskleidet und alles sorgfältig in Wachspapier einschlägt und im Kühlschrank aufbewahrt. Den Teigdeckel muss man getrennt ausrollen und verpacken. Sobald der Kuchen dann gebacken werden soll, die Füllung dazugeben, Deckel darüberbreiten und backen wie stets, denn zu jeder Zeit gilt: Je kälter der Teig vor dem Backen, umso besser der Pie. Und niemals vergessen: Ein Pie verlangt geradezu nach einem Stück würzigen Käses als Begleiter.

In all den langen Jahren, seit Martha Washington in jener berühmten Stadt die gleichnamige Philadelphia Ice Cream erfand, war diese wie auch ein gewisser dort ansässiger Anwalt eine glatte Sache und eine wunderbare Verbindung, wobei das berühmte Juristenhirn deren beruhigender Kühle eine ganze Menge zu verdanken hat.

Eine Freundin, deren Familie seit drei Generationen sämtliche Hochzeiten und offiziellen Feiern von einer ähnlich alten Firma von Gastronomen der Quaker City ausrichten lässt, wagte es vor kurzem, deren gegenwärtigen Chef nach dem Geheimnis ihrer superben Eiscreme zu fragen. »Madam«, meinte dieser gelassen, »wir haben kein Geheimnis. Wir verwenden einfach nur beste Sahne.«

Dennoch zeigt die gründliche Durchforstung einer umfangreichen Sammlung moderner Kochbücher: Es gibt nur wenige Eisrezepte, die nicht die Häresie begehen und Kondensmilch, Eier, Gelatine oder Stärkemehl verwenden. In irgendeinem Himmel für Köche – und den gibt es bestimmt – muss Mrs Rorer ihre Tränen mit denen der Gattin unseres ersten Präsidenten vermischen, während sie traurig darüber sinnieren, was aus Washingtons Lieblingsdessert geworden ist. Hier folgt nun, warum er es so liebte, und es gibt nicht seinesgleichen. Zur Herstellung von PHILADELPHIA-EISCREME ½ l Sahne in einem Wasserbadtopf erhitzen und ¾ Tasse Zucker darin auflösen. Vom Herd nehmen und ½ l kalte Sahne hinzufügen. Mit Vanille nach Geschmack – je nach Stärke des Extrakts 2 TL oder mehr – aromatisieren und abkühlen lassen. Eine 2-l-Eismaschine bereithalten, den Stößel in der Schüssel einstellen und die aromatisierte Sahne hineingießen.[20] Deckel aufsetzen, Griff einrasten lassen und, falls auch Sie das weit verbreitete weibliche Misstrauen gegenüber Maschinen plagt, ein paarmal die Kurbel betätigen, um sicherzustellen, dass alles unter Kontrolle ist. Dann den Zwischenraum zwischen Schüssel und äußerem Behälter abwechselnd mit zerstoßenem Eis und Steinsalz im Verhältnis 8 zu 1 füllen, langsam die Kurbel betätigen und etwa 20 Minuten lang drehen, bis sie ein wenig »bockt« und das Eis gefroren ist. Alles Wasser ablaufen lassen, darauf achten, dass sich das Eis selbst immer gut unterhalb der Kante der Schüssel befindet, und den Griff entfernen. Stößel herausnehmen und, falls sich nicht jemand ihn schnappt und abschleckt, die Eiscreme damit abschaben und in die Schüssel zurückgeben. Dann mit einem langen Holzlöffel das Eis von den Seiten der Schüssel schaben und 2–3 Minuten gründlich schlagen, zusammendrücken und den Deckel auflegen, wobei man auch das Stößelloch verkorkt. Die Eismaschine erneut im gleichen Verhältnis mit Eis und Salz füllen und die Maschine in eine dicke Schicht Zeitungen gepackt an einen kühlen Ort stellen. Das Eis in 1–2 Stunden zur Perfektion reifen lassen. Dann erneut das Wasser ablaufen lassen, die Oberseite der Schüssel nochmals abwischen, öffnen, und schon beim ersten Löffelchen werden Sie begreifen, warum die jugendliche Nation, die es ursprünglich herstellte, seitdem zu einer großen Weltmacht geworden ist.

Dies ist ein weiteres jener Grundrezepte und kann nach persönlichem Ge-

20 A. d. Ü.: Die aromatisierte Sahne lässt sich selbstverständlich auch in einer modernen Eismaschine gefrieren.

schmack und Belieben abgewandelt werden, vorausgesetzt, Sie befolgen den Rat des Gastronomen und verwenden echte Sahne. Für SCHOKOLADENEIS 60 g Bitterschokolade zerkleinern und in den oberen Einsatz eines Wasserbadtopfs geben, 2 EL Wasser hinzufügen und über dem heißen Wasser zerlassen, ehe man sie langsam unter die erhitzte Milch und den Zucker rührt. Dann fortfahren wie im ersten Rezept (oben).

Für KAFFEEEIS benötigt man zusätzlich zur Sahne (oben) ½ Tasse starken schwarzen Kaffee und keinen Vanilleextrakt.

Bei FRUCHTEIS (Erdbeer-, Himbeer-, Pfirsicheis oder was immer) werden die Früchte zerdrückt, gesüßt und beiseitegestellt, bis sie Saft absondern, um sie dann zur ungesüßten Sahne hinzuzufügen, die man bis zum breiigen Stadium eingefroren hat. Kurbel und Deckel der Eismaschine entfernen, Früchte um den Stößel herum verteilen und mit dem Gefrieren und Reifen nach Anweisung fortfahren. Die Obstmenge kann variieren, obwohl für das Grundrezept mit 1 l Sahne 1½ Tassen Früchte als guter Durchschnittswert gelten.

All diese Rezepte sollten für 6–8 Personen reichen, doch lässt sich dies nicht garantieren, da der Vater dieses Landes mit Sicherheit etwas Feines erkannte, wenn er es kostete.

Eine 2 l fassende Eismaschine benötigt etwa 4 kg Eis zum Gefrieren und Reifen, und falls Sie keinen örtlichen Lieferanten dafür haben, kann man die Eiswürfel auch in entsprechenden Behältern im eigenen Kühlschrank herstellen. Die beste Methode zum Zerstoßen von Eis besteht darin, es in eine schwere Stofftasche zu geben und mit einem Holzhammer oder Kartoffelstampfer zu bearbeiten. Dicke Zeitungsschichten oder ein Stück alter Teppich reichen zur Not, um die Kälte an Ort und Stelle zu halten, und all diese Arbeit wird Ihnen angesichts des versprochenen Lohns, den Stößel abschlecken zu dürfen, gerne abgenommen. Ich freue mich schon darauf, wieder jene altmodische Zierde, einen Eisschrank voller echter hausgemachter Eiscreme, im Schatten unserer Küchenveranden zu entdecken.

SCHNELLE TEEPLÄTZCHEN: 2 EL brauner Zucker mit 2 EL Butter schaumig schlagen. 1 gut verschlagenes Ei, ½ Tasse gesiebtes Mehl, je 1 Prise Salz und Zimt sowie 2 Prisen Muskat hinzufügen und gründlich rühren. In ausreichendem Abstand in kleinen zerlaufenden Löffelportionen auf ein gefettetes Backblech tropfen lassen. 1 Prise braunen Zucker über jedes Plätzchen streuen und 8 Minuten im auf 220°C vorgeheizten Ofen backen. Auch 1 TL Kümmel kann unter den Teig gemischt werden, falls Sie dessen altmodischen Geschmack mögen, oder aber Sie drücken vor dem Backen eine halbe Walnuss oder eine halbe blanchierte Mandel auf jedes Plätzchen. Dieses Rezept datiert sogar noch vor Mrs Rorer, da es aus einem sehr alten, mit der Hand geschriebenen Kochbuch stammt, das mir von einem Farmer angeboten wurde, auf dessen »Hofverkauf« ich nach nicht existenten Antiquitäten Ausschau hielt. Das Buch, erzählte er mir, habe »der Mom seiner Grandmom« gehört. Die Plätzchen sind weich, köstlich, durchaus würzig und noch während das Wasser im Kessel für die Tasse Tee eines unerwarteten Nachmittagsgasts zum Sieden kommt gerührt und gebacken, passen aber ebenso gut zu einem Glas Sherry. Das Rezept ergibt etwa ein Dutzend. »Die dreifache Menge reicht *gerade* für die Familie« ist in überraschend heller Tinte unter dem Rezept vermerkt und eineinhalb Jahrhunderte später immer noch allzu wahr; wie auch das kuriose, sich daran anschließende Gedicht:

Kehr wieder, süße Muse, entsagen will ich
der Welt der Völlerei für immer,
Nähr' lieber mich von göttlichen Gedanken,

Erfreue meinen Gaumen nimmer.
Jedoch, gewandelt wie das Thema seiner Dichtung
ist mein Gespons jetzt ganz fürs Schlemmen.
Welch Jammer, sollt' sogar ein Hang zu Büchern
sich so verlier'n, ihn nun zur Köchin lassen rennen.

MUTTERS SAUERRAHMPLÄTZCHEN kommen als Nächstes in dem uralten Band. ⅓ Tasse Butter mit 1 Tasse Zucker cremig rühren. 1 Ei unterschlagen und eventuell auch einige Tropfen Vanilleextrakt sowie ⅓ Tasse Sauerrahm oder Crème fraîche. 1½ Tassen Mehl hinzufügen, die mit ¼ TL Salz, ½ TL Backpulver und ¼ TL Natron gesiebt wurden. Danach nur noch so viel Mehl hinzufügen, dass man einen weichen Teig erhält, den man dann kühl stellt. Auf einem leicht bemehlten Brett oder Tuch ausrollen und ausstechen, mit Zucker, Zitronatstückchen, Rosinen oder was immer bestreuen und bei 190°C 8–10 Minuten backen. Es macht Spaß, mit den Keksen zu experimentieren. Sehr dünn ausgerollt und mit Zimt, Zucker und Mandelblättchen verziert, werden sie zu SANDTÖRTCHEN, einem klassischen amerikanischen Weihnachtsgebäck. Sticht man sie in Stern- oder Tierformen aus, erhält man eine Christbaumdekoration, die bei Jung und Alt sehr viel stärkeren Anklang findet als die üblichen ungenießbaren glänzenden Kugeln – obwohl der Baum, wenn es auf Neujahr zugeht, einen etwas kahlen Eindruck machen kann. Falls Sie die Plätzchen auf diese Weise verwenden, vor dem Backen ein 3 cm langes Schnurstück in den Rand drücken und ein Auge auf die jüngeren Familienmitglieder haben, damit sie den Schmuck nicht samt Aufhänger verschlingen.

CRULLERS sind ein weiteres uraltes Rezept, und während sie von Form und Farbe her Doughnuts ähneln, sind sie viel üppiger und schmecken eher wie Kuchen. 1 Tasse Butter oder Pflanzenfett mit ½ Tl Salz cremig rühren.

1 Tasse Zucker hinzufügen und rühren, bis alles gut vermischt ist. Nacheinander 4 Eier unterschlagen und 1 TL Muskat, 1 Tasse Sauer- oder Buttermilch sowie 1 TL Natron (in 1 EL Wasser aufgelöst) hinzufügen. 2½ Tassen Mehl oder etwas mehr unterrühren, so dass man einen sehr weichen Teig erhält. Gründlich kühlen und etwa 2 cm dick ausrollen. Mit einer runden Plätzchenform ausstechen, ein Loch in die Mitte stechen und in heißem Fett ausbacken. Die nicht verwendeten runden Ausschnitte nicht erneut ausrollen, sondern ebenfalls ausbacken; so erhält man besonders köstliche Minikrapfen für das Glas Milch zwischendurch. Das Fett sollte etwa 10 cm hoch im Topf stehen. Die Crullers, sobald sie unten gebräunt sind, wenden, fertig frittieren und auf Packpapier [bzw. Küchenpapier] abtropfen lassen. Großzügig mit Puderzucker überstäuben, dem man eine winzige Prise Zimt untermischen kann. In einem irdenen Deckeltopf halten sie – gut versteckt – mindestens eine Woche.

Die erste Anstellung meines Bruder führte ihn in ein Landstädtchen einige Meilen fern von daheim, und die ständigen Klagen des geliebten Sohns über das Essen, das man ihm in seiner Pension vorsetzte, irritierten seine Mutter und mich doch sehr, bis schließlich sowohl sein Magen als auch unsere Herzen Erleichterung darin fanden, dass ich ihm jede Woche beziehungsweise alle 10 Tage eine sorgfältig verpackte Erinnerung an die heimische Küche schickte. Manchmal war es ein Nussbrot (S. 186), häufiger allerdings noch eine GEFÜLLTE SCHOKOLADENTORTE. 75 g Schokolade, ½ Tasse Butter oder Pflanzenfett[21], 3 EL starken Kaffee, ¼ TL Salz und 1? Tassen Zucker über kochendem Wasser zerlassen. Leicht abkühlen lassen. 1 Eigelb und 1 TL Natron (in etwas Wasser aufgelöst) mit 1 Tasse Sauer- oder Buttermilch ver-

21 A. d. Ü.: Hier lässt sich auch Palmin soft oder Margarine verwenden.

schlagen. Die Schokoladenmischung unterrühren, dann 2 Tassen gesiebtes Mehl sowie 1 EL Rum vorsichtig untermischen. In einer oder zwei gefetteten und bemehlten Backformen in 1 dickeren oder 2 dünneren Schichten bei 160°C backen; der große Kuchen benötigt 45 Minuten, die beiden kleineren 30. Im Auge behalten, denn Schokolade ist im Nu verbrannt. Mit dem Finger leicht auf die Oberseite drücken; falls die Delle gleich wieder verschwindet, ist er gar. Anstelle von Kaffee lässt sich auch Wasser verwenden sowie 1 TL Vanilleextrakt statt Rum. Beim höheren Kuchen kann man 1 Tasse gehackte Nüsse zum Teig hinzufügen; ob so oder anders, in Muffinförmchen gebacken erhält man feine SCHOKOLADEN-CUPCAKES.

Mit Schlagsahne überzogen wird die Torte zu einem befriedigenden Dessert, als ich sie allerdings meinem Bruder schickte, verwendete ich sowohl für Füllung wie Überzug GEKOCHTE WEISSE GLASUR. 1 Tasse Zucker und ¼ TL Weinstein (oder 2 TL Zitronensaft) und ½ Tasse Wasser kochen, bis von den Zinken einer Gabel, die man in den Sirup getunkt und rasch wieder herausgehoben hat, ein dicker Faden läuft. 1 Eiweiß steif schlagen und langsam und vorsichtig unter den heißen Sirup schlagen. Fortfahren, bis die Glasur abgekühlt und dickflüssig ist, dann mit etwas Vanille- oder Bittermandelessenz aromatisieren und den Kuchen damit bestreichen.

KARAMELLGLASUR verleiht auch dem fadesten gekauften Gebäck einen Hauch von Selbstgebackenem und setzt, wenn man sie heiß verwendet, einer Eiscreme aus dem Laden ein solches Glanzlicht auf, dass niemand merkt, dass sie nicht aus Ihrer eigenen Küche stammt. Für Schokoladenkuchen ist sie vielleicht ein wenig üppig, obwohl mein Bruder das nicht so sah. 2 Tassen braunen Zucker mit 1 Tasse Sahne und 1 Prise Salz kochen, bis die Masse in kaltem Wasser einen weichen Ball bildet. Abkühlen lassen, 2 TL Butter hinzufügen, eventuell auch eine Tasse gehackte Walnüsse, und schlagen, bis sich die Masse verstreichen lässt. Auf dem Kuchen wird sie noch etwas härter, daher mit dem Rühren aufhören, solange die Glasur noch weich ist.

Offensichtlich erfreuten meine Pakete mehr als nur einen Pensionsgast, denn vor nicht langer Zeit machte ich die Bekanntschaft eines höchst attraktiven Mannes, der, wie sich herausstellte, fünfundzwanzig Jahre zuvor das Zimmer neben meinem Bruder bewohnt hatte. Als er erfuhr, in welcher Beziehung ich zu seinem früheren Nachbarn stand, gelang es dem Fremden zwar noch, sich zusammen und mich nicht sofort in seine Arme zu reißen, doch mit einem Blick zärtlichen Wiedererkennens und strahlendem Lächeln ergriff er meine Hand, um mich der versammelten Gesellschaft als »die Schwester, die diese Schokoladenkuchen gebacken hat«, vorzustellen.

Teilnehmerinnen an Schönheitswettbewerben mögen ihre Silberpokale haben, Filmstars ihren Glamour und ihre Oscars – Mrs Rorer, Großmutter und ich jedoch erfreuen uns eines dauerhafteren Nachruhms.

Rette dich ins Eingemachte

Großmutter wäre über die – für ihre Verhältnisse – dürftigen Gläser- und Flaschenreihen auf meinen Speisekammerregalen bestürzt gewesen, doch weshalb sollte man ihr heute, wo es in jedem Laden Obst- und Gemüsekonserven und Konfitüren gibt, noch nacheifern und sich lange heiße Stunden über einen dampfenden Einweckkessel beugen? Selbst eingemachte saure Gurken und Pickles allerdings – an die reicht keine Ladenware heran, und auch der einfachsten Mahlzeit verleihen sie eine so individuelle und großzügige Note, dass sie die wenigen Vormittage im kühlen Herbst durchaus wert sind. Haben Sie einmal angefangen, so versuchen Sie am besten gleich so viel von einer Sorte einzumachen, dass es für zwei, drei Jahre reicht. Die Vorbereitung dauert etwas länger, das tatsächliche Einkochen allerdings nicht, und da die süßsaure Ware mit dem Alter sogar noch besser wird, sorgt dieses arbeitssparende Verfahren dafür, dass man eine beliebte Sorte mit einem Minimum an Mühe stets parat hat. Verwenden

Sie zum Einkochen unverdünnten Apfelessig und – wenn Ihre Familie klein ist – sparsame Viertelliter-Einmachgläser. Geben Sie ganze Gewürze, sofern sie im Rezept verlangt werden, in große Aluminium-Tee-Eier, um sie leichter herausfischen zu können.

BREAD AND BUTTER PICKLE macht nicht nur seinem Namen alle Ehre – weil sich damit ein Sandwich wunderbar belegen lässt –, sondern schmeckt auch gut zu Fisch und ist leicht einzukochen. 8 Tassen ungeschälte Salatgurken und 3 mittelgroße geschälte Zwiebeln in dünne Scheiben schneiden. Zwiebeln in Ringe zerteilen und mit den Gurken, ½ Tasse Salz sowie drei oder vier faustgroßen Eisstücken in einer Schüssel beiseitestellen. In 3 Stunden werden die Gurken so sehr schön knackig. Aus 1 l Essig, 2 Tassen braunem Zucker, 2 TL Senfsamen, 1 TL Selleriesamen und jeweils ½ TL Kurkuma und Cayennepfeffer einen Sirup herstellen. In einem Mullsäckchen oder Tee-Ei 2 EL abgepacktes Einmachgewürz dazugeben. 25 Minuten köcheln lassen, dann die abgetropften Gurken und Zwiebeln hinzufügen und langsam aufkochen lassen. Vom Herd nehmen und abkühlen lassen. Die Gewürze entfernen und die Pickles in sterilisierte Gläser schichten. Das Rezept ergibt etwa 2 l.

Auch wenn sich unsere knausrige Vermieterin weigerte, unser schäbiges Bauernhaus streichen zu lassen, für die zwei Tomaten-Pickle-Rezepte, die schon so häufig eine gewisse Fadheit bei kaltem Fleisch oder Salat zu kaschieren vermochten, bin ich ihr trotzdem dankbar.

ROTES TOMATEN-PICKLE. 18 große reife Tomaten schälen. Grob hacken und 15 Minuten köcheln. Den Saft fürs Familienfrühstück abschöpfen. Nun 6 geschälte Zwiebeln, 2 kleine Stauden Bleichsellerie, 6 geputzte grüne Paprikaschoten, alles grob gehackt oder gemahlen, sowie je 1 TL gemahlene Gewürznelken und Piment, ¼ TL Zimt, 10 TL braunen oder weißen Zucker und 2½ EL Salz zu den Tomaten hinzufügen. Köcheln lassen, bis alles etwas eingedickt ist, dann ½ l Apfelessig hinzufügen. Rasch und unter ständigem Rühren einkochen lassen, bis die Masse dickflüssig ist, und in sterilisierten Gläsern versiegeln. Ergibt 10 Viertellitergläser.

Ihr GRÜNES TOMATEN-PICKLE oder INDIA RELISH ist genauso lecker. 32 Tassen grüne Tomaten, 16 Tassen geschälte Zwiebeln, 12 geschälte Salatgurken und jeweils 6 geputzte grüne und rote Paprikaschoten nacheinander mit dem groben Einsatz der Küchenmaschine hacken. Das Gemüse mit 1 Tasse Salz vermischen und über Nacht in Käseleinen oder einem feinen Durchschlag abtropfen lassen. Am nächsten Morgen 900 g weißen oder braunen Zucker, 30 g Selleriesamen sowie 2 Tassen Essig hinzufügen und 15 Minuten köcheln lassen, bis das Gemüse gerade weich ist. In sterilisierten Gläsern versiegeln. Ergibt 12 Viertellitergläser.

Das folgende Rezept für Tomatenketchup war der Stolz einer Südstaatenfamilie seit »vorm Krieg« und bis heute hat es kein Außenstehender zu Gesicht bekommen. Um an es heranzukommen, verfertigte ich eine Ahnentafel, wobei allein die dafür nötigen langwierigen Nachforschungen mir mit Sicherheit die Mitgliedschaft bei den »Colonial Dames of America« eingetragen hätte. Nachdem ich derart meine Verwandtschaft bewiesen hatte, durfte ich mir das Rezept abschreiben, und nun, während eine Hälfte von mir egoistisch dem ursprünglichen Besitzer mit seiner Geheimniskrämerei beipflichtet, drängt meine bessere Hälfte jeden dazu, etwas so Köstliches, das sich in so wunderbarer Weise von dem gekauften grellroten Zeug unterscheidet, unbedingt zuzubereiten. Leere Bierflaschen haben genau die richtige Größe dafür, aber auch jedes andere kleine Glas und jede Flasche, die sich luftdicht verschließen lässt, ist geeignet. Verwenden Sie neue Korken, die dicht sind, und kochen Sie Korken wie Flaschen vor dem Füllen fünf Minuten lang ab. Die Flaschen nach dem Verkorken abkühlen lassen und die oberen Flaschenenden vor der Lagerung zwei-, dreimal in geschmolzenes Paraffin tunken. Doch jetzt zum TOMATENKETCHUP. Nachdem ich so viel auf mich genommen habe, um in den Besitz der Formel zu gelangen, ist die Warnung, dass man einige Zeit dafür benötigt, nur fair und berechtigt. 64 Tassen reife rote Tomaten vierteln – dabei alle faulen Stellen entfernen – und sie mit 3 Tassen gehackten Zwiebeln und 20 gehackten Knoblauchzehen in einen Kessel geben. 1 EL Cayennepfeffer, 3 EL ganze Gewürznelken, 1 EL ganze Pimentbeeren, 1 EL schwarzen Pfeffer, 60 g Senfpulver, ½ Tasse Salz und 4 Tassen Essig hinzufügen. 2 Stunden unter gelegentlichem Umrühren köcheln. Vom Herd nehmen und durch ein Sieb oder eine Flotte Lotte passieren. Erneut aufs Feuer stellen und unter ständigem Rühren etwa 2 Stunden simmern lassen, bis die Masse eingedickt ist. Um Anbrennen zu verhindern, wäre eine Asbestmatte[22] unter dem Kessel hier angebracht; die genaue Garzeit lässt sich nur schwer angeben, da Tomaten sich in ihrem Flüssigkeitsgehalt stark unterscheiden. Denken Sie einfach daran, wie Tomatenketchup aussehen sollte, und auch wenn Ihrer ein wenig dünn- oder dickflüssiger ist, das Aroma ist dennoch da. Unmittelbar vor Ende der Garzeit probieren, ob Salz fehlt, eventuell nachsalzen. Den Ketchup abfüllen, solange er heiß ist. Zu Baked Beans und Fischfrikadellen ist dieser Ketchup ein Muss, wobei jüngere Familienmitglieder behaupten, er passe sogar zu einem Sandwich aus P. O. M.-Pickle.

Den GRÜNEN TRAUBENKETCHUP habe ich aus einem hundert Jahre alten Gesundheitsbuch, wo er als »hilfreiches Mittel gegen Appetitmangel« verordnet wird. Aber er ist nicht nur das, sondern auch in anderer Hinsicht den

22 A. d. Ü.: Asbestmatten beim Kochen, die man unter den Topf, die Pfanne schob, waren vor mehreren Jahrzehnten auch hierzulande gang und gäbe, sind aber inzwischen längst verboten.

meisten gekauften Grillsaucen überlegen. 10 Tassen entstielte unreife Weintrauben mit Wasser bedecken, weich köcheln und durch ein Sieb drücken. 4 Tassen braunen Zucker, ½ l Essig, je 2 TL gemahlenen Piment und Nelken, 1 EL gemahlenen Zimt, je 1½ TL gemahlene Muskatblüte und Salz sowie ½ TL Cayennepfeffer hinzufügen. Mit der Asbestmatte unter dem Kessel als zusätzliche Sicherheit köcheln und rühren, bis alles eingedickt ist, und auf die gleiche Weise abfüllen und versiegeln wie den Tomatenketchup.

GEWÜRZTE CANTALOUPE- ODER WASSERMELONENSCHALE kann man auch in kleineren Mengen, als hier angegeben, herstellen und eventuell dabei übrig bleibenden Sirup aufheben, um damit den nächsten Schub zu starten. 1 kg feste Melonenschale abschälen[23] und in Streifen schneiden. Im Verhältnis von 2 EL Salz zu 2 l Wasser eine Lake herstellen. Die Schalen damit bedecken und 8 Stunden oder über Nacht darin ziehen lassen. Abgießen und Schalen mit frischem Wasser bedecken. Köcheln, bis sie weich sind. Aus 2 Tassen Apfelessig, 1½ Tassen braunem Zucker, je 1 EL Stangenzimt und ganzen Gewürznelken sowie ⅛ TL Piment einen Sirup herstellen. Ein kleines Stück Muskatblüte sowie ein Stückchen Ingwerwurzel hinzufügen. 15 Minuten kochen, dann die Hälfte der vorbereiteten Schalen dazugeben sowie eventuell auch eine in Scheiben geschnittene Zitrone und beides köcheln lassen, bis die Schalen durchsichtig sind. Fertige Melonenschalen in heiße sterilisierte Gläser füllen. Den Rest auf die gleiche Weise garen, dann den Sirup aufkochen lassen, die Zitrone (falls verwendet) entfernen, Gläser mit Sirup füllen und versiegeln.

23 A.d.Ü.: Es wird der äußere Rand der Melone verwendet, d.h. der weiße Teil zwischen grüner Außenhaut, welche dünn abgeschält wird, und dem roten Innern, wobei man an der weißen Schale noch etwas rotes Fruchtfleisch dranlässt.

CHUTNEY. 4 Tassen saure Äpfel schälen, Kerngehäuse entfernen und in dünne Scheiben schneiden. 6 Tassen in Scheiben geschnittene feste grüne Tomaten, 2 Tassen gehackte Zwiebeln, 1 fein gehackte Knoblauchzehe, 2 Tassen Sultaninen und 1 EL fein gehackten kandierten Ingwer hinzufügen. In einen großen Kessel geben. 4 Tassen braunen Zucker, 1 Tasse Essig, 3 TL Salz, 1 TL Senfsamen, 1 TL gemahlener Zimt, ½ TL gemahlene Nelken und ⅛ TL Cayennepfeffer dazugeben. Unter gelegentlichem Umrühren etwa 2 Stunden köcheln, bis das Ganze eingedickt ist. Heiß in sterilisierte Gläser füllen und luftdicht verschließen. Ergibt etwa 3 l.

Diese Pickles sind sehr gut und ich halte ihre Reihen stets gut gefüllt, doch was das nun folgende Senf-Pickle angeht, von dem koche ich astronomische Mengen ein, denn nun, da unsere Familie auseinandergerissen ist, muss unter jedem Weihnachtsbaum ein Dutzend Gläser davon stehen.

Im lauten Beifall für *Wem die Stunde schlägt* ist Ernest Hemingways früheres Werk *Die grünen Hügel Afrikas* leider in Vergessenheit geraten, in dem er den Spitznamen seiner Frau, »Poor Old Mom«, auf »P. O. M.« abkürzte. Im Jahr der Veröffentlichung der *Grünen Hügel* tauchten dann ebendiese Initialen – auf nicht allzu mysteriöse Weise – auf meinem Wagen und anderen persönlicheren Gegenständen auf, und an diesem Lieblingsrelish sind sie dann haften geblieben. Die Grundlage dafür war ein pennsylvaniadeutsches Pickle-Rezept der Krankenschwester, die mir bei der Geburt meines Sohnes beistand, und bestimmt würde es sie freuen, dass Gläser davon – eingewickelt in die Sonntags-Comics eines ganzen Monats – das einsame Kriegsexil ihres »Babys« in Alaska und Japan aufheitern halfen. Ihnen, liebe Leserin, sei sein erstes Erscheinen in der Öffentlichkeit gewidmet: Hier ist das berühmte und ehrwürdige P.O.M.-PICKLE.

8 Tassen feste grüne Tomaten, 4 Tassen geschälte weiße Zwiebeln, 1 Stau-

de Bleichsellerie, je 2 geputzte rote und grüne Paprikaschoten, 2 grüne geschälte Gurken, 500 g süßsaure Gurken aus dem Glas sowie 4 Tassen große Essiggurken in mundgerechte Stücke schneiden. 1 großen oder 2 kleine Blumenkohlköpfe in Röschen zerteilen, den Rest hacken und beides zum Gemüse geben. Mit ½ Tasse Salz vermischen, mit Wasser bedecken und über Nacht stehen lassen. Danach kurz aufkochen lassen. Abgießen und das Gemüse in den Kupferkessel zurückgeben. Mit einer abgemessenen Menge an Essig bedecken. Für jeweils 1½ l Essig sollte man 6 EL Senfpulver, 1 EL Kurkuma, 3 Tassen braunen Zucker, ½ Tasse Mehl und ⅛ TL Cayennepfeffer verwenden. Die Gewürze mit etwas Essig zu einer glatten dünnflüssigen Paste verrühren und mit dem Gemüse vermischen. 2 EL ganze Pimentbeeren, je 1 EL ganze Gewürznelken und Zimtstangen sowie 2 EL Senfsamen in einen Musselinbeutel oder ein Tee-Ei geben, zum Essiggemüse hinzufügen und unter ständigem Rühren etwa 15 Minuten lang köcheln, bis das Ganze eindickt. Heiß in sterilisierten Gläsern versiegeln. Das ist lediglich das Grundrezept. Es lässt sich durch grüne oder Limabohnen, gekochten Zuckermais und weiteren Blumenkohl ergänzen, wobei Essig und Gewürze in entsprechendem Verhältnis hinzuzufügen sind. Man kann es auch in einem irdenen Deckeltopf aufbewahren; wenn möglich sollte man es vor Verwendung wenigstens 2 Wochen ruhen lassen. Diese Pickles sind in Kombination mit sämtlichen Fleisch-, Fisch- und Käsesorten unerreicht. Etwas feiner gehackt sind sie ideal für Sandwiches oder als kleine Appetithäppchen auf Crackern oder Toast. Und lassen Sie mich hier und jetzt mit dem Gerücht aufräumen, das nur von neidischen Zeitgenossen in die Welt gesetzt worden sein kann, die sein Geheimnis nicht kennen: Meine Familie benutzt es trotz der Mengen, die sie Jahr und Jahr davon verdrückt, *nicht* als Zahnpasta!

SENF. Das Rezept dafür habe ich in einem uralten Band mit Haushaltstipps entdeckt und die Anweisungen etwas modernisiert, die Essigmenge allerdings ist nach wie vor variabel. 8 EL Senfpulver, 2 große fein gehackte Knoblauchzehen und 6 TL Olivenöl verrühren, bis sie gut vermischt sind. Etwas Estragonessig hinzufügen, so dass man eine stramme Paste erhält, dann 3 TL Salz, 4 TL Zucker, 2 TL Pfeffer und ½ TL Selleriesamen dazugeben. Nach und nach so viel Estragonessig darunterschlagen, dass man eine dickflüssige Masse erhält. Ein letztes Mal kräftig schlagen, dann in kleine Gläser mit weiter Öffnung füllen und mit einer dünnen Ölschicht überziehen. So merkwürdig es auch klingt: Gesichtscremetöpfchen, die etwa 60 g fassen, eignen sich sehr gut dafür, und der Senf hält darin eine Ewigkeit. Fürchten Sie sich nicht vor starkem Knoblauchgeschmack, denn der scheint sich im schwer zu definierenden endgültigen Aroma des Senfs zu verflüchtigen.

EINGEMACHTE ERDBEEREN sind fruchtiger und nicht ganz so dickflüssig wie Konfitüre und wurden von britischen Freunden sehr gelobt. 4 Tassen Beeren – je größer, desto besser – entstielen, in ein Sieb geben und vorsichtig unter fließendem kaltem Wasser abspülen, bis sie sauber sind. Dann ebenso vorsichtig 1 l kochendes Wasser über die Früchte gießen. Abtropfen lassen, mit 1 Tasse Zucker in einen Topf geben und 5 Minuten köcheln lassen; dabei aber nicht rühren, sondern den Topf nur leicht schütteln. 2 Tassen Zucker hinzufügen und 15 Minuten köcheln lassen, auch dies, ohne umzurühren. Von der Feuerstelle nehmen und die Erdbeeren über Nacht stehen lassen, dann in sterilisierte Marmeladengläser gießen und mit geschmolzenem Paraffin versiegeln.

GEWÜRZTE PFIRSICHE, eine Kreuzung zwischen Eingemachtem und Essiggemüse, munden köstlich zu heißem Schinkenbraten und sind gar nicht so aufwendig in der Zubereitung, wie man glauben mag. 3,2 kg noch leicht unreife Pfirsiche 5 Minuten lang mit kochendem Wasser überbrühen. Abtropfen lassen und in kaltes Wasser geben. Erneut abtropfen lassen und die Haut abziehen. Sind die Pfirsiche tatsächlich noch grün, muss man ihnen dabei womöglich mit dem Messer zu Leibe rücken. Früchte halbieren oder ganz lassen, je nach Belieben. Dann in eine tiefe Schüssel geben, und aus 1,35 kg braunem Zucker, ½ l Essig und je 30 g Zimtstange und 30 g Gewürznelken, die man zusammen in ein Mullsäckchen oder Tee-Ei gibt, einen Sirup herstellen. Zum Kochen bringen, und sobald der Zucker sich aufgelöst hat, das Ganze heiß über die Pfirsiche gießen und über Nacht stehen lassen. Am nächsten Tag den Sirup in einen Topf abgießen, 5 Minuten lang kochen und erneut über die Früchte gießen. Dies an den nächsten beiden Tagen wiederholen, und am dritten Tag die Pfirsiche im Sirup so lange köcheln, bis sie gerade weich sind. In sterilisierten Gläsern versiegeln. Ergibt 4 l halbierte Pfirsiche.

Meine Weinbrand-Pfirsiche sind das Überbleibsel und direkte Resultat der Prohibition (wissen Sie noch?), als das einzig erhältliche Rauschmittel – mit Ausnahme des selbst gebrannten Fusels – roher Apfelschnaps aus New Jersey war, der einem, pur genossen, wirklich die Schuhe auszog. Nach wie vor bin ich der Meinung, dass die heute erhältlichen milderen Sorten zum Aromatisieren von Früchten weit besser geeignet sind als das, was meine Mutter »Koch-Brandy« zu nennen pflegte, und sie kosten fast das Gleiche. WEINBRAND-PFIRSICHE. 1,35 kg feste Pfirsiche 1–2 Minuten mit kochendem Wasser überbrühen und die Haut abziehen. Je nach Wunsch halbieren oder ganz lassen. Jeweils einige wenige davon in einem Sirup aus 450 g Zucker und 1 Tasse Wasser weich kochen. Sobald alle gar sind, die sterilisierten Gläser mit den Pfirsichen füllen, den Sirup zum Kochen bringen, die Gläser jeweils zur Hälfte damit füllen und dann mit dem besten Apfelwhisky oder Weinbrand, den Sie sich leisten können, auffüllen und versiegeln. In Halblitergläser passen 4 mittelgroße ganze Pfirsiche oder aber zwei- bis dreimal so viele Pfirsichhälften. Die angegebene Sirupmenge ergibt, je nach Saftigkeit der Früchte, 2–3 Liter. Weinbrand-Birnen und -Kirschen werden auf dieselbe Weise zubereitet, wobei man geschälte und entkernte feste Birnen oder entsteinte Süßkirschen verwendet. Alle diese Früchte bilden allein für sich genossen oder zusammen mit Vanilleeis ein wunderbares Dessert.

STRANDPFLAUMENMUS erinnert mich stets an strahlendes Septemberwetter und die flehentlich blickenden Gesichter ernster, verstrubbelter kleiner Jungs, die die sandverschmutzten Körbe mit den mühsam gepflückten Früchten anboten. Früchte gründlich waschen, dann knapp mit Wasser bedecken, leicht zerdrücken, damit Saft austritt, und köcheln, bis die Früchte weich sind. Durch ein Sieb drücken. Das Mus abwiegen und die gleiche Menge an Zucker hinzufügen. Mit der Asbestmatte als Unterlage unter ständigem Rühren köcheln, bis das Mus eingedickt ist, und in sterilisierten Gläsern versiegeln.

Auch WILDTRAUBENGELEE bringt den September zurück, ebenso wie Kiplings »Philadelphia« mit der Zeile »Noch verströmt in der Dämmrung der Weinstock / Seinen Moschus, der die Seele lockt.« Die Früchte unterm blauen Herbsthimmel zu pflücken, ist das halbe Vergnügen – dies und das Wissen um die würzige Beigabe zu Wild oder Fleisch, die man dann daraus kocht. Daher sollte, sobald die Blätter sich verfärben, ein großer Karton oder Korb bei jeder Fahrt über Land zur Standardausrüstung Ihres Wagens gehören. Die Früchte, am besten noch nicht ganz reif, waschen und entstielen. In einen Kessel geben, dessen Boden mit Wasser bedeckt ist, zerdrücken, bis der Saft auszutreten beginnt, und weiterköcheln, bis die Früchte sehr weich geworden sind. Über Nacht durch ein gebrühtes Passiertuch in eine Schüssel abtropfen lassen, jedoch nicht drücken, falls man ein klares Gelee haben will. Den Saft abmessen, in den gereinigten Kessel zurückgießen und 10 Minuten lang sprudelnd kochen. Inzwischen im Backofen eine gleich große Menge

Zucker erhitzen. Diesen im Auge behalten – nicht verbrennen lassen! Dann den heißen Zucker nach und nach zum kochenden Saft geben, weitere 5 Minuten kochen, Schaum abschöpfen und in heiße sterilisierte Gläser füllen.

JOHANNISBEERGELEE wird ebenso zubereitet, und bei Apfel- oder, besser noch, Johannisapfelgelee werden die gewaschenen Früchte geviertelt, mit Wasser bedeckt, weich geköchelt und dann durch das Tuch geseiht und fertiggestellt wie oben.

Vaters Lieblingswitz – den Mutter für junge Ohren ein wenig derb fand – hatte mit einer verdutzten Schar frisch geschlüpfter Küken zu tun, die eine Orange in ihrem Nest entdecken. Schließlich erklärt das Älteste: »Da hat's die Orangenmama hingelegt.« Mein Rezept für die Marmelade ist fast ebenso abgegriffen und unoriginell wie dieser Witz, aber anders als das verkorkste Wortspiel erheitert es auch den deprimiertesten Frühstücksgast.

ORANGENMARMELADE. Dünnhäutige Früchte auswählen. 6 Orangen und 2 Zitronen abwaschen, in dünne Scheiben schneiden und dabei die Kerne entfernen. Dies kann mit der groben Scheibe der Küchenmaschine geschehen, doch mit einem wirklich scharfen Messer erzielt man ein schöneres Ergebnis. Die geschnittenen Früchte wiegen und die doppelte Menge an Wasser hinzufügen. 5 Minuten köcheln lassen, dann in eine Steingutschüssel gießen und abgedeckt über Nacht stehen lassen. Am nächsten Morgen oder Nachmittag Früchte und Wasser erneut zum Kochen bringen und 1 Stunde oder auch etwas länger köcheln, bis die Schalenstücke gerade weich sind. Man kann das Ganze nun eine weitere Nacht stehen lassen, falls wichtigere Kocharbeit bevorsteht. Danach Früchte und Saft abwiegen, die gleiche Menge an Zucker hinzufügen, aufkochen und so lange köcheln, bis das Ganze etwas eingedickt ist. In alten Kochbüchern heißt es, man erkenne dieses Stadium daran, dass die Marmelade als »Schicht« vom Löffel gleite [also nicht mehr tropft], aber mehr als stetiges Rühren und durchschnittliche Intelligenz ist im Grunde nicht vonnöten. Lassen Sie die Marmelade abkühlen – über Nacht, falls gewünscht –, ehe Sie sie dann in sterilisierte Gläser schöpfen und versiegeln. Auch eine Grapefruit kann man – *vor* der Zugabe von Wasser und Zucker – zu den Früchten hinzufügen, allerdings muss man vor dem Zerkleinern die Häute zwischen den Segmenten und den zähen Kern entfernen. Man erhält eine BERNSTEINFARBENE MARMELADE. Bei beiden Rezepten nimmt das Kochen eine ziemliche Weile in Anspruch, so dass es sich wirklich auszahlt, die Arbeit auf zwei, drei Tage zu verteilen.

Als unsere Tochter ihr erstes Baby erwartete, vertrieben sie und ich uns die langen Nachmittage vor dem sich mächtig verspätenden Ereignis, indem wir unseren Wintervorrat an Marmelade einkochten. Der Bedarf zweier Familien füllte einen sehr großen Kessel und das Köcheln schien sich endlos hinzuziehen, doch – als strenge und erfahrene Hebamme – ließ ich das arme Kind stehen und rühren. Dann, gerade als wir die Marmelade zum Abkühlen beiseitestellten, kam das erste Anzeichen, dass sich etwas bewegte, und die frühen Stunden des nächsten Morgens verbrachte ich im trostlosen, schlecht beleuchteten Warteraum einer Geburtsklinik. Als ich mich jedoch zu einem späten Frühstück nach Hause schleppte – nachdem ich unser so ersehntes ältestes Enkelkind gesehen hatte, das kleine Mädchen, dem dieses Buch gewidmet ist –, da begrüßte mich auch der willkommene Anblick des fertigen süßen Aufstrichs.

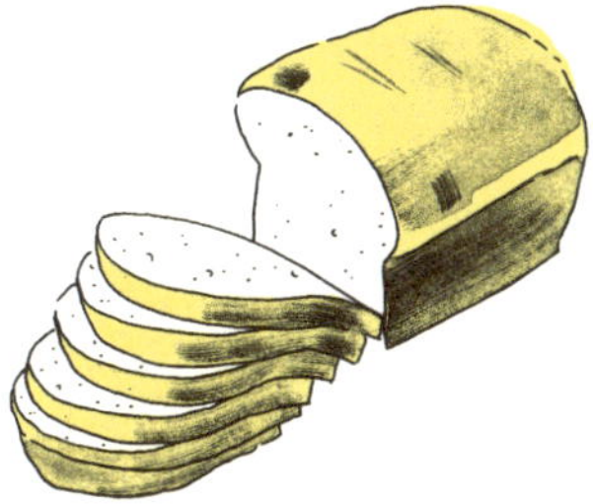

Ego-Stärkung durchs tägliche Brot

Es war schon schlimm genug, dass wir kein Radio hatten wie alle anderen, obwohl das einfach deswegen so war, weil wir keines wollten. Noch schwerer zu erklären war, dass wir unseren Ford-Tourenwagen, diesen treuen Gefährten unserer Reisen, zehn Jahre lang hegten und pflegten und sogar zwei neue Motoren und drei neue Verdecke für ihn anschafften. Doch falls diese Idiosynkrasien Stirnrunzeln hervorriefen – mit der Tatsache, dass ich seit Neuestem auch noch mein eigenes Brot backe, weil ich tatsächlich Lust dazu habe, nun, damit scheine ich eindeutig alle Grenzen überschritten zu haben. Tatsächlich war die Meinung meiner Freundinnen diesbezüglich so einhellig, dass ich manchmal den Eindruck gewinne, Mütter nehmen mich als abschreckendes Beispiel für ihre jungen und unschuldigen Töchter, falls diese ihren Spinat nicht aufessen wollen, und dass mich Fremde misstrauisch auf der Straße mustern.

Dabei macht Brotbacken so viel Spaß! Ich kann kaum glauben, dass einem das Komponieren unsterblicher Musik oder das Malen eines wirklich schönen Bildes ein größeres Gefühl künstlerischer Schaffenskraft vermitteln sollte als der Anblick eines goldbraunen Laibs, für den man ganz allein verantwortlich ist.

Überdies ist Brotbacken kinderleicht; so leicht und selbstverständlich wie zwei mal zwei vier sind, und tatsächlich sind dies die einzigen Zahlen, die man sich bei dieser Sache merken muss. Also, sind Sie bereit? Holen Sie eine große Schüssel aus dem Schrank und geben Sie 2 zerkrümelte Hefewürfel und dann 4 Tassen lauwarme Flüssigkeit dazu. Dabei kann es sich um Wasser, abgekühlte erhitzte Milch oder eine Mischung aus beidem handeln. 4 EL zerlassenes Fett (Schmalz oder Butter), 4 EL Zucker, 4 TL Salz und 4 Tassen gesiebtes Mehl unterrühren. Diesen Teig 2 Minuten lang kräftig schlagen. 4 weitere Tassen gesiebtes Mehl unterrühren und schauen, wie viel Mehl man noch hinzufügen muss, um einen weiterhin knetbaren Teig zu haben. Zwei Tassen könnten genügen, mehr als vier aber sollte man nicht benötigen. Ein Backbrett oder ein Tuch mit Mehl bestäuben – bitte immer sieben. Den Teig auf das Brett klatschen und mit ½ Tasse Mehl bestäuben.

Und nun dürfen Sie sich ausruhen. Setzen Sie sich gemütlich hin, zünden Sie sich eine Zigarette an, schreiben Sie einen Brief oder nehmen Sie sich für die nächsten 15 Minuten, während der Teig »straffer wird«, wie wir Bäcker sagen, etwas anderes vor. Ich nutze diese wunderbare Viertelstunde in der Regel dafür, die Rührschüssel abzuwaschen, und mag die Hosenträger des Fischers in Kiplings »Wie der Wal zu seiner Kehle kam«, an die zu denken ich Sie inständig bitte, warum, werden Sie später sehen, »oh, Liebste«.

Haben Sie Ihre Zigarette geraucht? Dann mal los! Das Folgende macht wirklich Spaß. Beginnen Sie mit dem Kneten, indem Sie den Teig von sich wegdrücken, dann zu sich herziehen und nach unten drücken. Ihn um 90°

drehen und die vorige Bewegung etwa 10 Minuten lang oder etwas länger wiederholen. Nur so viel Mehl zugeben, dass der Teig nicht an den Händen oder dem Brett kleben bleibt, und ehe man sich recht versieht, hat man schon eine seidenglatte elastische Masse, die, ob Sie es glauben oder nicht, Ihr Brot ist. In die saubere Rührschüssel – Sie verstehen jetzt, warum Sie sie gespült haben – 4 EL (erinnern Sie sich an die magische Zahl 4) Fett oder Öl geben. Den Teig in die Schüssel legen und wenden, bis jeder Teil der Oberfläche mit Öl bedeckt ist. Dann die Schüssel mit einem feuchten Geschirrtuch oder einer Serviette abdecken und an einem warmen Ort 4 Stunden aufgehen lassen. Er sollte sein Volumen währenddessen mindestens verdoppeln.

Gehen Sie für einen ganzen Vor- oder Nachmittag Ihrer Wege, denn was Sie da beiseitegestellt haben, ist praktisch idiotensicher. Wer will, kann nach 2 Stunden einen Blick riskieren, nur um nachzusehen, ob sich etwas tut, aber seien Sie nicht enttäuscht, wenn Ihnen der Fortschritt zu langsam erscheint. Wie beim Wasser im Topf, dem man beim Kochen zuschauen will, scheint der Teig erst aktiv zu werden, sobald man die Hoffnung aufgegeben hat. Aber jetzt zu etwas Lustigerem. Sobald Ihr Teig seine Größe verdoppelt hat, attackieren Sie ihn direkt in seiner Schüssel. Tun Sie, als sei er Ihr schlimmster Feind, und versetzen Sie ihm einen gewaltigen Schlag direkt in die Magengrube, um seinem Ego ein wenig die Luft rauszulassen. Verpassen Sie ihm noch ein paar Links- und Rechtshaken, holen Sie ihn aus der Schüssel auf das bemehlte Brett und schneiden Sie ihn in Viertel. Das, Madame, sind Ihre vier Brotlaibe. Lassen Sie diese zum neuerlichen Straffen einige Minuten stehen. Anschließend etwas vorformen, und sie sind bereit für die Backformen. Die Oberseite jedes Laibs mit Öl oder Butter bepinseln und die Formen erneut für mindestens 2 Stunden an denselben warmen Ort stellen, wo die Laibe ihre ursprüngliche Größe mehr als verdoppelt haben. Nochmals, machen Sie sich keine Sorgen, dass sie zusammenfallen könnten, das tun sie nicht, ehrlich. Und: Besser sie sind zu hoch als zu niedrig. Den Ofen auf gute 190°C vorheizen und das Brot hineinschieben. 15 Minuten lang backen, dann die Hitze auf 175°C reduzieren. Die Brote eine weitere ½ Stunde backen, und auch hier gilt wieder: Mehr ist besser als weniger. Sobald sie einmal gar sind, benötigen die Laibe keinerlei Hilfe mehr, um aus den Formen herauszukommen. Und nun dürfen Sie wirklich aufgeregt sein. Stürzen Sie Ihre Brote heraus, drehen Sie sie auf einem Kuchengitter oder sauberen Handtuch um, und dann … schnuppern Sie, straffen Sie die Brust, klopfen Sie sich auf die Schulter. Und wenn Sie es sich dann verkneifen können, eine große warme Scheibe davon abzuschneiden und dick mit Butter zu bestreichen – dann sind Sie nicht das Mädchen, für das ich Sie hielt. Wer sein Brot knusprig mag, lässt es unbedeckt auskühlen. Wer eine weiche Kruste bevorzugt, schlägt ein sauberes Tuch um die Laibe, bis sie abgekühlt sind.

Vier wunderbare Brotlaibe sind die erste Lektion. Aber hören Sie hier nicht auf, denn das ist erst der Anfang. Versuchen Sie, lediglich zwei Laibe zu backen und die andere Teighälfte für Brötchen zu verwenden.

ABENDBRÖTCHEN. 4 EL zerlassene Butter oder Pflanzenöl in einen Suppenteller oder eine Suppentasse geben. Kleine Teigstücke abzwacken. Zu walnussgroßen Bällchen formen. Diese in das Fett tunken. Dann in einer Doppelreihe, nicht zu eng gedrängt, in eine gefettete Brotform setzen. (Eine Kuchenform geht zwar auch, aber ich mag die schmalere Form lieber, denn dadurch erhält jedes Brötchen eine äußere Kruste.) 1 Stunde gehen lassen und die Backzeit, gegenüber den Laiben, um etwa 20 Minuten verkürzen. Falls Sie die Brötchen vor dem Servieren erneut aufbacken wollen, sollten Sie sie aus dem Ofen nehmen, solange sie noch blassgolden sind, um sie später nochmals nachbräunen zu lassen. Warm und knusprig und in eine Serviette eingeschlagen servieren.

GEFALTETE BRÖTCHEN. Den Teig 6 mm dünn ausrollen; Kreise von 5 cm Durchmesser ausstechen; sie in zerlassene Butter oder Fett tunken (oder damit bestreichen) und die obere Hälfte nicht ganz über die untere schlagen. Mit etwas Abstand auf ein gefettetes Backblech setzen und wie Abendbrötchen fertigstellen.

SALZSTANGEN. Den Teig in 5 cm lange Dreiecke schneiden; mit Fett bepinseln, dann mit der breiten Seite nach innen aufrollen und mit grobem Salz und Kümmelsamen bestreuen. Wie Abendbrötchen fertigstellen.

KLEEBLATTBRÖTCHEN bestehen aus jeweils drei kleinen Teigkugeln von Murmelgröße, die man zwischen buttrigen Handflächen rollt und in gefettete Muffinförmchen setzt. Fertigstellen wie Abendbrötchen.

Da Sie Ihre Lehre nun mit fliegenden Fahnen und auch einer Menge Spaß bestanden haben, wagen wir uns jetzt in weitere, jedoch ebenso unkomplizierte Bereiche vor. Verwenden Sie wieder nur eine Hälfte des Teigs für Ihre beiden Laibe oder Brötchen. Legen Sie die zweite Hälfte in die Schüssel zurück und mischen Sie mit den Händen 1 ganzes Ei, 4 EL Zucker und 4 EL zerlassene Butter unter. Danach 1 Tasse gesiebtes Mehl hinzufügen. Unter Umständen reicht auch weniger, vielleicht aber benötigen Sie auch etwas mehr. Ihr Teig muss wieder so weich, aber gleichzeitig auch so fest werden wie der Teig für die Brotlaibe. Damit starten Sie nun zu einer neuen Back-Entdeckungstour, denn dies ist nun ein SÜSSER HEFETEIG, und – ach! – was für wunderbare Dinge sich damit anstellen lassen!

Beginnen wir mit ZIMTSCHNECKEN. Die, die hier folgen, sind die echten, klebrigen Philadelphia-Schnecken aus der guten alten Zeit – Schnecken, wie man sie für heimwehkranke, auswärts lebende Verwandte backt.

Zunächst der klebrige Teil. 2 Tassen Zucker in eine Eisenpfanne geben, 4 EL Butter hinzufügen. Bei mittlerer Hitze ständig rühren, bis man einen dicken hellgoldenen Sirup erhält; diesen im Auge behalten, da er leicht anbrennt. Langsam 1½ Tassen heißes Wasser dazugießen und auf den Herd zurückstellen. Weiterrühren, bis sich der Zucker aufgelöst hat. Er sollte blassem Ahornsirup ähneln. Sirup in zwei gefettete Brotformen gießen, gleichmäßig verteilen und mit den Schnecken beginnen. Die Hälfte des süßen Hefeteigs zu einem etwa 6 mm dicken, 17,5–20 cm breiten und 35–50 cm langen Rechteck ausrollen und das Ganze mit 1 Tasse (oder etwas mehr) braunem Zucker und ½ TL Zimt bestreuen. 1 Tasse Sultaninen oder Korinthen oder eine Mischung aus beiden und (falls gewünscht) auch einige Stückchen Zitronat darüber verteilen. Dann großzügig mit Butterflöckchen besetzen. Aufrollen wie eine Biskuitrolle und die Endkante schön andrücken. Die Rolle in 5 cm große Stücke schneiden, diese dann mit der Schnittseite nach oben in den Sirup setzen, jeweils 6–8 davon in einer Form, so dass ihnen genug Spielraum bleibt. Dies mit der zweiten Teighälfte wiederholen. Die Schnecken dann 2 Stunden lang oder bis zum Morgen aufgehen lassen und im auf 190°C vorgeheizten Ofen 20–25 Minuten backen, bis sie oben gebräunt sind und der gehaltvolle, köstliche Sirup zwischen den Schnecken nach oben gequollen ist. Das Gebäck, sobald es gar ist, auf eine Platte stürzen und den übrigen Sirup darüberlöffeln. Abkühlen lassen, solange Sie es sich verkneifen können und nicht unbedingt eine zu einem Glas Milch oder einer Tasse Kaffee probieren müssen (oder bis Ihre Familie den köstlichen Duft erschnuppert hat und sich auf sie stürzt).

Auf die gleiche Weise macht man auch einen KAFFEEKUCHEN, wobei man allerdings etwas weniger braunen Zucker und keinen Zimt verwendet. Die Rolle zu einem Ring formen, die beiden Enden fest zusammendrücken und den Kuchen oben 4- oder 5-mal bis etwa zur Hälfte einschneiden. Den

Ring auf ein Backblech setzen, aufgehen lassen und dann ebenso lange wie die Schnecken in den 190°C heißen Ofen schieben. Den noch heißen Kuchen mit etwas Puderzucker glasieren, den man mit heißem Wasser oder Milch zu einer dünnen Paste verrührt hat.

KAFFEEKUCHEN NUMMER 2 wird aus 1 Tasse süßem Hefeteig gemacht, den man so ausrollt, dass er in eine Brotform passt, und den man anschließend mit einer Mischung aus ¼ Tasse braunem Zucker, ¼ Tasse Mehl, 2 EL zerlassener Butter, ½ Tasse gehackten Nüssen und etwas Zimt bestreicht.

KAFFEEKUCHEN NUMMER 3 wird aus dem halben Rezept für süßen Hefeteig gemacht, unter den man ½ Tasse zerkleinerte kandierte Kirschen, ¼ Tasse Rosinen und 1 EL Zitronat knetet. Den Teig dann zu einer flachen, etwa 5 cm dicken Scheibe ausrollen. Wie ein Omelette zusammenklappen, auf einem Backblech aufgehen lassen und dann backen.

WEIHNACHTSBROT enthält dieselben Früchte wie oben. Den süßen Hefeteig zu einem großen Laib formen, und Sie haben das köstliche Brot, das italienische Läden in der Weihnachtszeit verkaufen.

WEIHNACHTS- ODER OSTERGEBÄCK. Ein Stück süßen Hefeteig dünn ausrollen und sich mal künstlerisch an Tieren und anderen Figuren für Kinder – aber auch Erwachsene – versuchen. Wir produzieren in der Regel etwas, das zumindest am Weihnachtsmorgen überall als Engel durchgeht. Zu empfehlen ist dabei, eine Papierschablone anzufertigen und dann um sie herumzuschneiden, aber freihändiges Zeichnen mit einem kleinen Messer geht natürlich genauso gut und verleiht den Figuren jenen anheimelnd amateurhaften Touch. Für die Augen Korinthen oder Rosinen verwenden, für die Münder (und auch Ohren) kandierte Zitronatzitrone oder Stückchen kandierter Kirschen. Der Nikolaus oder Weihnachtsmann bekommt einen weißen Bart und Haare aus Puderzuckerglasur und Kirschknöpfe auf seinen berühmten dicken Bauch. Brot-Hasen gibt es dann zu Ostern, aber auch Enten oder einen Gockel mit einem mit Kirschen besetzten Hahnenkamm. Einmal habe ich sogar das recht ordentliche Faksimile eines Fahrrads für einen kleinen Jungen zuwege gebracht, der hoffnungsvoll wartete, endlich sein Geschenk unterm Baum in Augenschein zu nehmen.

Das APFELDESSERT – in unserer Familie trägt es nur diesen Namen – hat man im Handumdrehen in den Ofen geschoben, während der unerwartete ob Ihrer Geschicklichkeit bass erstaunte Gast zusieht. Ein Stück süßen Hefeteig so dünn wie möglich ausrollen und in eine quadratische gefettete Backform legen. Dann geschälte und entkernte saure Apfelachtel eng nebeneinander darauf anordnen. Braunen Zucker – die Menge hängt von der Süße der Äpfel ab –, etwas Muskat und einige Butterflöckchen darüber verteilen. An einem warmen Ort etwa 45 Minuten lang aufgehen lassen, während Sie sich derweil um das Abendessen kümmern. Im auf 190°C vorgeheizten Ofen etwa 25 Minuten backen. Warm und frisch aus dem Ofen servieren und Sahne oder Vanilleeis dazu reichen – oder aber die SCHWIERIGE SAUCE, die meine Großmutter dazu zu machen pflegte. In ½ Tasse weiche Butter schlug sie so viel Puderzucker, wie diese aufnehmen konnte. Dies aromatisierte sie dann für uns Kinder mit Vanille und für die Erwachsenen mit Rum. Als eiskalten Kontrast zum heißen Apfeldessert servieren.

Nach dem ersten Aufgehen und Kneten des Teigs kann man entweder seine Brotlaibe oder jedes beliebige süße Hefegebäck daraus formen, oder aber man stellt den Teig in den Kühlschrank, wo er sich 3–4 Tage frisch hält, um dann jeweils eine kleine Menge davon oder auch alles auf einmal zu verbrauchen. Achten Sie darauf, dass stets die gesamte Oberfläche des Teigs wie auch die Schüssel gut eingefettet sind. Das Gefäß muss stets abgedeckt sein und der Teig etwa alle 8 Stunden zusammengedrückt werden. Sobald man ihn weiterverwenden möchte, versetzt man ihm einen letzten Haken und fährt dann fort, als ob er gerade frisch geknetet worden wäre, wobei man ihm – nach seiner eisigen Ruhe im Kühlschrank – vor dem Backen ein wenig mehr Zeit zum Aufgehen lässt.

Wenn man den Teig am Abend mit lediglich 1 Hefewürfel herstellt, benötigt er die ganze Nacht zum Aufgehen. Das Kneten nach dem Abendessen kostet natürlich ein wenig Zeit, aber welch herrlicher Anblick am frühen Morgen des Backtages! Falls Sie vor dem Frühstück noch nichts tun wollen, zeigen Sie ihm mit einer wohlgezielten Ohrfeige, wo er hingehört, decken ihn wieder zu und warten mit dem Kneten, bis das Frühstücksgeschirr weggeräumt ist.

Hefeteige gehen schneller auf, wenn man sie in einen Topf mit warmem (nicht heißem) Wasser setzt, das die Schüsselwände bis etwa zur Hälfte umgibt. Abdecken und die Schüssel im Auge behalten, denn dies wird die Sache höchstwahrscheinlich auf verblüffende Weise beschleunigen.

KARTOFFELBROT wird aus dem lauwarmen Kartoffelgarwasser hergestellt, wobei man dem Teig vor dem Mehl und den anderen Zutaten noch 1 zerdrückte heiße Kartoffel, etwa ½ Tasse, hinzufügt. Viele Köche sind der Ansicht, dies sorge für ein lockereres Brot, das auch länger frisch und feucht bleibt. Nun, da Sie inzwischen schon einige Erfahrung besitzen, ist es sicher einen Versuch wert.

Falls Sie allen Brotteig für Laibe aufgebraucht haben – was ich Ihnen nicht verdenken kann –, so folgt hier ein Rezept, das für etwas reichhaltigere Brötchen als der ursprüngliche Teig sorgt und sich auch gut für Zimtschnecken und Kaffeekuchen eignet. Es wurde mir als SÜSSER KÜHLSCHRANK-

TEIG anvertraut, obwohl er im Kühlschrank sicher nicht mehr daheim ist wie die anderen. 1 Tasse kochendes Wasser über ¾ Tasse eines Schmalz-Butter-Gemischs geben, 1 TL Salz und 4 EL Zucker hinzufügen. Dann 1 Tasse kaltes Wasser dazugießen. Falls Ihnen diese Mischung zu warm erscheint, stehen lassen, bis sie nur noch lauwarm ist. 1 Hefewürfel, den man in ¼ Tasse lauwarmem Wasser zerkrümelt hat, sowie 3 Tassen gesiebtes Mehl und 2 Eier dazugeben. Gründlich schlagen, dann 3–4 weitere Tassen Mehl hinzufügen, bis man einen sehr weichen Teig erhält. Einige Minuten auf einem bemehlten Brett kneten, gründlich mit Fett bepinseln, abdecken und 2 Stunden aufgehen lassen. Den Teig zusammendrücken, beliebig formen und vor dem Backen erneut 2 Stunden aufgehen lassen. Dieser Teig hält sich in seiner gefetteten und abgedeckten Schüssel ganz wunderbar, benötigt jedoch nach seinem Aufenthalt im Kühlschrank etwas mehr Zeit zum Aufgehen.

Für einfache Doughnuts ein halbes Rezept eines der süßen Hefeteige (S. 179) verwenden, ½ TL Muskat unterkneten, den Teig 1,2 cm dick ausrollen und mit einer bemehlten Ausstechform Ringe ausstechen. 1 Stunde auf leicht bemehltem Backbrett oder Küchentuch aufgehen lassen. Jeweils einige wenige Doughnuts im heißen Fett ausbacken, auf Packpapier [oder Brotpapier] abtropfen lassen und mit Puderzucker überstäuben.

Unterhalb der Mason-Dixon-Linie lautet das Motto zur Essenszeit: »Nimm zwei und streich Butter drauf, solang sie noch warm sind.« SODA BISCUITS [Natronbrötchen] gehören zu den ofenwarm servierten Brotsorten, die für diese Maxime verantwortlich sind. 2 Tassen Mehl mit 4 TL Backpulver und 1 TL Salz sieben und mit 2 EL Schmalz, Butter oder einer Mischung aus beidem vermischen, bis das Ganze feinen Bröseln ähnelt. Dazu verwendet man ein Rührgerät, zwei Messer oder die Finger. 1 Tasse Milch oder etwas weniger zugeben, so dass man einen weichen Teig erhält. Auf einem bemehlten Brett ausrollen und mit einer bemehlten Ausstechform ausstechen. Im auf 230°C vorgeheizten Ofen 10 Minuten backen. Für DROP BISCUITS [Tropfbrötchen] muss man genügend Milch hinzufügen, so dass man einen dickflüssigen Teig erhält, den man vom Löffel auf das gefettete Backblech »tropfen« lässt oder mithilfe eines zweiten Löffels aufs Blech »schiebt« und dann 10 Minuten bei 230°C backt. Für Ihre eigene Brötchenmischung das bereits gemischte Mehl, Backpulver, Salz und Fett in einem abgedeckten Behälter im Kühlschrank aufbewahren und die Milch erst unmittelbar vor dem Backen hinzufügen.

SPOON BREAD [Löffelbrot] ist eine weitere Südstaatenspezialität; ich weiß nicht, ob das sture Beharren der Konföderierten auf der Verwendung lediglich wassergemahlenen weißen Maismehls bei seiner Zubereitung den Kriegsausbruch zwischen Nord- und Südstaaten nicht womöglich noch beschleunigt hat, da die meisten der »verdammten Yankees« das gelbe bevorzugen. Aber wir wollen nicht streiten. Beginnen Sie, indem Sie 2 Tassen kochendes Wasser über 1½ Tassen des Mehls Ihrer Wahl gießen. Umrühren und abkühlen lassen. 2 EL zerlassene Butter, 2 Eigelb, 1½ Tassen Sauer- oder Buttermilch (vermischt mit 1 TL Natron und 1 TL Salz) hinzufügen. Gründlich schlagen, dann die steif geschlagenen Eiweiße unterziehen. In einer tiefen gefetteten Form 45 Minuten bei 200°C backen. Ein paar Speckstreifen, die man vor dem Backen darüberlegt, verleihen zusätzliches Aroma. Spoon Bread ist eine traditionelle Dixieland-Beilage zu Fisch.

SAUERMILCH-MUFFINS. 1 Eigelb verschlagen und 1 Tasse Sauermilch hinzufügen. Dann 1 Tasse Mehl unterrühren, die man zuvor mit ½ TL Back-Natron, 1 TL Zucker und 1 TL Salz gesiebt hat. Den steifen Eischnee und 1 EL Öl oder zerlassene Butter unterheben. In kleine gefettete Muffinförmchen gießen und bei 200°C 10 Minuten backen.

Mein Rezept für Nussbrot stammt von der älteren Schwester einer Freundin. Sie hatte das College besucht, was vor fünfundzwanzig Jahren noch keine Selbstverständlichkeit war, und fütterte unsere neidisch gespitzten Ohren mit Geschichten von lustigen »Kakao und Kimono«-Partys nach dem abendlichen Lichtlöschen. Der züchtige Kimono wurde inzwischen vom Pyjama verdrängt, und ihr Kakao-Rezept, das reichlich gesüßte Kondensmilch und eine Garnitur aus Marshmallows (!) enthält, klingt viel zu üppig für unsere heutigen diätbewussten College-Studentinnen, aber das NUSSBROT ist so leicht zu backen und gut zu essen wie eh und je. 1 Ei in ½ Tasse Zucker schlagen. 1 Tasse Milch und 2 Tassen Mehl hinzufügen, das man zusammen mit 1 TL Salz und 2 TL Backpulver gesiebt hat; alles verschlagen, dann 1 Tasse in Stücke gebrochene Walnüsse unterrühren (oder auch 2 Tassen, wenn Sie es besonders nussig mögen). In eine gefettete Brotform geben, 30 Minuten stehen lassen und bei 175°C 45 Minuten lang backen.

Besser zu schneiden ist es, wenn man es schon einen Tag im Voraus backt, was leichter gesagt ist als getan. Ich erinnere mich noch gut, wie ich einmal einen angeblich kranken Ehemann und zwei frisch gebackene Nussbrotlaibe auf verschiedenen Wohnungsetagen zurückließ, nur um bei meiner Rückkehr feststellen zu müssen, dass ein ganzer Laib und fast ein Viertel des zweiten dem Gatten als erholungsfördernder Nachmittagsimbiss gedient hatten. Mein Argument, dass Nussbrot ja wohl nicht unter die vorgeschriebene »Schonkost« falle, konterte er mit sattem Grinsen, und mein Mitleid verflüchtigte sich so zügig wie vorher meine Brote. Merkwürdigerweise kam es zu einer raschen Heilung, und der Patient – doch weshalb sollte man dieses Wort auf den durchschnittlichen kränkelnden Mann anwenden – war schon am nächsten Morgen wieder auf den Beinen und unterwegs in sein Büro. Eine Geschichte mit einer Moral, die Sie erst nach ihrem ersten Backerlebnis begreifen werden: Brot ist stets leicht zu backen, aber schwer zu bewahren.

»Mach den Mund auf und sag ›Aaaah‹!«

Ihr Herd müsse einen Klappdeckel über den Kochplatten haben – darauf besteht unsere Tochter – und zwar einzig zu dem Zweck, das ganze Ding in einen Krankennachttisch umzufunktionieren, und so manch andere gehetzte junge Mutter wird ihr aus vollem Herzen beipflichten, dass eine tödliche Krankheit die einzige Chance für sie ist, einen unbenutzten Herd zu erleben.

So lächerlich das Ganze auch scheint, die Grundidee unseres Kindes ist nicht unvernünftig, denn während der Herd selbst sich vielleicht etwas seltsam in einem Krankenzimmer ausmacht, das von ihm gelieferte Essen ist dem Bettlägerigen stets so willkommen, dass keine Köchin sich verzweifelt fragen muss: »Was soll ich ihm bloß schicken?«, wie man es so oft tut, nachdem man einen Freund besucht hat, der, wie es in alten Büchern so schön heißt, auf dem Krankenbette daniederliegt. Da lehnt er dann, umgeben von, so scheint's, dem Inhalt eines ganzen Blumenladens, und allein der Gedanke an das kleine

Sträußchen, das Sie zur Sammlung hinzufügen wollten, ist eine Totgeburt. Verzweifeln Sie nicht. Sie können Ihr Mitgefühl auf originellere Weise zeigen, die sehr viel mehr geschätzt werden wird. Gehen Sie nach Hause und werfen Sie einen Blick in Ihren Vorratsschrank mit dem Eingemachten. Da! Sehen Sie doch mal diese herrlichen Gläser voller Weinbrand-Pfirsiche (S. 171), mit denen Sie sich letzten Sommer abgeplagt haben. Packen Sie eines davon in Ihr schönstes Geschenkpapier, stecken Sie ein paar Gartenblumen oder eine duftende Nelke unter die flott gebundene Schleife, und Sie werden auf geradezu herzergreifend begeisterte Dankesworte nicht lange warten müssen.

Keine Pfirsiche mehr übrig? Ein Glas oder zwei Ihrer eigenen Erdbeermarmelade (S. 170) ist ebenso willkommen und könnte, um der faden Krankenhauskost etwas Würze zu verleihen, durch winzige Gläschen selbst eingekochter Pickles (Seite 164) ergänzt werden.

Wie? Gar nichts Eingemachtes? Schämen Sie sich, merken Sie sich vor, nächstes Jahr mehr einzukochen, und richten Sie Ihre Aufmerksamkeit darauf, den Invaliden mit echtem WEINGELEE zu trösten. 1 Beutel Gelatine in ¼ Tasse kaltem Wasser auflösen. Den Saft von 1 Zitrone auspressen. Leicht süßen und darauf achten, dass der Zucker sich völlig auflöst. Die Gelatine in ¾ Tasse kochend heißes Wasser geben und rühren, bis keine Spur des Granulats mehr zu sehen ist. Den gesüßten Zitronensaft und 1 Tasse des trockensten, besten Sherrys oder Portweins hinzufügen, den Sie sich leisten können. Kosten, ob der Gelee süß genug ist, seihen, in Ihre hübscheste Schüssel oder Schale füllen und kalt stellen. Danach das Ganze, wie oben erklärt, verpacken, verschnüren und verzieren – ehe man es dem dankbaren Empfänger überreicht, den es mehr erfreuen wird als sämtliche aus den Tropen eingeflogenen Orchideen.

Als Nächstes kann man dem Kranken eine Schüssel frischen Obstsalat schicken (S. 224). Den Alkohol weglassen und stattdessen ein Fläschchen

Pfirsch- oder Aprikosenlikör am Paket befestigen, so dass er den Früchten jederzeit etwas exotischen Touch und Geschmack verleihen kann, sollten dem Patienten derlei Ausschweifungen gestattet sein.

Und wie wäre es mit einem kleinen feinen Biskuitkuchen (S. 141), auf dem man in Zuckerglasurschrift *Gute Besserung* wünscht?

Immer Anklang finden bei Kranken hausgemachte Suppen – siehe die Zwiebelsuppe auf S. 53 – ebenso wie ein kleines Glas kaltes Huhn in Aspik (S. 62) oder vielleicht auch gehacktes helles Fleisch mit Newburg-Sauce (S. 122) mit einer winzigen Flasche Sherry dabei. Weitere Ideen wären eine Flasche French Dressing (S. 129), begleitet von einer großen reifen Avocado oder eine Platte eisgekühlter Austern auf der halben Schale mit einer Flasche Tomatenketchup (S. 166), die zusammen mit Ihrer Karte direkt vor dem Mittag- oder Abendessen abgegeben werden.

Meine seltenen Erkrankungen in der Jugendzeit wurden stets von der Aussicht erheitert, dass auf das gefürchtete Verdikt des Arztes, der »Bettruhe« verordnete, Tassen mit köstlich dampfender Fleischbrühe folgten, um sogleich mit der Stärkung meiner angeblich schwindenden Kräfte zu beginnen. Moderne Mediziner betrachten Fleischbrühe nicht mehr als nahrhaft, doch sie ist äußerst schmackhaft, appetitanregend und leicht verdaulich. Alles Fett von 500 g Ober- oder Unterschale entfernen und in einer heißen, sehr, sehr leicht eingefetteten Pfanne oder unter dem Grill von einer Seite scharf anbraten. 2 Tassen kaltes Wasser darübergeben und 2 Stunden ruhen lassen. Im fest verschlossenen Topf in leise köchelndem Wasser weitere 2 Stunden garen. Abgießen und das Fleisch in einer Kartoffelpresse ausdrücken, so dass jeder Tropfen Saft extrahiert wird. Die Brühe leicht salzen und heiß – aber nicht kochend – oder eiskalt servieren. Auch einige zarte Stückchen Melbatoast wird der Rekonvaleszent dazu zu schätzen wissen.

Viel zu wenige Menschen denken daran, dass eine Kranke in ihrem kleinen Zimmer im Grunde eine Gastgeberin ist, so dass sie, sobald das *Kein Besuch*-Schild abgehängt ist, der Kranken etwas schicken oder bringen sollten, das sowohl sie als auch ihre Gäste genießen können. Dies ist der Moment, einen gut gereiften Früchtekuchen oder eine Backform voller Zimtschnecken oder auch winziger selbst gebackener Crullers aus dem Hut zu zaubern. Wenn das Stadium des Aufsetzens, Wahrnehmens und Nachfragens schon eine Weile hinter einem liegt, kann man das Herz der Kranken auch mit einer Schachtel Käseschnecken (S. 267) oder einer Flasche Champagner erfreuen, falls der Arzt es erlaubt. Eine Flasche guten Whiskys oder Sherrys ist ein ebenso schöner Stimmungsaufheller, vor allem wenn man ihn mit einem altmodischen Fingerhut (aus dem Kurzwarenladen) überreicht und einer falschen Verschreibung: *3 Mal täglich 1 Fingerhut, bis Besserung eintritt*. Männer lieben dieses Geschenk.

Sobald die Patientin wieder daheim und »auf den Beinen« ist, aber noch nicht hinaus darf, kommt die Zeit, wo Sie Ihren Geburtstagskuchen mit ihr teilen oder eine außergewöhnlich leckere Nachspeise oder auch ein Hauptgericht, das Ihnen besonders gut gelungen ist. Oder finden Sie heraus, ob man ihr strenge Diät verordnet hat, und bieten Sie an, eine ganze Mahlzeit – Mittag- oder Abendessen – für sie zu kochen. Schicken Sie es oder servieren Sie es ihr auf Ihrem schönsten Porzellan. Sowohl die Kranke als auch die Pflegerin werden sich in Ihrer Schuld fühlen, die eine, weil Sie ihr die Arbeit erleichtern, die andere für die Abwechslung, die – in Krankheit wie Gesundheit – die Würze des Lebens ist.

Falls Sie allerdings doch Blumen schicken, sehen Sie zu, ob Sie es nicht so arrangieren können, dass sich Ihr Geschenk bei Eintreffen des Patienten in der Klinik bereits in seinem Zimmer befindet. Ich weiß noch, dass das Sträußchen, das mich auf der ansonsten kahlen Kommode erwartete, mehr zur Beruhigung meiner flackernden Nerven beitrug als sämtliche aufwendigeren Gebinde, die ich später erhielt.

Der absolute Gipfel der Originalität war wohl der riesige Trauerkranz, den man meinem Schwiegervater präsentierte, als er nach sehr schwerer Operation wieder weitgehend über den Berg war. Angeblich eine vergessene Bestellung, auf deren scheußlich lavendelblauer Schleife in großen vergoldeten Buchstaben die Worte *Kein Kreuz, keine Harfe* prangten, schmückte das Ding (obwohl schmücken womöglich nicht der richtige Ausdruck ist) einen Fußpfosten seines hohen weißen Betts, bis er wieder genesen war. Sowohl der Schenkende als auch der Beschenkte, fand ich immer, hatten einen ziemlich schrägen Humor; die Grabgabe fand tatsächlich Gefallen.

Bringen Sie unserem Rekonvaleszenten statt einem so grässlichen Gegenstand lieber einige Ausgaben der neuesten Hochglanzmagazine, Modeneuheiten für die Dame und *Esquire* oder *Fortune* für den Herrn. Über einen Stoß 25-Cent-Kriminalromane werden sich beide Geschlechter freuen, und jeder Unglückliche, der sich auf einen längeren Belagerungszustand gefasst machen muss, wird sich unendlich über einen der altmodischen Almanache amüsieren können, die es an vielen Zeitungsständen auch heute noch gibt. Sie könnten ihm diese Gabe zusammen mit einer Mitteilung schicken, in der sie ihm eine kleine Wette darüber anbieten, ob die Wettervorhersagen während der Zeit, in der Ihr Freund quasi aus dem Verkehr gezogen ist, stimmen oder auch nicht, und sich dann ab und zu bei ihm melden, um zu sehen, wie Ihr Anteil am »Spieleinsatz« sich entwickelt. Ein echtes »krankenhausfremdes« Interesse.

Junge Leute werden von dicken Stößen ihrer Lieblingscomicbücher angetan sein, so grässlich sie uns Erwachsene auch anmuten, und ein Stapel Filmzeitschriften wird eine kranke Gymnasiastin mit Sicherheit begeistern, egal, wie ernst sie zu Zeiten ist, in denen sie sich bester Gesundheit erfreut. Ihre schicke Schwester wird sich stundenlang mit einer Schachtel voller künstlicher Fingernägel aus dem Drogeriemarkt und Probefläschchen der neuesten Nagellackfarben verlustieren können. Stecken Sie auch noch drei, vier kleine Lippenstifte in verschiedenen Farben dazu, und Sie haben ein wirklich glamouröses Geschenk für eine junge Dame.

Noch sehr kleine bettlägerige Patienten werden von einem Goldfisch in einer Schüssel hingerissen sein, aber die »Glasblase« könnte auch eine jener bemerkenswerten Babyschildkröten enthalten, die es in Tierhandlungen zu kaufen gibt; schicken sie Letztere aber nicht an ein Kind, das aufgrund einer ansteckenden Krankheit isoliert werden muss, denn lange laute Klageschreie zerrissen die Luft, als der geliebte Gefährte nach vollständiger Genesung des Patienten getötet werden musste. Die Jüngsten, Gott sei's gedankt, lieben es, viele kleine Gaben zu erhalten, und ein 1-Dollar-Geschenk von Woolworth's, einzeln eingewickelt und in einer Streichholzschachtel, gibt dem jungen Kranken viel, auf das er sich freuen kann. Beschriften Sie jede Schleife mit Stunde oder Tag, an dem sie gelöst werden darf (vielleicht nach Einnahme der Medizin), und die Dankbarkeit der Mutter oder der Krankenschwester wird grenzenlos sein. Falls der Arzt es erlaubt, kann ein Päckchen Zuckerstangen oder Lutscher denselben Zweck erfüllen.

Das beste Geschenk, das man einem kranken Freund machen kann, ist im Grunde genommen ein Stück von uns selbst. Zwei kurze beschwingte Besuche sind besser als ein langer ermüdender, und sogar die einsamste Leidende wird sich erheitert und beliebt fühlen, wenn Sie ihr schmeicheln, indem Sie sie vorher anrufen, um einen »Termin« mit ihr auszumachen. Wenn Sie es aber tun, so halten Sie ihre Verabredung ein, egal was passiert, denn Kranke nehmen sich – wie kleine Kinder – Enttäuschungen sehr zu

Herzen, und das Nichterscheinen eines erwarteten Freundes hat schon bei so manchem halb Genesenen einen Rückfall bewirkt. Die Stunden nach dem gewöhnlich furchtbar frühen Krankenhausabendessen sind eine gute Zeit, um vorbeizuschauen, denn ein solch später Besuch lindert das Heimweh, das am häufigsten einsetzt, wenn man sich für die Nacht bereit macht. Krankenhäuser, oder Krankenzimmer im Allgemeinen, sind auch im günstigsten Fall keine glücklichen Orte, und ein paar Lacher und vielleicht eine Runde Gin Rommé mit einem alten Freund verhilft einem eher zu entspannter Nachtruhe und einem heiteren Ausblick auf den nächsten Morgen als irgendwelche Pillen.

WEITERE VORSCHLÄGE FÜR KRANKENGESCHENKE

Essbares sollte in Einzelportionen (es sei denn, Sie kennen den Appetit des Genesenden) und stets hübsch verpackt und verziert sein.

- Fein aufgeschnittener Virginiaschinken (S. 200). Auf dem Päckchen ein winziges Porzellanschweinchen und eine Botschaft befestigen, z. B. *Grüße an dich von mir.*
- Ein kleines Brot oder Nussbrot oder eine Auflaufform mit Brötchen (S. 175, 186, 185).
- Tomatengelee (S. 205).
- Zwei leicht gewürzte gefüllte Eier (S. 96), in dekorativen Wachspapiermanschetten verpackt.
- Custard-Pie oder gebackener Custard (S. 153, 143). Der könnte von »Charlie Chaplin« kommen.
- Trifle (S. 142).
- Muschel-Bisque (S. 51).

- Eine Flasche Champagner und ein Döschen Kaviar, die man sich teilt. Wunderbar für den letzten Abend im Krankenhaus.
- Ein Glas Hähnchen-Curry (S. 221) und jede Menge kleine Päckchen mit Beilagen (die die Schärfe der Sauce etwas abmildern).
- Ein Minifläschchen Whisky, mit einer Bordüre aus frischer Minze und gerüschter Tortenspitze zu einem altmodischen Sträußchen gebunden. Das alkoholische Getränk durch Limonade ersetzen, wenn nötig.
- Kalbfleisch-Schinken-Pastete (S. 70) mit einem Union Jack auf dem Deckel.
- Und egal ob für Alt oder Jung: Eiscreme (S. 154).

  Die letzten paar Vorschläge sind für die seltenen Momente gedacht, in denen Sie sich hinsichtlich des Geschmacks und der Vorlieben des Kranken unsicher sind.
- Ein Buch über Patience und ein Kartenspiel.
- Eine stachlige Kaktuspflanze und eine daran befestigte Karte mit der Aufschrift »Ich setz mich hier drauf, bis es Dir wieder gut geht.«
- Eine Flasche Eau de Cologne oder eine Schachtel mit Lavendel- oder Fichtennadelseife.

Ein Ei für alle Notfälle

Im Speisezimmer unseres Lieblingsmotels in Neuengland steht ein Schild mit der rätselhaften Botschaft *Eier sowieso*, doch eigentlich war es Mary MacHugh, Gott segne ihr schottisches Herz, die mich jenes Urprinzip des Notfallregals lehrte. Die beiden Kinder waren inzwischen erwachsen, ich hatte eine Stelle gefunden, und Mary nahm uns und was mein konservativer Schwager (nicht umsonst, fürchte ich) unseren »Country Club« nannte für zwei herrliche Jahre unter ihre Fittiche. Dann hieß es: »Die Bein' mache nimme mit, Frau«, was auch kein Wunder war, und »wie das so geht mit guten Köchinnen«, sie ging.

Wo immer Mary inzwischen auch sein mag, meine dankbaren Gebete folgten ihr, als mein Mann während des Krieges als Schiffsbauinspektor für die Marine tätig war. Jeden Morgen in aller Frühe begab er sich auf eine Werft. Wenigstens einmal die Woche kam ein Kombi in all seiner schlachtschiffgrauen Herrlichkeit lange vor der üblichen Mittagspause unseren Feldweg heraufgefahren und spuckte vor unserer Haustür nicht nur den erwarteten Hausherrn, sondern auch noch zwei, drei nette – und hungrige – junge Leutnants zur See aus und oft auch den Kapitän, Erster Offizier des Wehrbereichs Marine, ein charmanter Mann und der erklärte Gourmet von Annapolis. Damals wanderten meine Gedanken zurück zu Mary und den friedlichen, längst vergangenen Zeiten, als ich einmal bei meiner nachmittäglichen Heimkehr aus dem Chaos auf dem Speisezimmertisch ablesen konnte, dass nicht nur mein studierender Sohn, sondern auch andere etwas zugesprochen hatten, das, wie ich annahm, ein karges Mahl gewesen war.

»Acht Junge wan's, Frau, und alle ausgehunget vom Ruden. Keine Sorche. Ich hab dem Haufe eefach Eier gegebe. Eier sin innem Haus mit Bube imme praktisch.« Und dieser letzte Satz, wobei »Bube« durch »unerwartete Gäste« zu ersetzen ist, sollte auf jedem Kühlschrank prangen, auf jeder Küchenwand stehen und von jeder potenziellen Gastgeberin auswendig gelernt werden.

Hart gekochte Eier sind vielleicht die besten Nothelfer überhaupt, und falls sie häufig unerwartete Gäste haben, wäre es keine schlechte Idee, ein halbes Dutzend oder so im Kühlschrank bereitzuhalten. Sie können fast jedes in Sauce servierte Gericht wie Hühnerfrikassee, kalten Braten oder auch Hackfleisch damit strecken, und sie sind auch für sich und in Scheiben geschnitten in einem Curry (S. 221) oder einer gut gewürzten weißen Sauce (S. 120) oder mit gehacktem Schnittlauch und Petersilie bestreut unübertrefflich. Der Salat für die Familie sieht ein wenig fröhlicher aus und reicht für mehr Personen, wenn zwei oder drei durch die Kartoffelpresse gedrückte Eier darübergestreut werden.

GEFÜLLTE EIER lassen jedes Gericht aus kaltem Fleisch- oder Wurstaufschnitt oder auch Salat festlicher wirken. Hart gekochte Eier halbieren, Dotter gründlich zerdrücken und mit etwas geriebener Zwiebel, Senfpulver, einem kleinen Schuss Worcestersauce, reichlich säuerlichem Essig und Salz und Pfeffer kräftig würzen. Diese Mischung in die leeren Eiweißhüllen häufen, mit etwas Paprika bestäuben – bitte schön, was wollen Sie mehr!

EIER CHIMAY, köstlich, allerdings kein Notfallessen, gehören quasi nur als eine Art Richtschnur hierher. Einfache gefüllte Eier (oben) ergeben eine schnelle Grundlage, und die Pilze können auch durch Streichwurst oder Kaviar ersetzt werden. 110 g Champignons waschen, aber nicht schälen, und fein hacken. Dann zusammen mit je 1 EL gehacktem Schnittlauch und Petersilie 5 Minuten bei mittlerer Hitze in 2 EL Butter sautieren. Salz und Pfeffer nach Geschmack hinzufügen. 6 hart gekochte Eier der Länge nach halbieren und die Dotter gründlich zerdrücken. Die Pilzmischung hinzufügen, alles abschmecken und auf die Eihälften häufen. Mit der Dotterseite nach oben in eine flache gefettete Backform setzen. Mit weißer Sauce (S. 120) übergießen, mit 2 EL geriebenem Parmesan und 2 TL Semmelbröseln bestreuen und einige Butterflöckchen daraufsetzen. Im auf 200°C vorgeheizten Ofen 15 Minuten backen.

Ein OMELETTE gehört zu den vollkommensten Lunchgerichten überhaupt, egal ob man es nun mit einem Notfall zu tun hat oder nicht. Meine Großmutter behauptete stets: »Nur eine Dame kann eines zubereiten«, doch während ich weiß, dass ich mich weit von ihrer Definition von Vornehmheit entfernt habe, funktioniert ihr altes Rezept bestehend aus 2 Eiern, ½ Eischale Milch oder Sahne, je 1 kräftigen Prise Salz, Pfeffer und Mehl pro Person nach wie vor. Die Dotter leicht verschlagen, Milch, Mehl und Gewürze hinzufügen, dann das leicht geschlagene Eiweiß unterziehen und gut vermengen.

Eine Eisenpfanne, heiß und den Boden mit einer schönen Schicht zerlassener Butter bedeckt, bereithalten, dann kippen, so dass sich das Fett auch über die Seiten verteilt. Das Omelette hineingeben, und sobald es zu stocken beginnt, Hitze herunterschalten. Gegarte Teile immer wieder mit einem Messer anheben, damit das rohe Ei darunterlaufen kann, und kurz bevor es gar ist, für wenig Minuten in den auf mittlere Hitze vorgeheizten Ofen schieben. Die Oberseite sollte gerade fest sein. Das Rollen des fertigen Omeletts ist ein Trick, den man leider nur mit Übung locker zuwege bringt, aber versuchen Sie, die Pfanne in der linken Hand zu halten, so dass sie fast senkrecht auf der heißen Servierplatte steht, und den oberen Teil des Omelettes mit einem Spatel oder Pfannkuchenwender umzuschlagen. Das Ergebnis sollte fast professionell wirken.

Das berühmte französische OMELETTE AUX FINES HERBES ist im Grunde das gleiche Rezept, bei dem außerdem etwa 1 EL fein gehackter Schnittlauch oder grüne Frühlingszwiebelenden sowie Petersilie, vielleicht auch einige Estragonblätter und 1 winzige Prise Thymian unter die Eier gemischt werden, und dass ein spanisches Omelette gegarte Tomaten enthält – Reste oder frische –, die mit gehackten Zwiebeln und einigen in Scheiben geschnittenen gefüllten grünen Oliven vermischt werden, die dann aus dem übergeschlagenen Omelette herauslugen, muss ich Ihnen hoffentlich nicht erklären. Auch gehackte grüne Paprikaschote kann man dafür verwenden. 1 Dose grüne Spargelspitzen oder grüne Bohnen schmecken gut, wenn man sie erhitzt und entweder ins einfache oder ins Kräuteromelette einrollt, und als Füllung probieren könnte man auch 1 kleine Tasse Hähnchen- oder Schinkenreste oder beides, die man durch die grobe Scheibe des Fleischwolfs dreht oder einfach nur fein hackt und mit reichlich weißer Sauce (S. 120) vermischt. Für eine Deluxe-Version roten oder schwarzen Kaviar unterziehen, das fertige Omelette mit Sauerrahm oder Crème fraîche krönen und als OMELETTE ROMANOFF ankündigen.

Und GELEE-OMELETTE als schnelles Dessert! Ein einfaches Omelette (oben) zubereiten, doch knausern Sie mit dem Salz, und keinen Pfeffer, bitte! Mit der Gabel ein Glas säuerlichen Johannisbeer- oder Traubengelee verrühren und als Füllung verwenden, die Oberseite mit reichlich grobem Zucker bestreuen und das Ganze für 1 Minute in den heißen Ofen schieben, damit der Gelee zu zerlaufen beginnt. Falls gewünscht, einige TL Rum oder Weinbrand über die Omelettes gießen und brennend servieren. Auch mit Pfirsich- oder Aprikosenmarmelade schmecken sie vorzüglich.

Falls Sie LUFTIG-LOCKERE OMELETTES mögen – und ein paar wenige Eier reichen, auf die folgende Weise gegart, ziemlich weit –, sollte man nur 1 oder vielleicht 1½ Eier pro Person veranschlagen. Die Eiweiße mit 1 Prise Salz zu steifem, trockenem Schnee schlagen, dann die verschlagenen Dotter darübergießen und vorsichtig unterheben. Nun kommt das Ganze in eine gebutterte Pfanne, und sobald die Masse unten gerade zu stocken beginnt, alles für etwa 15 Minuten in den heißen Ofen stellen. Die beste Garnitur dazu ist brauner, knuspriger Speck, und man muss die Pfanne sofort servieren. Tatsächlich mag es kein Omelette, wenn man es zu lange warten lässt.

KÄSESOUFFLÉ. 1½ Tassen geriebenen würzigen Käse in 2 Tassen weißer Sauce zerschmelzen lassen. ½ TL Salz und einige Körnchen Cayennepfeffer hinzufügen. Abkühlen lassen und unter 4 Eigelbe schlagen. Alles dies kann auch im Voraus erledigt werden. Sobald der Ofen bereit ist, 4 steif geschlagene Eiweiß unterheben und in eine gefettete Backform gießen. In eine flache, teilweise mit Wasser gefüllte Backform stellen und bei 160 oder 175°C 1 Stunde lang backen. Gut darin schmecken auch 2 EL gegarter, gehackter Speck.

POCHIERTE EIER sind nicht nur Krankenkost, wie so viele Menschen zu glauben scheinen, sondern auch ein schönes Mittagessen. Das Wasser muss kochen und so hoch stehen, dass es die Eier um etwa 2,5 cm überragt. Pro Liter Wasser 1 EL Essig und dieselbe Menge an Salz hinzufügen, die Eier ohne Schale behutsam hineingleiten lassen, Deckel auflegen und 5 Minuten lang bei sehr schwacher Hitze ziehen lassen. Nachdem ich einige der Eier – den meist flachen Eierwender umsonst verfluchend – auf den Küchenfußboden hatte fallen lassen, machte ich die Entdeckung, dass das geeignetste Utensil, um sie aus ihrem heißen Bad zu holen, ein großer Rührlöffel mit Loch ist. Halten Sie sämtliche Garnituren für die Eier parat, ehe Sie mit dem Pochieren beginnen. Die Eier werden mit einer fertigen Tomatensauce und etwas Speck oder gebratenem Schinken auf Toast serviert. Man kann sie auch auf Spinatreste setzen und mit einer weißen Sauce (S. 120) mit reichlich würzigem Käse darin übergießen, oder aber man lässt den Käse im Ofen auf dem Toast schmelzen und gibt anschließend das Ei und Tomatensauce darüber. Wird ein aufwendigeres Gericht gewünscht, sollte man eine dicke geschmorte Tomatenscheibe auf getoasteter English-Muffin-Hälfte probieren, gekrönt von einem pochierten Ei und garniert mit Käsesauce und Speck.

An die guten alten verlässlichen EIER BENEDICT – die aus einem getoasteten englischen Muffin und einer Scheibe Virginiaschinken, gekrönt mit einem pochierten Ei und holländischer Sauce (S. 125) bestehen – muss ich Sie hoffentlich nicht erinnern. Meine erste Bekanntschaft mit ihnen habe ich in Philadelphias berühmtem altem Restaurant L'Aiglon gemacht, und obwohl ich das unkomplizierte Rezept seit langem beherrsche, bleibt es meiner Meinung nach ein absolut glamouröses Gericht.

Apropos VIRGINIASCHINKEN – der ist die ideale Notverpflegung schlechthin. Zunächst einmal wirklich teuer, ich gebe es zu, aber auch etwas, an das man sich anlehnen kann. Mein letzter kostete 6$, reichte bei einem Abendbuffet für 8 Personen und war danach im Kühlschrank noch fast drei Monate lang verlässliche Zutat für Imbisse, Salate, Sandwiches und herrlich zum Absäbeln zwischendurch. Sich einen 4,5–7 kg schweren Schinken besorgen. Die größeren tendieren dazu, zu fett und schwer handhabbar zu sein, obwohl man sie halbieren kann, während ein kleinerer in der Regel zu viele

Knochen enthält, um wirklich preiswert zu sein. Den Schinken vor dem Zubereiten zunächst aus seinem Baumwollbeutel und Papier schälen (falls Sie ihn so gekauft haben), dann das ganze Ding mit der kräftigsten Gemüsebürste, die Sie besitzen, in einer Spülschüssel oder dem mit Wasser gefüllten Spülbecken gründlich abschrubben. Wirkt er besonders alt und schimmlig – ein gutes Zeichen –, die ganze Prozedur noch einmal mit frischem Wasser wiederholen. Nun den Topf, in dem Sie ihn kochen wollen, mit Wasser füllen, und sollten Sie keinen regelrechten Schinkenkochtopf besitzen, verzweifeln Sie nicht – ein alter Waschkessel oder ein großer Dampfkochtopf tun es auch. Weichen Sie Ihren Schatz mindestens 12 Stunden lang ein, oder, wenn Sie eine echte Antiquität erwischt haben, sogar 24 Stunden, allerdings mit einem Wasserwechsel. Ich selber konnte nie erkennen, ob die Haut des Schinkens sich nun unten oder oben befindet, obwohl Experten behaupten, sie müsse »oben« sein. Nach dem Einweichen den großen Kochtopf erneut füllen, den Schinken hineinlegen, darauf achten, dass er gut mit Wasser bedeckt ist, und bei schwacher Hitze zum Köcheln bringen – falls Sie einen Dampfkochtopf verwenden, den Deckel einen Spalt weit offen stehen lassen. Pro halbes Kilo Schinken etwa 30 Minuten Garzeit veranschlagen und darauf achten, dass er mit Wasser bedeckt bleibt. Er ist gar, sobald er sich mit einer Gabel leicht einstechen lässt und der Knochen im Fleisch sich ein wenig gelockert hat. Den Schinken im Garwasser abkühlen lassen, dann behutsam herausheben und vorsichtig die Haut abschälen. Mit der Fettseite nach oben in eine Backform legen und das Fett in 2,5 cm Abstand gitterförmig einschnei-

den. 1 Tasse braunen Zucker mit 2 EL englischem Senf vermischen und den Schinken damit glasieren. Vor allem in die Einschnitte streichen. Jetzt 1 ganze Gewürznelke in die Mitte jedes Gitterquadrats stecken und den Schinken 30 Minuten in dem auf 175°C vorgeheizten Ofen backen und währenddessen hin und wieder mit seiner Garflüssigkeit, Apfelwein oder Sherry bepinseln. Sobald er braun und glasiert ist, abkühlen lassen, dann zum Kühlen in den Kühlschrank stellen. Hernach sollten Sie sich ihm nur noch respektvoll mit ihrem schärfsten Tranchiermesser nähern und zusehen, wie die zarten rosa Scheiben vom Messer fallen.

Auch jeder Landräucherschinken schätzt eine solche Behandlung – vergessen Sie aber bitte nie, dass der Ort zum Lagern Ihres ungekochten Räucherschinkens der Keller ist und nicht der Kühlschrank.

Der zweite billige Helfer, den man für schnell zubereitete Mahlzeiten im Kühlschrank haben sollte, sind – so öde es auch klingen mag – kalte, gekochte Kartoffeln, denn die damit möglichen Variationen sind beinahe genauso endlos wie die bei Eiern. Hashed Brown Potatoes [gewürfelte Bratkartoffeln] fallen mir als Erste ein, wahrscheinlich, weil ich die meisten meiner Kindheitssommer an der Küste New Jerseys verbrachte und ein Teller knuspriger Kartoffeln mich stets an unzählige Angelpicknicks erinnert, so dass ich den Rauch des Treibholzes geradezu riechen kann und die Sonne im Meer untergehen sehe. Die Gesellschaft bestand in der Regel aus drei, vier jungen Sportsleuten und uns glücklichen – wie wir fanden – Mädels ihrer Wahl, und schon früh und eifrig begannen wir mit dem Planen und Besorgen unserer Vorräte für unsere Izaak Waltons[24]. Als Erstes gab es für jeden zwei gefüllte Eier, zubereitet, wie

24 A. d. Ü.: Izaak Walton, engl. Biograph und begeisterter Angler, bekannt durch sein Buch *Der vollkommene Angler oder eines nachdenklichen Mannes Erholung* (1859)

oben beschrieben, wobei jede Hälfte behutsam auf ihr Gegenstück geklappt und das Ganze in Wachspapier verpackt wurde. Dann etwa ein 1-Liter-Glas ganze geschälte reife Tomaten sowie ein kleineres mit scharfem French Dressing, in dem Zwiebelringe und gehackter Sellerie schwammen, und vielleicht noch ein gewaschener, kalter und sorgfältig verpackter Kopfsalat. Eine der Hausfrauen in spe backte dann noch einen Kuchen, denn damals glaubten die Mädchen, sie könnten ihre Verehrer mit kulinarischen Fähigkeiten beeindrucken. Dazu eine große Papiertüte kalte gekochte Kartoffeln und ein, zwei Pfund aufgeschnittenen Schinken, und wir waren – begleitet vom Geklapper der Pfannen, Teller, Tassen, Bestecke und einer Kaffeekanne – bereit zum Aufbruch. Eine Kanu- oder Segelbootfahrt zum Strand, dann schickten die Jungs sich an, ein Feuer aufzuschichten, und verschwanden mit ihren Angelruten, während wir uns auf – wie wir fanden – wahrhaft häusliche Weise betätigend auf ihre Rückkehr vorbereiteten. Kaffee und Wasser wurde abgemessen und im großen Topf beiseitegestellt. Die Tomaten und das Dressing wurden an eine schattige kühle Stelle gebracht, Brot geschnitten und mit Butter bestrichen, und dann begannen wir, die Kartoffeln zu schälen und zu würfeln. Kurz bevor wir die Rückkehr unserer Fischer erwarteten, begannen wir in der Dämmerung mit dem Braten des Specks und ließen die braunen Streifen dann auf Papier abtropfen. Ein Teil des Fetts wurde für den Fisch aufgehoben, der bei den Jungs offenbar immer anbiss; in das etwa 1 cm hoch stehende, übrige Fett kamen die gewürfelten Kartoffeln sowie etwas gehackte Zwiebel und jede Menge Salz und Pfeffer. Die ganze Masse wurde dann schön in die heiße Pfanne gedrückt und auf eine »mittelstarke« Stelle des Feuers geschoben, wo wir sie eine halbe Stunde stehen ließen. War die Angelei ungewöhnlich gut gelaufen, so dass wir kein zusätzliches Fleisch brauchten, wurde der Speck unmittelbar vor dem Servieren über die Kartoffeln gekrümelt, ansonsten legten wir ihn zwischen unsere gebutterten Brotscheiben. Wie gut doch die eiskalten Tomaten mit ihrem würzigen Dressing zum gegrillten frischen Fisch schmeckten, den wir mit ausgelassenem Speckfett bepinselten, und wie wir uns um das letzte braune Kartoffelstückchen stritten, ehe wir die Pfanne zum Wasser brachten, um sie mit Sand und Meerwasser zu schrubben! Dann gab es große Tassen starken schwarzen Kaffees und ein riesiges Stück Kuchen, die Sonne ging langsam unter, jemand stocherte im Feuer und eine junge Stimme begann zu singen »Be My Little Baby Bumble Bee« oder vielleicht einen neueren Song wie »By the Beautiful Sea«. Ist es da ein Wunder, dass ich HASHED BROWN POTATOES liebe? Aber auch wenn Sie nicht dieselben Erinnerungen haben, probieren Sie einmal, Hashed Browns auf die gleiche Weise auf einem gewöhnlichen Herd zuzubereiten. Die gekochten Kartoffeln müssen kalt sein und trocken, das Speckfett und die Pfanne heiß. Für den Verzehr zu Hause sind ein paar gehackte Zwiebelenden oder Schnittlauch besser als die herzhafteren Zwiebelringe, und mit ein wenig gehackter Petersilie bestreut werden die Kartoffeln noch feiner. Die fertige Speise, mit ein paar unserer verlässlichen verlorenen Eier obendrauf und sich ringelnden Speckstreifen ringsherum ist ein Ein-Pfannen-Gericht, von dem vor allem Männer begeistert sein werden. Tomatenscheiben in scharfem Dressing, genau wie dem vom Picknick, heißen Kaffee, Schokoladenkuchen (eine gute Backmischung), den man nach der Hälfte der Backzeit mit Marshmallows belegt, Obst – und wie lang haben Sie letztendlich dafür gebraucht? Einschließlich Tischdecken nicht länger als eine halbe Stunde.

Aber mit den kalten gekochten Kartoffeln sind Sie nach der Verarbeitung zu Hashed Browns noch lange nicht fertig, wahrhaftig nicht. Schneiden Sie sie in dicke Scheiben und braten Sie in etwas Speck- oder Hähnchenfett sogenannte COUNTRY FRIES [Bratkartoffeln in Scheiben], die man vor dem Servieren mit gehackter Petersilie und Salz bestreut.

Für KARTOFFEL-GRATIN werden die Kartoffeln gewürfelt, mit ¼ ihrer Menge an geriebenem Käse vermischt, in eine gründlich gebutterte Kasserolle gegeben, mit weißer Sauce bedeckt, mit Butterflöckchen besetzt, mit Semmelbröseln bestreut und dann 20 Minuten bei 190°C gebacken; oder – damit es ein wenig schneller geht – einfach mit oder ohne Käse in der Sauce im Wasserbadtopf erhitzt. Bei MAKKARONI-GRATIN genauso verfahren.

Vergessen Sie auch nicht das Rezept für Kartoffelsalat (S. 132), und falls Sie weder Mayonnaise noch gekochtes Dressing vorrätig noch Zeit haben, das eine oder andere zuzubereiten: Viele Leute mögen ihn genauso gerne mit French Dressing, und jeder Gourmet würde es der abgefüllten »Wagenschmiere«, die sich auf den meisten Lebensmittelregalen als Salatdressing ausgibt, sowieso vorziehen. Mir ist es zwar gelungen, Letztere durch Zugabe von Essig, Zitronensaft, Selleriesalz, Cayennepfeffer und etwas Senf fast wie eine selbst gemachte schmecken zu lassen, doch das ist eine undankbare Arbeit und dauert fast genauso lange, wie selbst ein gutes Dressing zu mischen.

Mit Gelatine lässt sich in kaum mehr als einer halben Stunde TOMATENGELEE herstellen, falls man diesen in Einzelförmchen gießt und in den kältesten Teil des Kühlschranks stellt. Die Hälfte der Menge der auf der Gelatinepackung verlangten Flüssigkeit (Tomatensaft) zum Kochen bringen, mit Salz, Pfeffer und eventuell Brühwürfel würzen und die Gelatine gründlich darin auflösen. Die kalte Hälfte des Safts hinzufügen, gut umrühren, in die Formen gießen und rasch in den Kühlschrank stellen. Eleganter wird das Ganze, wenn man eines der stets handlichen hart gekochten Eier halbiert und in die Form legt, ehe man den Gelee darübergießt – und falls Ihre Speisekammer darüber hinaus noch ein Glas Artischockenherzen hergäbe, würde sich das im Gelee sogar noch besser machen, wobei man dann beim Servieren ein halbes gefülltes Ei – sind sie nicht wunderbar – daneben setzt. Auch eine Dose Sardellen, gerollt oder in langen Stücken, kostet Sie nicht viel, und sie sind schön in Salaten oder als Garnitur auf Eiern jeglicher Zubereitungsart.

Wenn Sie einmal keine kalten gekochten Kartoffeln im Kühlschrank haben, aber eine rasche Gemüsebeilage benötigen, so versuchen Sie es doch mit gekochten BANDNUDELN, die Sie mit einem großzügigen Stück Butter und etwas geriebenem Käse und Semmelbröseln bestreut in eine Schüssel geben. Sind weder Nudeln noch gekochte Kartoffeln zur Hand, machen Sie sich trotzdem keine Gedanken, sondern schneiden Sie zwei, drei Tassen rohe Kartoffeln in kleine Würfel, bestäuben Sie sie mit Mehl, je 1 EL pro Tasse, fügen Sie ein paar Butterstücke hinzu und geben dann alles in eine flache Pfanne (wieder mal das gute alte Gusseisenmodell), wo sie mit Sahne bedeckt behutsam 10 Minuten geköchelt werden, dann mit Salz und Pfeffer gewürzt, den stets nützlichen gehackten Kräutern Schnittlauch oder Petersilie bestreut, falls gerade zur Hand, und man hat AUF DEM HERD ÜBERBACKENE KARTOFFELN.

Das Abendessen, ich gebe es zu, ist etwas schwieriger »zu zaubern« als das einfachere Mittagessen, und falls Sie abends oft unerwartet Gäste bekommen, ist es am nervenschonendsten, wenn Sie ein, zwei Menüs haben, die mithilfe der Vorräte aus Ihrer Speisekammer zubereitet werden können. Eine Freundin von mir nennt Rindfleisch in Sahnesauce – wobei das Fleisch aus dem Glas kommt und in der Sauce Kondensmilch verwendet wird –, Waffeln aus einer Brötchenmischung, grüne Bohnen aus der Dose und warmen Pfefferkuchen aus einer Backmischung ein »Spitzenessen«, und ein sehr gutes und sättigendes Mahl ist es allemal. Zwei Dosen Hühnerfrikassee, mit Sherry abgeschmeckt, würden sicherlich raffinierter wirken, allerdings auch mehr kosten. Und Frühstücksfleisch aus der Dose, das man ganz lässt, mit der Virginiaschinkenmischung (S. 200) aus braunem Zucker und Senf glasiert, mit Gewürznelken gespickt und 15 Minuten erhitzt, wäre eine weitere Idee, die man im Hinterkopf behalten sollte. Dazu serviert man süßsaure Sauce (S. 124) und gebackenes Süßkartoffelpüree aus der Dose. Süßkartoffeln mit etwas Butter und einigen Tropfen Sherry aufschlagen, gründlich würzen und mit ein paar Walnusshälften besetzen, ehe man sie in den Ofen schiebt. Als Beilage Tomaten aus der Dose mit etwas fein geriebener Zwiebel einkochen.

Die Erfindung der Tiefkühlschränke und neuen Kühlschränke mit Gefrierfächern ist für die Gastgeberin, die häufig unerwarteten Besuch bewirtet, ein echter Segen, und wir beginnen ja gerade erst, ihre Möglichkeiten auszuschöpfen. Ein Tiefkühlhähnchen oder zwei, ein Päckchen Mais, ein zweites mit kleinen grünen Limabohnen, die allgegenwärtigen Kartoffeln, mit Butter und Petersilie oder frittiert, und zum Nachtisch 1 Kilo Eiscreme direkt aus ihrem kühlen Versteck mit einer Erdbeersauce aus demselben Fach – ein perfektes Menü, das sich auf unglaublich engem Raum verstauen lässt.

Ein guter erster Gang für Abend- oder Mittagessen – in Notfällen aber auch sonst – sind ANTIPASTI, wie die Italiener sie servieren. Übrigens sind sie auch eine großartige Art, kleine Mengen von gegarten Gemüseresten aufzubrauchen. Für jede Portion einige Kopfsalatblätter auf einen Ihrer schönsten Salatteller legen, dann eine Tomatenscheibe, ein halbes hart gekochtes Ei (schon wieder), gekochte Möhren oder auch ein, zwei rohe Scheibchen folgen lassen. Das Gleiche gilt für Blumenkohl, eine Selleriestange, ein, zwei Sardellen oder Sardinen oder auch ein Stück Thunfisch oder Lachs, eine Scheibe Mortadella, Schinken oder Salami, Frühlingszwiebel, Frisée – jede einzelne Zutat oder auch alle zusammen kann man auf den grünen Blättern anrichten. Weinessig und eine kleine Karaffe Olivenöl dazu reichen. Das schmeckt nicht nur köstlich, sondern verleiht auch dem faden Essen, das möglicherweise darauf folgt, mehr Pep.

Ein junges Ehepaar aus meiner Bekanntschaft verwendet einen Abend die Woche darauf, »den Kühlschrank auszuräumen«, und sitzt dann, umgeben von kleinen Gerichten, die wie die Bewirtung in einem Landhotel vergangener Tage wirkt, glücklich bei Tische. Am besten man reiht dazu die Reste der letzten paar Mahlzeiten vor sich auf und lässt seinen Kopf ein wenig arbeiten. Eines unserer Lieblingsgerichte entstand aus einem derartigen Experiment und begann mit einem halben gebratenen panierten Kalbskotelett, ein paar Scheiben gebratener Aubergine, einem Schälchen grüner Bohnen und einer großen Schüssel gedämpfter Tomaten, die wir in unserem Kühlschrank vorfanden. Ich schnitt Kotelett und Aubergine in feine Streifen, legte sie in eine Auflaufform auf eine Tasse Zwiebelringe, die ich vorher in etwas heißer Butter angeschwitzt hatte, goss die gedämpften Tomaten darüber und buk dies bei 190°C 45 Minuten lang, wobei ich kurz vor Ende der Backzeit noch die grünen Bohnen in einem Kreis über Fleisch und Tomaten verteilte. Das Resultat war so schmackhaft, dass wir es KALBFLEISCH À LA MAMA tauften und es heute einer unserer Standards geworden ist. Das Gericht schmeckt genauso köstlich mit Brathähnchenresten, und gekochte Erbsen oder Spargelspitzen eignen sich als Zutaten ebenso wie die ursprünglichen grünen Bohnen. Das vollständige Rezept finden Sie auf S. 67.

Sogar meine Phantasie war kurzzeitig überfordert, als sich eines Sonntagspätnachmittags sechs unerwartete Gäste zum Abendessen einfanden. Eigentlich hatten wir nach einem ausgiebigen Familienmittagessen bescheiden zu zweit zu Abend speisen wollen, und ich hatte mir diesbezüglich keine großen Gedanken gemacht, außer dass ich mir sicher war, für zwei Sandwiches würde der Käse reichen, und ein Beefsteak-Rest und ein halber Kuchen waren ebenfalls da. Alles, was ich ansonsten noch auftreiben konnte, waren ein Kopfsalat, eine (zum Glück) große Grapefruit, zwei Orangen, eine halbe Zwiebel, ein

Liter Milch und unsere sechs Frühstückseier. Eine hektische Suche förderte dann noch eine Büchse Sardinen zutage, die sich auf dem Regal mit meinen selbst eingemachten Pickles und Gelees versteckte.

Oft frage ich mich, warum nicht eine der zahlreichen Frauenzeitschriften einen Notfall-Wettbewerb für Köchinnen ausschreibt, um festzustellen, was man aus einem Minimum an Vorräten so zubereiten kann. Veranstalten wir also unseren eigenen Wettbewerb; überlegen Sie sich doch mal, ehe Sie jetzt weiterlesen, was *Sie* acht Personen servieren würde, wenn Ihnen nichts anderes als obige Zutaten zur Verfügung stünde. Gestatten Sie sich dabei Grundnahrungsmittel wie Mehl und Kaffee und legen Sie los.

Dies ist die Mahlzeit, die ich mir schließlich einfallen ließ. Eine Platte, die ich an eines der Tischenden platzierte, wurde mit den äußeren Blättern des Kopfsalats ausgelegt und zur Hälfte mit hauchdünnen Scheiben kalten Beefsteaks bedeckt, während die andere Hälfte mit Zitronenscheiben garnierte Sardinen einnahmen. Meine größte Auflaufform quoll förmlich über von einem Käsesoufflé, das mehr aus Milch, Eiern und Mehl als aus Käse bestand, was jedoch niemand zu bemerken schien, und in einer ebenso großen Holzschüssel türmte sich der Kopfsalat, jedes Blatt sorgfältig zerzupft und zerteilt und in der Mitte ein Muster aus Grapefruit und Orangenspalten, das nach sehr viel mehr aussah, als es wirklich war. Heiße Drop Biscuits, Schälchen mit Gelee und meinen eigenen Pickles und eine große Kanne Kaffee standen ebenfalls bereit, und bis die Gäste schließlich beim Kuchen anlangten, den wir fast mit dem Lineal teilen mussten, waren sie schon so voll von all dem, was zumindest den Anschein einer gewaltigen Mahlzeit gemacht hatte, dass uns das winzige Stückchen reichlich vorkam.

Dieser hektische Abend lehrte mich eine Lektion, die ich nie wieder vergessen sollte, und seither wurde dies zu meinem System, und zwar zu einem erfolgreichen, wie ich stets gefunden habe. Planen Sie ein oder zwei einfache gute Mahlzeiten für unerwartete Gäste und versuchen Sie, die Zutaten stets vorrätig zu halten, entweder im Kühlschrank oder in der Speisekammer. Das ist nämlich viel besser als ein Durcheinander teurer Beilagen und Zutaten, die Ihnen Schränke und Regale verstopfen. Sobald ein Artikel verbraucht ist, sollte man ihn sofort wieder ersetzen. Kaufen Sie so viel an ausgefallenen Lebensmitteln, wie Ihnen Ihre Phantasie und Ihr Geldbeutel erlauben, doch achten Sie darauf, dass auch alles zusammenpasst. Für den Preis einer großen Dose Kaviar oder importierter Pâté de foie gras können Sie Ihre Speisekammer mit allen Dosentomaten und -bohnen, Frühstücksfleischkonserven oder auch Tiefkühlhähnchen ausstatten, die Sie brauchen, und es reicht sogar noch für ein, zwei Gläser Sardellen oder Artischockenherzen obendrein.

Versuchen Sie aber vor allem – ob Notvorrat und Geldbeutel es Ihnen nun gestatten, Ihr Mahl mit Kaviar zu eröffnen, um zu altenglischem Fasanenhuhn aus der Dose weiterzuschreiten, oder ob Sie sich wie die meisten von uns mit einem raschen Blick in den Kühlschrank vergewissern, was Sie zu Ihren Eiern *noch* anbieten können –, jenen völlig unerwarteten Gästen nicht das Gefühl zu geben, dass ihr jähes Erscheinen Sie in Verlegenheit stürzt. Die meiste Zeit sind *die* ja selbst ein wenig verlegen. Bleiben Sie also gelassen, denn wenn sich sowohl Gäste als auch Gastgeberin unbehaglich fühlen, sorgt das kaum für Vergnügen, während ein rings um die Tafel herrschendes Gefühl von »Ach, ist das eine tolle Überraschung« jede Mahlzeit gut beginnen lässt.

Minimale Notfallliste

Im Kühlschrank

- Eier, frisch und hart gekocht
- Gekochte Kartoffeln
- 225 g Speck
- Tiefkühlhähnchen
- Tiefkühlmais
- Tiefkühllimabohnen
- Eiscreme

(Falls Ihr Kühlschrank ein entsprechendes Fach besitzt.)

In der Speisekammer

- Grüne Bohnen und/oder Spargel aus der Dose
- Tomaten (Dose)
- Süßkartoffeln (Dose)
- Frühstücksfleisch
- Streichwurst
- Schokoladenkuchen-Backmischung
- Kondensmilch
- Geriebener Käse
- Gelees
- Pickles
- Obstkonserven
- Lieblingsdosensuppen

Extras

- Sardellen, ganz und als Paste
- Artischockenherzen
- Tomatensauce
- Tomatensaft
- Gelatine
- Sardinen
- Würziger Käse
- und, schhhh, vielleicht ein Döschen Kaviar

Peinfreie Partys und mühelose Menüs

Für eine Gastgeberin, die an ihrem Herd daheim ist, bringen geladene Gäste und deren Bewirtung nicht nur den Reiz einer erstklassigen Parade mit sich, sondern auch eine Würdigung des pennsylvania-deutschen Hausfrauenmottos »Schwierig, für weniger als zehn zu kochen, nicht wahr?«, denn die besten Partymenüs sind im Grunde nur die Lieblingsgerichte der Familie, deren Mengen einfach verdoppelt oder verdreifacht werden. Gewiss, wenn Ihre Alltagsküche nicht gut ist, wird auch das, was Sie Ihren unglücklichen Gästen vorsetzen, nicht wert sein, genossen zu werden; die entspannte Stimmung aber, die sich nach einer üppigen Platte irgendeines preisgünstigen, jedoch köstlichen Schnellgerichts breitmacht, ist allemal besser als die Nervosität, die zu oft eine zu knapp bemessene und teure Novität begleitet, die eigentlich zunächst mal an einem geduldigen Ehemann hätte ausprobiert und dann genau hätte aufgeschrieben werden sollen.

Diese unkomplizierten Standards der Gastfreundschaft erlebten bisher nur eine einzige Kritik, der ich mich entsinnen kann. Und diese – von einer angeblich treuen Freundin stammend, die sagte: »Selbstverständlich bist du die Einzige, die ich kenne, der man solches Partyessen nachsieht« – kann man getrost vernachlässigen, denn ihr Mann hatte eben eine dritte riesige Portion von den Baked Beans genommen, nachdem er sich vorher eine gewaltige zweite von dem kalten Hackbraten und Salat genehmigt hatte und mittlerweile becherweise den Kaffee inhalierte und die letzten Doughnuts nicht aus den Augen ließ. Offensichtlich amüsierte er sich prächtig – ehe er wieder in ein überwältigend luxuriöses Heim, zu einer reizbaren Köchin und uninspirierten Mahlzeiten zurückkehrte.

Buffets sind die vergnüglichste Art und Weise, um in einem einfachen Haushalt Gäste zu bewirten, und falls Sie sich eine Hilfskraft leisten können, so engagieren Sie eine verlässliche Tellerwäscherin. Ansonsten das Geschirr rasch abspülen und ordentlich stapeln und sich fröhlich auf frühes Aufstehen und Aufräumen am nächsten Morgen gefasst machen, denn so hilfsbereit Ihre Gäste womöglich auch sind, in Küche oder Speisekammer haben sie nichts verloren, weder vor noch nach dem Fest. Decken Sie den Tisch, kochen Sie schon so weit wie möglich im Voraus und halten Sie zwecks leichterer Bewirtung zwei Schüsseln von jedem Gericht bereit, falls mehr als acht Personen zu verköstigen sind. Packen Sie ohne Bedauern ihr edles Porzellan und die großen Spitzentischtücher weg. Stöbern Sie ein paar zusätzliche Spieltische auf, an denen Ihre Gäste in Ruhe essen können, nachdem sie ihre Teller gefüllt haben, und kaufen oder nähen Sie fröhliche Baumwolldecken und -servietten, die Ihnen der Mann von der Wäscherei unversehrt zurückbringen kann. Kaufen Sie zwei, drei Dutzend billige Steingutteller – Versandhäuser führen da manchmal ganz entzückende Designs – und stöbern Sie regelmäßig in Secondhandläden nach altem Porzellan oder Gläsern, um Ihrer

Tafel Individualität zu verleihen. Sie müssen vielleicht beharrlich sein und öfters hingehen, um das Gesuchte zu finden, oh, aber welch ein Erfolg, wenn Sie endlich genau *die* Saucen- oder Kompottschüsseln aufgetan haben, die Sie wollten! Frequentieren Sie *Ye Olde Antique Shoppe*, falls es Ihr Geldbeutel erlaubt. Aber warum auf den Nervenkitzel der Jagd verzichten, wenn das, was Sie dabei sparen, für große und kleine Holzschüsseln und bunte Trinkgläser im Billigkaufhaus reicht und sogar noch was übrig bleibt.

Meine eigene Lieblingseindeckung für ein Buffet besteht aus vier irdenen Suppenterrinen für die Hauptgerichte, großen braunen Steinguttellern, Mr Woolworth's großen und kleinen Holzschüsseln für den Salat und kirschroten Wassergläsern aus selbigem Warenhaus. Die henkellosen Kaffeetassen mit ihren tiefen Untertassen bestehen aus schlichtem bäuerlichem weißem Eisenstein, das Dessert wird auf kleinen pennsylvaniadeutschen Keramikkuchentellern in verschiedenen Mustern serviert, und falls Kuchen auf der Speisekarte steht, wird er höchstwahrscheinlich in der Tischmitte auf einer bemerkenswerten Milchglastortenplatte mit Fuß prangen. Einem echten Schatz aus dem Trödelladen, und was für ein *Conversation piece*. Dieses ganze wild zusammengewürfelte Service steht auf einer großen bunt gestreiften guatemaltekischen Hängematte, die mir jemand als Sofadecke mitbrachte, sieht unglaublich gut aus, wirkt ungewöhnlich und, noch besser, ist praktisch; das Beste von allem aber: Die ganze Ausstattung hat mich weniger als 10$ gekostet. Vielleicht jedoch breite ich statt der Hängematte auch ein altes rot-weißes Tuch über den Haupttisch, das ich in einem Bauernladen aufgetan habe, oder verwende eine uralte Puddingform aus Zinn oder eine witzige weiße Küchenschüssel voller Wiesenblumen als Hauptattraktion meiner Tafel. Die vier stämmigen Messingkerzenständer sehen zumindest auf den ersten Blick gleich aus, und das gründliche alljährliche Polieren, gefolgt von einer Lasur mit klarem Nagellack, sorgt für solchen Glanz, dass meinen Gästen gar nicht auffällt, wie verschieden sie tatsächlich sind.

Sorgen Sie bei Ihren Stehpartys für eine Fülle von Beilagen und Nebengerichten. Es mag ja etwas mit dem alten Gratis-Instinkt zu tun haben, aber die Leute scheinen es wirklich zu genießen, wählerisch sein zu dürfen. Aus diesem Grund ist Curry eines der besten Buffet-Gerichte, die es gibt, und ich habe noch nie jemanden erlebt, der sein exotisches Aroma nicht mochte. Mit Hähnchen zubereitet, ist ein Curry zwar teuer, aber man kann gekochtes Kalb- oder Schweinefleisch verwenden, um den Vogel zu strecken, und gekochte Shrimps sind genauso köstlich. Hart gekochte Curry-Eier, die für ein Lunch perfekt sind, scheinen mir für das Hauptgericht einer geplanten Mahlzeit nicht ausreichend, aber eine große Platte mit kaltem Hackbraten oder auch Aufschnitt mit Curry-Linsen am anderen Ende der Tafel ist ein schönes, sättigendes und preiswertes Essen, vor allem, falls Sie die berühmten Beilagen nicht vernachlässigen. Hier nun ein typisches Menü für ein Curry-Essen:

Hähnchen-Curry sowie eine separat gereichte Schüssel mit Reis. Diese irgendwie auf dem Tisch warm halten, oder nur jeweils so viel hereinbringen, dass es für eine Portion für alle reicht. Genug in Reserve behalten und darauf achten, dass die Schüsseln wieder aufgefüllt werden, bevor der erste Teller geleert ist. Ein Salat bestehend aus Kopfsalat, Tomaten, Radieschen, Gurkenwürfeln, gewürfeltem Sellerie und ein paar Stückchen trockenem Brot, das mit Knoblauch eingerieben wurde, alles mit eiskaltem French Dressing vermischt. Französisches und italienisches Brot, oben schräg eingeschnitten, gebuttert und im Ofen aufgewärmt, oder Körbe mit heißen Salzstangen und frischen Brötchen. Und nun zu den Beilagen. Alles Folgende ist geeignet. Geriebene Erdnüsse – die Erdnüsse durch die grobe Scheibe des Fleischwolfs drehen. Gehackte hart gekochte Eier. Limetten- oder Zitronenscheiben.

Gehackte Zwiebel. Gehackter Räucherschinken oder Speck. India Relish oder selbst eingewecktes grünes Tomaten-Pickle. Chutney (Major Grey's berühmte Marke ist das beste, aber auch unser eigenes ist gut) ist ein Muss. Rosinen. Geriebene frische Kokosnuss. Das kostet Mühe, lohnt sich aber, weil sie ganz anders schmeckt als die gekauften Kokosraspel. Die Kokosnuss so vorsichtig wie möglich mit einer Säge oder einem Beil öffnen – zitieren Sie Ihren Alleskönner herbei! –, die Nuss aus der Schale stämmen, braune Außenseite abkratzen und das weiße Kokosfleisch den Erdnüssen durch den Fleischwolf hinterherschicken. Schließlich noch Bombay Duck, die ihren Namen Lügen straft, da sich dahinter ein ziemlich intensiv riechender sonnengetrockneter Fisch (Bomalofisch) verbirgt, der in sicher versiegelten Dosen aus Indien eingeführt wird. Große dünne runde Cassava-Fladen, die die Hindus toasten und unter den Reis mischen, kommen ebenfalls von dort und verleihen eine besonders authentische Note. Man kann sie in jedem auf den Import ungewöhnlicher Pulver und Gewürze spezialisierten Laden kaufen. Als ich mich in einer berühmten philadelphischen Firma über das verhaltene Aroma ihres Currys beschwerte, beschied mir der damalige Chef – während er mich betrübt über das Stahlgestell seiner Brille musterte –, dass er es nicht schätze, wenn sein Mund schon nach dem ersten Bissen wie Feuer brenne, und dass er stets erst nach dem Servieren gerade so viel Nepalpfeffer (eine weitere Spezialität des Hauses) in sein Currygericht gebe, wie nötig sei. Er überreichte mir dann ein Glas ihrer speziellen Curry-Hausmarke und erklärte mir wohlwollend, wo ich eine schärfere Sorte erwerben könne. Welche Sorte Sie aber auch verwenden, fügen Sie stets nur wenig hinzu und lassen Sie die Würze ein wenig mitgaren, ehe Sie das Gericht kosten und weiteren Curry dazugeben. Jedes Gericht, das mit Curry oder gemahlenem Chili zubereitet wird, kann jäh eine schmerzhafte Schärfe annehmen, und wenn es auch leicht ist, einen zu milden Geschmack zu korrigieren – sobald Ihnen etwas einmal wirklich die Zunge verbrennt, lässt sich meist nichts mehr dagegen tun.

Ein gekühlter trockener Weißwein, mit Eis in Highball-Gläsern serviert, passt gut zu dieser intensiv gewürzten Mahlzeit, und danach wollen Sie höchstwahrscheinlich nur noch ein schlichtes Dessert. Vielleicht große Schwarzkirschen, frisch oder aus der Dose, mit einem Schuss Brandy, die man über ein Orangen- oder Zitroneneis gießt, oder einen gut gekühlten Obstsalat zu leichtem Biskuit.

Eine wichtige Hilfe, um das Bewirten möglichst schmerzfrei zu gestalten, besteht darin, dass Sie sich möglichst lange im Voraus eine komplette Liste Ihres geplanten Menüs aufschreiben. Und wenn ich komplett sage, dann meine ich das auch. Nicht nur Hähnchen, Reis, Salat, Dessert. Nehmen Sie ein großes Blatt Papier, das Sie in drei Spalten unterteilen. Das geplante Menü wird in eine Spalte notiert, alles im Haus Vorhandene und die zu tätigenden Einkäufe in die anderen beiden. So beispielsweise könnte die Liste für das vorgeschlagene Curry-Essen aussehen:

MENÜ	VORHANDEN	EINKAUFEN
Martinis	Wermut	Gin
Oliven	Oliven	225 g Roquefort
Käse-Pâté	Zitronen Schnittlauch	1 Frischkäse Sherry
Hähnchen-Curry	Zwiebeln	2 Suppenhühner, zus. 2,4–2,7 kg 1 Bund Sellerie 2 große Äpfel

Reis	Reis	–
Salat	Tomaten Essig	2 Kopfsalat 2 Bund Radieschen 1 Gurke Olivenöl
Baguette	Butter	2 Baguettestangen (oder Hefe für Brötchen)

Beilagen:

MENÜ	VORHANDEN	EINKAUFEN
India Relish	India Relish	–
Kokosnuss	–	1 Kokosnuss
Hart gekochte Eier	Eier	–
Chutney	Chutney Zwiebeln	–
Gehackter Schinken	–	225 g gehackter Schinken oder Speck
Gehackte Zwiebel	Zwiebeln	–
Erdnüsse	–	225 g gesalzene Erdnüsse
Limettenscheiben	–	½ Dutzend Limetten

Bombay Duck (Bomalofisch)	–	1 Dose Bombay Duck (Bomalofisch)
Obstsalat	Orangen	2 Grapefruit, 1 frische Ananas, 450 g belgische Weintrauben, 1 Schachtel frische oder tiefgefrorene Erdbeeren
Biskuitkuchen	alle Zutaten	–
Kaffee	Kaffee	–
Wein	–	1 kleiner Pfirsichlikör 2 Flaschen Wein
Mineralwasser	–	6 Flaschen Mineralwasser
Coca-Cola	Coca-Cola	–
Bier	–	1 Kasten Bier

Machen Sie Ihre Einkäufe mit der Liste in der Hand, und falls Sie einen bestimmten Artikel nicht bekommen können, streichen Sie den Originalartikel aus und schreiben Sie eine Alternative daneben. Sobald dies erledigt ist, das Menü vom Block reißen und in der Küche aufhängen, wo man es im Blick behält. All dies mag sich zwar nach Aufwand anhören, doch sobald man sich dieses Verfahren einmal angewöhnt hat, wird man sich nicht mehr über vergessene Vorspeisenplatten ärgern müssen, die man lange nach dem Verschwinden der Gäste im Kühlschrank entdeckt. Für über Nacht oder länger weilende Besucher sind solche niedergeschriebenen Menüs ebenfalls unschätzbar. Planen und kaufen Sie so weit wie möglich im Voraus ein, schreiben Sie alles auf, und Sie können sich jene unangenehme Frage »Was gebe ich ihnen bloß zum Mittagessen?« ersparen, die sich anderenfalls wie ein Schlag vor den Kopf einstellt, sobald das Frühstücksgeschirr weggeräumt ist.

Leute wiederum, die ausführliche Listen darüber führen, womit sie eine bestimmte Gruppe von Freunden zuletzt verköstigt haben, oder – gleichermaßen öde – sich gern die kulinarischen Vorlieben oder Abneigungen ihrer Gäste notieren … da sage ich bloß *pfui!* Jede Gastgeberin, die etwas taugt, sollte sich daran erinnern, was ihre Freunde nicht essen können oder wollen, und was jene Gerichte angeht, die sie wirklich mögen – zeigen Sie mir die Frau, oder vor allem den Mann, der bei Lieblingsspeisen nicht unendlich reinhauen kann und sich nicht auf Spezialitäten des Hauses immer freut, egal, wie oft sie bereits serviert worden sind.

Und nun zurück zu unserem HÄHNCHEN-CURRY. Für 12 Personen 2 zerlegte, gemeinsam 2,4–2,7 kg wiegende Suppenhühner mit kaltem Wasser bedecken. 2 geschälte gehackte Zwiebeln, ½ Tasse Sellerieblätter und einige Petersilienzweige hinzufügen. Köcheln lassen, wobei das Fleisch immer von Wasser bedeckt sein muss, bis es zart ist, was nur Sie beurteilen können, da es vom Alter und der Unschuld des Vogels abhängt. Nach 45 Minuten mit einer Gabel zum ersten Mal testen und gleichzeitig Salz nach Geschmack hinzufügen. Sobald die Gabel sich leicht in die Keule einstechen lässt, ist das Huhn gar. Fleisch herausheben und abkühlen lassen, ebenso wie die Brühe; dann die Haut entfernen und das Fleisch in nicht zu kleine Stücke schneiden. Hier ist kein feines Zerkleinern angesagt, denn es handelt sich um ein eher kräftiges Gericht. Fett von der Brühe abschöpfen und 6 EL davon in einen Topf geben – einen großen, denn in ihm muss das gesamte Gericht Platz finden –, auf mittlere Hitze stellen und 2 Tassen gehackte geschälte weiße Zwiebeln,

1 Tasse gehackten Sellerie und 2 gehackte säuerliche Äpfel hinzufügen, die man vorher geschält und vom Kerngehäuse befreit hat. Die Äpfel sind nicht unbedingt notwendig, doch sie verleihen dem Ganzen ein gewisses Aroma. Deckel auflegen und köcheln lassen, bis die Zwiebeln weich sind und Farbe anzunehmen beginnen. Das geschnittene Hühnerfleisch und ausreichend Brühe hinzufügen, so dass diese das Fleisch gut bedeckt, sagen wir, etwa 5 cm darübersteht, denn man möchte hier reichlich Sauce haben. Reicht die Brühe dazu nicht, Wasser oder zur Hälfte mit Wasser verdünnte Consommé hinzufügen. Aufkochen lassen, dann auf jede Tasse Flüssigkeit langsam ½ TL Currypulver und ½ EL Mehl, die man mit reichlich kaltem Wasser zu einer glatten Paste verrührt hat, hinzufügen. Behutsam 15–20 Minuten köcheln, kosten und Salz oder Currypulver hinzufügen, wenn nötig. Sollte die Sauce ein wenig zu dünn wirken, sie mit Stärkemehl andicken, das man in kaltem Wasser angerührt hat. Diese Stärke-Wasser-Mischung löffelweise zugeben und nach jeder Zugabe aufkochen lassen. Die fertige Sauce sollte dünnflüssiger sein als die übliche Bratensauce, aber dennoch gehaltvoll. Weitere 15 Minuten köcheln lassen. Ein letztes Mal abschmecken und der Curry ist servierfertig, oder noch besser, man lässt ihn gut abgedeckt über Nacht im Kühlschrank ruhen, damit sich die Aromen vor dem Wiedererhitzen gut verbinden können. Dann den gekochten Reis und alle Beilagen auftragen, und vergessen Sie nicht, den Gästen beim Servieren des Currys neben der üblichen Gabel auch einen Dessertlöffel zu reichen. Denn so macht man es in Indien – das zusätzliche Utensil ist tatsächlich eine große Hilfe, um auch den köstlichen letzten saftigen Rest vom Teller zu bekommen. Dieselbe Sauce, zubereitet aus Hühnerbrühe oder mit Wasser verdünnter Kraftbrühe aus der Dose, kann auch für gegartes Fleisch, Garnelen oder Eier verwendet werden. Eventuell übrig gebliebene Fleischsauce vor dem Mehl und dem Currypulver hinzufügen.

LINSEN-CURRY oder »DAL« ist ein domestiziertes indisches Gericht. Ich verdanke es jener berühmten Gastgeberin Baltimores, Mrs William Bevan, und es ist ihrer würdig. Für 12 Personen: 2 Tassen Linsen über Nacht einweichen. Am nächsten Morgen abgießen und in 8 Tassen gewürzter Hühnerbrühe oder mit Wasser verdünnter Consommé aus der Dose in etwa 1 Stunde weich garen. Abgießen, die Kochbrühe aufheben. 2 Tassen Zwiebelscheiben auf mittlerer Hitze in 4 EL Butter weich schwitzen, aber nicht braun werden lassen. Die Linsen, 2 EL Currypulver, 2 EL Limettensaft hinzufügen, gründlich vermischen und dann so viel von der Brühe dazugießen, dass man ein Gericht erhält, das sich leicht »auslöffeln« lässt. Ein weiteres Rezept, das gern über Nacht ruht, um dann im Wasserbad wiedererhitzt zu werden, und sich in Gesellschaft von Chutney und all der anderen Currybeigaben sehr wohl fühlt. Reste können durch ein Sieb gedrückt werden und ergeben, mit der restlichen Brühe verdünnt, eine leckere Suppe.

Nie bereite ich Reis zu, ohne mich meiner ersten Erfahrung mit diesem sich ausdehnenden Korn zu erinnern. Ich hatte meinem mir gerade frisch angetrauten Gatten sein Lieblingsschmorhühnchen mit Reis versprochen, und der – wie gewohnt vor dem Abendessen in seinen Club einkehrend – war so stolz auf meine Kochkünste, dass er sich jedes Mal, wenn er vom bevorstehenden Mahl prahlte, gezwungen fühlte, einen hungrigen Junggesellen dazu einzuladen. Da jeder Anruf einen weiteren Gast ankündigte, machte ich mehr Sauce, maß leichtsinnig eine weitere Tasse Reis ab, füllte dann einen mir adäquat erscheinenden Topf mit Wasser und begann, den Reis zu kochen. Bald schon schüttete ich das Getreide mit immer mehr Wasser hektisch in immer größere Töpfe, und inzwischen wunderte mich jenes dröhnende Gelächter nicht mehr, welches die hysterische Braut empfing, als man sie händeringend vor dem Herd entdeckte, wo sie mit entsetzten, weit aufgerissenen Augen auf eine riesige Spülwanne voll gekochtem Reis blickte. Angesichts dieses warnenden Beispiels sollten Sie nie vergessen, dass eine Tasse ungekochten Reises nach dem Garen für 3 Personen reicht; für unser Curry-Essen für 12 Personen sollte man daher 4 Tassen nehmen, in ein Sieb geben und unter fließendem Wasser gründlich waschen, um jedes Korn von eventuell anhaftender Stärke zu befreien. Einen großen Topf mit kochendem Wasser bereitstehen haben, 1 EL Salz pro Liter Flüssigkeit zugeben und dann den Reis so langsam einrieseln lassen, dass das Wasser währenddessen nicht zu sprudeln aufhört. Wenn der letzte Reis im Topf ist, einmal rasch umrühren und ohne weitere Unterbrechungen weitergaren lassen. Nach 15 Minuten testen, ob er gar ist, und falls Sie den Reis nach seinem kalten Bad gründlich haben trocknen lassen, sollte es auch nicht länger dauern. Sobald sich ein zwischen Daumen und Finger zusammengedrücktes Korn durch und durch weich anfühlt, den Reis vom Herd nehmen, in einen Durchschlag oder ein großes Sieb geben, kaltes Wasser darüberlaufen lassen und im Sieb nochmals 10 Minuten auf den Herd stellen, um ihn über etwas heißem Wasser in 10 Minuten wieder zu erhitzen. Man kann ihn aber auch in einen mittelheißen Ofen schieben, falls man dies bevorzugt, und sollte daran denken, dass er sehr viel besser schmeckt, wenn er auf den Punkt gegart und etwas abgekühlt ist, als wenn man ihn als heiße, aber verkochte klebrige Masse serviert. Entscheidend ist, dass das, was man über den Reis schöpft, auf Höchsttemperatur gehalten wird.

OBSTSALAT ist das ideale Dessert nach einem reichhaltigen Mahl, und für 12 Personen besorgt man 1 frische Ananas oder verwendet 6 Scheiben Dosenfrüchte. Die Schale und das harte Zentrum der frischen Frucht entfernen und diese beziehungsweise die Scheiben aus der Dose in 2,5 cm große Würfel schneiden. Die Spalten 2 großer Grapefruits und 4 großer Orangen hinzufügen, ebenso wie 1 kg entstielter und gewaschener Erdbeeren oder dieselbe Menge an Tiefkühlfrüchten sowie etwas Limetten- oder Zitronensaft. ½ Tasse Zucker in 12 Tassen warmem Wasser auflösen und die Früchte leicht damit süßen. Arrangieren Sie die Früchte geschmackvoll in Ihrer schönsten Glasschüssel, gießen Sie ½ Tasse oder auch mehr des besten Pfirsich- oder Aprikosenlikörs darüber, den Sie sich leisten können. Dann zum Kühlen in den Kühlschrank stellen, und wenn er auf den Tisch kommt, beobachten, wie die Gäste anerkennend schnuppern, während sie sich bedienen.

Die Football-Saison der Colleges und die späte Heimkehr von den Spielen an kühlen Herbstabenden schien mir geradezu danach zu verlangen, dass man wenigstens einmal zu einer Fisch-Chowder-Party lud, bei der die Suppe in der großen Terrine meiner Großmutter dampfte, es jede Menge warmer Cracker, eine große Schüssel säuerlichen Coleslaws, Beilagen wie eingelegte Rote Bete, Senfgurken und Pfirsich-Pickle gab und zum Dessert heiße Bratäpfel im Teig mit Käse und dicker Sahne. Manchmal stand auch eine Platte Doughnuts zum In-den-Kaffee-Tunken bereit, und an wirklich eisigen Abenden folgten ein irdener Topf mit hausgemachten Baked Beans sowie eine kleine Karaffe Tomatenketchup dem Chowder. Ein Menü, das sich im Voraus kochen lässt und eine verfrorene Schar unter Garantie in Rekordzeit auftaut.

Den FISCH-CHOWDER (wieder für 12 Personen) folgendermaßen zubereiten: 2,7 kg Kabeljau oder Schellfisch vom Fischhändler häuten und entgräten lassen und sich die Abfälle und zwei, drei Fischköpfe mit einpacken lassen. Die Abfälle und Köpfe in einen Topf geben, ½ Tasse gehackten Bleichsellerie und das Gleiche an Zwiebeln, 1 Petersilienzweig, 1 kleines Lorbeerblatt und ein paar ganze Pfefferkörner hinzufügen. 2 l Wasser darübergießen und 1 Stunde köcheln lassen. Die Gräten etc. herausseihen – und schon hat man einen gehaltvollen Fischfond, den Küchenchefs als *court bouil-*

lon bezeichnen. Von 450 g Schweinespeck die Schwarte entfernen, den Speck fein würfeln und in einem tiefen Topf braun und knusprig braten. 4 Tassen gehackte Zwiebeln hinzufügen und 3 Minuten weitergaren. Nun den Fisch, in nicht zu kleine Stücke geschnitten, dazugeben, ebenso wie 4 Tassen gewürfelte Kartoffeln. Dies mit 8 Tassen Fischfond übergießen, eventuell fehlende Flüssigkeit durch Wasser ersetzen, Deckel auflegen und alles 20 Minuten köcheln lassen, bis Kartoffeln und Zwiebeln weich sind. In einem zweiten Topf ½ Tasse Butter zerlassen und ¾ Tasse Mehl hineinrühren. Langsam 2 l Milch unterrühren, mit Salz und frisch gemahlenem Pfeffer abschmecken und 15 Minuten köcheln. Sobald Sie den Chowder servieren möchten, den Inhalt beider Töpfe vermischen, in etwa 5 Minuten rasch aufkochen lassen und dann mit einigen an der Oberfläche schwimmenden schmelzenden Butterstückchen und etwas Paprika und gehackter Petersilie beschneit servieren. Stellen Sie tiefe Suppentassen (keine Suppenteller) bereit und legen sie einen warmen Cracker auf den Boden jeder Tasse, ehe Sie die Suppe darüberschöpfen. Hält man diese Suppe längere Zeit warm, kann sie gerinnen, doch beide Bestandteile können im Voraus zubereitet und vor dem Vermischen wiedererhitzt werden.

Viele meiner Rezepte haben eine Geschichte; Baked Beans etwa erinnern mich stets an die Wälder von Maine und das schöne Motel, das ein Freund von uns dort an einem See besaß. Ehe die Sommersaison begann und das wirklich elegante Leben einzog, wurde das Anwesen von John dem Faktotum und seiner Frau Mollie versorgt, deren Baked Beans verdientermaßen berühmt waren. Eines kühlen Juniabends schrieb sie mir ihr Rezept auf, und während sie mir erklärte, dass es die Spur von Ingwer war, die es so herausragend machte, fragten die Männer John nach dem Dorfklatsch des vergangenen Winters aus. »Nun«, sagte John, »dass George

Browns jüngste Tochter wegen diesem Burschen, der bei ihren Leuten gewohnt hat, in Schwierigkeiten ist, war so ungefähr das Einzige, was bei uns passiert ist.« »Nehme an, das hat George nicht so besonders gefallen«, warf einer ein. John überlegte einen Moment und meinte dann mit dem für Maine so typischen Understatement, das seither bei uns in der Familie geradezu sprichwörtlich wurde: »George hat sich etwa 'ne Stunde lang ganz schön aufgeregt.«

Und hier ist das Rezept für BAKED BEANS. Ich gare sie in einem großen braunen irdenen Deckeltopf und serviere sie meist auch darin, doch zur Abwechslung kann man sie nach dem Schmoren auch in eine flache Glasauflaufform füllen und im Ofen noch einmal schön bräunen lassen, ehe man sie auf den Tisch bringt. Servieren Sie sie auf diese oder die andere Weise, doch denken Sie stets an Mollies Rat, den Ingwer mit Bedacht zu verwenden. 1 kg mittelgroße weiße Bohnen waschen und verlesen und über Nacht in der dreifachen Menge an Wasser einweichen. Am nächsten Morgen Bohnen abgießen, mit frischem Wasser bedecken und langsam köcheln, bis bei einigen, die man mit dem Löffel heraushebt, die Haut platzt, sobald man vorsichtig darauf bläst. Eine bemerkenswerte Weisung, ich gebe es zu, jedoch die einzig zufriedenstellende Methode. Während die Bohnen kochen, die Schwarte von 330 g Schweinespeck etwas abschaben, den Speck in 3 Stücke schneiden und einige Minuten in kochendem Wasser stehen lassen. Auf den Boden des Bohnentopfs 1 kleine geschälte Zwiebel und ein Stück Speck legen. Zur Hälfte mit den abgegossenen Bohnen füllen und eine weitere Zwiebel sowie 1 Stück Speck hinzufügen. Den Topf bis 5 cm unter den Rand füllen und eine weitere Zwiebel unmittelbar unter der Oberfläche der Bohnen vergraben und das restliche Speckstück hinzufügen, so dass die Schwarte gerade noch sichtbar ist. 1 EL Salz, 2 TL Senfpulver und ¼ TL gemahlener Ingwer mit 2 Tassen des

Bohnengarwassers vermischen. 1 Tasse Melasse[25] und ½ Tasse Tomatenketchup unterrühren und über die Bohnen gießen, wobei man so viel vom Bohnenwasser hinzufügen sollte, dass der Topf voll ist. Den Deckel auflegen und bei sehr milder Ofenhitze (135°C) mindestens 6 Stunden backen – am besten über Nacht. Etwa alle zwei Stunden kontrollieren, ob das Wasser eingekocht ist, Wasser hinzufügen, falls nötig; sollen die Bohnen garen, während Sie schlafen, bitte darauf achten, dass die Flüssigkeit bis direkt unter dem Deckel steht, ehe Sie sie sich selbst überlassen. Vor dem Servieren etwa ½ Stunde im offenen Topf bräunen lassen, und falls man vorhat, sie wieder aufzuwärmen und aus dem Tontopf zu servieren, sollte man ihnen im auf 150°C vorgeheizten Ofen mindestens 45 Minuten Zeit geben, damit sie auch durch und durch heiß sind, wobei man sie abgedeckt hält und darauf achtet, dass der Flüssigkeitsspiegel nie unter die Bohnen absinkt.

Coleslaw (S. 131) für unsere hungrigen 12 Personen erfordert 12 Tassen fein geschnittenen Weißkohl und das doppelte Rezept des gekochten Dressings (S. 131). Den Coleslaw gründlich abkühlen lassen. Nachdem man ihn in die große Holzschüssel gefüllt hat, die Ränder eventuell mit geviertelten Tomaten dekorieren, obwohl dieses schlichte Mahl wahrlich nicht nach großen Garnituren verlangt.

Die Äpfel für die Apple Dumplings [Bratäpfel in Teig] können geschält, entkernt und in kaltes Wasser gegeben werden, das mit etwas Zitronensaft und Salz versetzt wurde, doch man darf sie nicht zu lange warten lassen, und am besten macht man APPLE DUMPLINGS schon im Voraus und backt sie noch einmal auf. 1 EL braunen Zucker (oder auch mehr, falls die Äpfel sauer

25 A. d. Ü.: Gibt es bei uns in Reformhäusern und Naturkostläden und kann auch durch Rübensirup ersetzt werden

sind), ½ TL Butter und ein wenig Muskat in die Mitte jedes Apfels geben. Aus Mürbeteig (S. 151) für jeden Apfel ein 15 cm großes Quadrat ausrollen. Die Ecken des Teigs über den Apfel schlagen, die Teigränder zusammendrücken und auf einem gefetteten Blech 45 Minuten im auf 175 °C vorgeheizten Ofen backen. Sahne und Zucker dazu reichen. Zu diesem Essen passt eiskaltes Bier, und vergessen Sie den stets willkommenen Kaffee nicht.

Obwohl manche sich fragten, wie bei dem ständigen Aufruhr und den unzähligen Gästen sämtlicher Altersklassen, über die man in unserem Haus andauernd stolperte, unser Nachwuchs je die Zeit und Privatsphäre fand, einen Heiratsantrag zu machen oder zu erhalten, haben beide unsere Kinder jung geheiratet. Als die zweite Hochzeit ins Haus stand, rissen wir uns zwar zusammen, doch sowohl mein Mann als auch ich waren uns sicher, dass unser Nest nach dem Auszug der Jungen ein eher grimmiger Ort sein würde. Ein Gefühl, das von vielen unserer gesetzteren Freunde noch verstärkt wurde, die deutlich durchblicken ließen, dass sich hinter dieser familiären Epidemie früher Eheschließungen womöglich ein frustrierter Wunsch nach Ruhe und Frieden verberge. Zu unserer Freude aber fanden wir nie die Zeit, die Rollstühle zu ölen, in die zurückziehen zu müssen uns drohte, denn die letzten Konfetti und Reiskörner waren kaum weggefegt, da waren die Kinder und ihre Freunde auch schon wieder da, und falls unser Haus tagsüber und spätabends vielleicht ein wenig leer wirkte, war es zur Essenszeit doch so fröhlich und laut wie immer.

Sonntagabend war die ideale Zeit für eine Familienzusammenkunft, und mein Argument, dass man von einem guten Gericht nie zu viel bekommt, bewahrheitete sich erneut, denn jede Woche aß dieselbe Schar Chili, und bis auf den letzten Mann – und das letzte Mädchen – erschien man am folgenden Sonntag erneut, bereit, sich über eine weitere Runde des gleichen Essens herzumachen. Nur selten machte ich zur Abwechslung mal spanischen Reis. Einmal, erinnere ich mich, gab es Spaghetti, und ein mit Fahnen geschmücktes Transparent (aus weißem Auslegepapier) über der Tür verkündete traurig in großen Kreidebuchstaben *Arrivederci Giuseppe Jonesetti*, denn Krieg lag in der Luft und der erste der Burschen, der gehen musste, behauptete, seine Gruppe im Trainingslager bestehe hauptsächlich aus Italienern. Doch CHILI war unser absoluter Sonntagsfavorit, und überflüssig zu sagen, ich kochte es auch gern, denn es konnte schon am Samstag oder sogar Freitag zuvor zubereitet werden. Und so habe ich es gemacht – wiederum erschien mir 12 als die richtige Anzahl von Personen, die ich gerne bewirtete. Den Fleischer 1150 g Rinderoberschale mahlen lassen oder selbst durchdrehen, aber kaufen Sie, ich bitte Sie noch einmal, kein bereits durchgedrehtes »Hackfleisch«. 4 EL der Butter in einem großen Topf zerlassen, das Fleisch, 6 Tassen grob gehackte Zwiebeln und 2 gehackte Knoblauchzehen dazugeben. Deckel auflegen und 40 Minuten köcheln lassen, wobei man alles hin und wieder vom Boden her gründlich aufrührt. Dann 4 Dosen Kidneybohnen, 3 Dosen Tomaten, Salz und Pfeffer nach Geschmack sowie 3 TL gemahlenen Chili hinzufügen, immer der Warnung eingedenk, dass man mit scharfem Gewürz zunächst zurückhaltend sein und, falls nötig, erst später mehr hinzufügen sollte. Alles 2 Stunden köcheln lassen und während der zweiten Hälfte der Garzeit gut aufpassen und häufig umrühren, damit es nicht anbrennt. Dies ist wirklich das Buffet-Gericht par excellence. Es ist köstlich, sättigend, kann im Voraus zubereitet werden, und falls Sie sich mit zusätzlichen Tomaten- und Bohnendosen eindecken, braucht Sie der unerwartete Besuch eines ausgehungerten Gasts nicht beunruhigen. Einfach entsprechend mehr Tomaten und Bohnen dazukippen, ihnen ein paar Minuten zum Aufkochen lassen, und obwohl der Chili dann vielleicht nicht mehr so fleischig ist, ist er dennoch immer noch sehr appetitlich. Dazu kann man Maisbrot servieren. Nach Rezept zubereiten, in dünnen Schichten in runden Kuchenformen backen und dafür sorgen, dass es fortwährend frisch aus dem Ofen kommt; in Kuchenstücke schneiden. Die Salatschüssel könnte fein gehackten Sellerie, gehacktes hart gekochtes Ei sowie einige Dosen Sardellen enthalten, die man mit Kopfsalat und French Dressing (S. 129) vermischt, und wie wäre es mit selbst eingemachten oder Weinbrandpfirsichen (S. 171) zum Dessert? Und vielleicht auch einen Kuchen dazu, wenn ihre Gäste noch in dem glücklichen Alter sind, in dem sie noch keine Kalorien zählen müssen. Kaffee und trockener Rotwein sind ebenso gut zu diesem Essen wie zu Spaghetti, obwohl ich festgestellt habe, dass die Jugend das plebejische Bier bevorzugt und zweifellos auch besser damit bedient ist.

Dieses Rezept für SPANISCHEN REIS reicht für 8 Personen. 6 EL Olivenöl erhitzen, bis es zischt – hier keine Ersatzöle verwenden, denn man benötigt das Aroma des einzig wahren Olivenöls. 3 Tassen gewaschenen Reis, 2 Tassen grob gehackte Zwiebeln, 1 gehackte Knoblauchzehe, 2 in feine Streifen geschnittene grüne Paprikaschoten (Samen und weiße Innenwände entfernt) sowie eventuell auch 1 Tasse Champignonscheiben hinzufügen und auf starkem Feuer etwa 15 Minuten rühren, bis der Reis zu hüpfen und zu bräunen beginnt und das Gemüse weich ist. In eine tiefe Kasserolle geben, die dem Reis Raum lässt, sich auf das etwa Vierfache seines Volumens auszudehnen. 2 Dosen Tomaten und 2 Dosen konzentrierte Kraftbrühe hinzufügen und mit Salz und Pfeffer würzen. Gut umrühren. Die Kasserolle fest verschließen und im auf 175°C vorgeheizten Ofen 1 Stunde lang backen. Dabei nicht mehr umrühren. Nach der Hälfte der Garzeit nachsehen und, falls der Reis etwas trocken wirkt, noch 1 Tasse Kraftbrühe hinzufügen, denn Reis unterscheidet sich hinsichtlich seiner Absorptionsfähigkeit. In der Kasserolle, in der er gebacken wurde, auch servieren. Geriebenen italienischen Käse dazu reichen. Aufgeschnittener italienischer Schinken passt gut dazu, oder Platten voller Antipasti als ersten Gang auf dem Tisch bereithalten; dazu braucht man dann nichts weiter als das aufgewärmte und bereits gebutterte Brot sowie Kaffee.

Meist mache ich meine SPAGHETTI MIT FLEISCH, um ein sättigenderes Gericht zu erhalten, obwohl die Sauce auch ohne das Fleisch köstlich ist. Für 12 Personen 450 g gemahlene Rinderoberschale verwenden, mit Salz, Pfeffer und ½ Tasse gehackter Petersilie würzen und zu murmelgroßen Bällchen formen. Diese eventuell mit 1 Tasse Champignonscheiben in 4 EL Butter anbräunen. Abdecken und warm halten. Die SPAGHETTISAUCE ist kinderleicht. 1 Tasse fein gehackte Zwiebeln und 2 gehackte Knoblauchzehen in 4 EL Olivenöl anschwitzen. 2 Dosen Tomaten, 2 Dosen konzentrierte Kraftbrühe und 2 Dosen Tomatenmark hinzufügen. Die italienische Sorte mit der Aufschrift *con basilico* ist die beste. Jede Dose enthält ein Basilikumblatt, und falls man die Marke nicht finden kann, 1 Prise des getrockneten Krauts hinzufügen. Die Sauce 15 Minuten unter ständigem Umrühren 15 Minuten köcheln, durch ein Sieb passieren und warm halten. 450 g Spaghetti in sprudelndem Salzwasser 10 Minuten kochen, falls Sie sie wie die Italiener *al dente*, d. h. bissfest, wünschen, oder 5 Minuten länger, falls Sie weiche Nudeln bevorzugen. Abgießen und erneut über heißem Wasser auf den Herd stellen. Mit den kleinen Fleischbällchen und dem Fleischsaft über den Nudeln servieren und die heiße Tomatensauce und den geriebenen Käse getrennt dazu reichen.

Unser letztes Sommer-Cottage befand sich an einem verlassenen und ganz und gar nicht exklusiven, jedoch billigen Strandabschnitt. Seine 2½ Schlafzimmer reichten kaum für uns alle, und obzwar wir als Familie völlig selbstgenügsam sind, lieben wir doch die Gesellschaft. Diesem Mangel wurde alsbald abgeholfen, da wir im Gemischtwarenladen ein Dutzend fliegendreckgesprenkelte Ansichtskarten auftaten, die, obwohl sie unser Haus wie einen Hollywoodpalast erscheinen ließen, zumindest zeigten, wie es zu erreichen war. Wir markierten unsere Villa mit dem üblichen Kreuz, schrieben auf die freie Seite über unseren Namen *Clam Chowder, Bier, Sandwiches und Schwimmen jeden Sonntag nach zwölf. Gäste bitte eigene Badetücher mitbringen*, adressierten sie an Freunde und ließen Uncle Sam den Rest erledigen. Das Ergebnis war überwältigend. Die ganze Familie wechselte sich beim Muschel-Durchdrehen an den Samstagnachmittagen ab, und sonntagmorgens, wenn wir dann alles im Griff hatten, wetteten wir darauf, wer und wie viele an diesem Tag wieder aufkreuzen würden. Der CLAM CHOWDER war von der Manhattaner Art, über den alle echten Neuengländer die Nase rümpfen, aber *ihre* cremige Suppe gerinnt, wenn man sie warm hält, und diese hier nicht. Sie reicht für 12 Personen: 4 Dutzend große Venusmuscheln abbürsten und zusammen mit 2 Tassen kochendem Wasser in einen großen Topf mit Deckel geben. Dämpfen lassen, bis sie sich öffnen. Die Muscheln herausnehmen, die Schalen aufstämmen und das Fleisch herauslösen. In ein Sieb gießen und den Saft im Topf auffangen. Die Venusmuscheln grob hacken oder durchdrehen, abgießen und die Säfte vermischen. Von 450 g Schweinespeck die Schwarte entfernen, den Speck in kleine Würfel schneiden und in einem großen Topf knusprig braten. Dann 2 Tassen gehackte Zwiebeln hinzufügen und 5 Minuten sautieren. 2 Tassen gewürfelte Kartoffeln, 5 Tassen Muschelsaft (mit Wasser ergänzen, falls nötig), 1 Tasse gewürfelte Möhren, das Gleiche an gehacktem Sellerie sowie 8 Tassen Tomaten aus der Dose hinzufügen. Mit 1 TL Thymian und ½ TL Pfeffer würzen. 15 Minuten kochen, die gehackten Muscheln hinzufügen und weitere 15 Minuten garen.

Unsere BELEGTEN BADEANZUG-BROTE waren verdientermaßen berühmt in jenem Sommer. Die Grundlage bildete eine gebutterte Scheibe Pumpernickel oder Roggenbrot, die von einem runden Laib gesäbelt wurde. Es folgten Schichten von Kopfsalat, Tomatenscheiben, Zwiebelringen und Sardellen und darüber frisch gemahlener schwarzer Pfeffer und ein wenig Sardellenöl. Überflüssig zu erwähnen, dass man sie am besten an einem sonnigen Strand zusammen mit einer Flasche kaltem Bier genießt, das eisig beschlagen neben einem im Sand liegt, doch ein Messer und eine Gabel machen sie gewissermaßen stubenrein. U-BOOT-SANDWICHES sind nahe Verwandte derselben, etwas besser erzogen womöglich, aber ebenso hungerstillend. Längliche italienische oder französische Baguettebrötchen aufschneiden und mit Salatblättern, Tomatenscheiben, Zwiebelringen, aufgeschnittener italienischer Salami und Provolone- oder Schweizer-Käse-Scheiben belegen. Einige Tropfen Olivenöl und ein Hauch scharfes italienisches Paprikapulver runden sie ab, ehe der Brötchendeckel daraufkommt. Legen Sie die Zutaten und Brötchen auf den Tisch und lassen Sie die Gäste, wie wir in der Familie sagen, ihre eigenen »auftürmen«.

Chowder, Bier und Sandwiches wurden vor oder auch nach dem Schwimmen serviert, und später brachten wir unsere Gäste mit heißem Kaffee und Zimtschnecken auf Trab. Letztere waren – ich muss es zu meiner Schande gestehen – oft gekauft, aber die Muscheln zu besorgen, zu öffnen und durchzudrehen nahm fast den gesamten Samstag in Anspruch, und dann an einem Sommersonntag für eine ganze Truppe tatsächlich zu kochen, ist einfach zu viel verlangt.

In Zeiten, als jener Abend noch den gesegneten Titel »Köchinnenabend« trug, gab es einmal einen ganzen Winter lang jeden Donnerstag die »Milchtoastnacht«. Es begann, als ein Freund meines Mannes vorbeischaute, dem man für einige Tage zu Schonkost geraten hatte und der meinte, er möge solche Kinderkost auch sehr gern. Vielleicht war es Nostalgie nach der verlorenen Jugend, die so viele unserer Generation zu befallen scheint, denn eine überraschende Anzahl von Gästen begann sich einzufinden, und zusätzlich eingekaufte Milch und Sahne an Donnerstagen und Brotbacken am Mittwoch wurden zur Regel.

Unser »gedeckter Tisch« bestand aus je einem Toaster an jedem Tischende sowie einer Schale und einem Löffel für jeden Gast. Punkt! Das »Menü« – reichlich Milch-Sahne, gemischt im Verhältnis 1:1, im Wasserbad warm gehalten, 2 Laibe Brot, 1 Schale mit Butter, Salz, Pfeffer sowie mehrere Fässchen mit Gewürzsalz-, Knoblauch-, Zwiebelsalz etc. – war eine ebenso kräftesparende Angelegenheit. Jeder Gast schnitt sich selbst sein Brot ab, stellte nach eigenem Gusto den Toaster ein, und die Auseinandersetzungen, die darüber stattfanden, ob der wahre Gourmet eher hellen oder dunklen Toast bevorzugte, ihn lieber knusprig aß oder nachdem er ihn in Milch getunkt hatte, über die Menge an Butter und die besten Gewürzmischungen, hätten auch einer Zusammenkunft bei Wein und anderen Speisen alle Ehre gemacht. Der sicherste Beweis dafür, dass auch das schlichteste Mahl für Geistesverwandte zu einem »Fest« werden kann.

Hier ist eine Liste weiterer Hauptgerichte, die sich für abendliche Buffet-Einladungen hervorragend eignen, sowie Hinweise auf die Rezepte für ihre Zubereitung. Die Mengen erhöhen, wenn nötig:

Virginiaschinken . . . . S. 200
Hackbraten . . . . S. 65
Scharf gewürztes Lamm . . . . S. 61
Crab Imperial . . . . S. 101

Shrimps Florentine . . . . S. 102
Überbackene Austern . . . . S. 97
Hähnchen Cacciatore . . . . S. 62
Lamm-Stew . . . . S. 68
Beef & Kidney Pie . . . . S. 69
Kalbfleisch-Schinken-Pastete . . . . S. 70
Gefüllte Venusmuscheln . . . . S. 98
Lachs-Mousse . . . . S. 101

Sowohl die Tischdekoration als auch die Unterhaltung der Gäste, nachdem sie eine gut zubereitete Mahlzeit genossen haben, sollte bei der sorgfältigen Vorausplanung des Menüs stets mitbedacht werden. Einige Blüten in einer flachen Schale sind für unser modernes Auge hübsch anzusehen, und bei all den Büchern, die es über das einfache Arrangieren von Blumen inzwischen gibt, sollte sogar das ungeschickteste Nicht-Gartenclubmitglied in der Lage sein, ein attraktives Ergebnis zustande zu bringen. Stöbern Sie in Secondhandläden nach kuriosen ungewöhnlichen »Vasen«, mein Stolz diesbezüglich ist eine braune Bennington-Küchen-Seifenschale. Sie hat lediglich 25 Cents gekostet, mit bunten Blumen gefüllt ruft sie jedoch Kommentare hervor, die weit über ihrer niedrigen Herkunft rangieren. Oder halten Sie nach Einzelstücken aus versilbertem Britanniametall Ausschau. Wenn sie im staubigen Laden auch stumpf wirken mögen – solange die Gravuren noch gut sind, kann das kostengünstige neuerliche Versilbern den Glanz wiederherstellen, und ein alter Löffelhalter, aus dem sich schimmerndes Efeu windet, ist als schlichte lässige Tischdekoration sehr viel charmanter als sämtliche Orchideen, die ein Florist Ihnen liefern könnte. Ringelblumen, Zinnien, Petunien und viele andere Blumen lassen sich leicht aus Samen ziehen, und auch im kleinsten

Gärtchen sollte es an einem Plätzchen für diese unfehlbaren Freunde des Esstischs nicht fehlen.

Lassen Sie die jüngeren Familienmitglieder an den Festvorbereitungen teilhaben. Wir haben uns damals genauso darauf gefreut, Großmutter beim Füllen des Weihnachtstruthahns zu helfen, wie auf das Aufhängen unserer Socken, und »die Fülle reinzustopfen« ist für meine eigenen Enkel noch immer ein sehnsüchtig erwarteter Moment. In den meisten Familien gibt es ähnliche schöne Traditionen, die man nie aufgeben sollte. Doch vergessen Sie neben den großen Feiertagen nicht die vielen anderen, nicht ganz so wichtigen, die ebenfalls zu einem »Fest« werden können, und wenn nur dadurch, dass man am Sankt Patrickstag Irischen Stew oder einen grün glasierten Kuchen serviert oder zur Nachspeise am 22. Februar[26] axtförmige Plätzchen reicht.

Als unsere Schwiegertochter nach der Verlobung zum ersten Mal zum Essen zu uns kam, hatten wir eine blumengeschmückte und eigentlich ziemlich schauerliche Handschuhform, die einen riesigen schimmernden »Diamanten« am Ringfinger trug, auf die Mitte des Tischs gelegt, und unsere Schwiegertochter hält sie noch heute in Ehren.

Der Muttertag mit all seinem Pathos ist immer ein großer Tag für unsere unsentimentale Familie, und die preiswürdigste Leistung meiner Kinder war zweifellos, als sie einen fertigen Kuchen ins Haus schmuggelten, auf dem eine perplexe »Mutter« wie von Whistler, die aussah, als habe sie eine schlimme Nacht hinter sich, auf fast bestürzende Weise in Schokoladenglasur wiedergegeben war. Dicht dahinter auf dem zweiten Platz aber folgte – nach meiner

26 A. d. Ü.: Der 22. Februar ist Washingtons Geburtstag. Abgeleitet davon feiert man in den USA am 3. Montag im Februar den »Presidents Day«. Der bezieht sich allerdings auf alle Präsidenten und die Axt wiederum auf Abraham Lincoln, der in seiner Jugend damit als Holzfäller zeitweise seinen Lebensunterhalt verdient haben soll.

stets schlecht gelaunten Woche, in der ich die Winterkleidung wegpackte – an einem Sonntagmorgen im Mai die riesige von der Flurdecke herabhängende Bettfahne, auf der bemerkenswerte geflügelte Wesen inmitten der Buchstaben MOTTE-R, WIR LIEBEN DICH! umhertollten.

Der Vatertag muss natürlich gleichermaßen begangen werden, und da der betreffende Mann angeblich einen entsetzlichen Kleidergeschmack hat, hätten seine Billigdiscount-Triff-mich-der-Schlag-Schlipse und passionsgeblümten Unterhosen – von den runden Ansteckern, die mehr oder weniger unehrerbietigen kindlichen Empfindungen Ausdruck gaben, ganz zu schweigen – zweifellos einen rekordverdächtigen Wutausbruch des Familienoberhaupts im Clarence-Day-Stück *Unser Leben mit Vater*[27] zur Folge gehabt.

Bemühen Sie sich, den oft wiederholten und leichten Rat zu befolgen und sich an die Geburts- und Jahrestage Ihrer Freunde zu erinnern. Das ist eine lohnende Übung, und ein Kalender, der stets auf dem neuesten Stand gehalten und immer wieder einmal konsultiert wird, ist ebenfalls hilfreich. Jäh mit unerwarteten Geschenken überschüttet zu werden, mag den Empfänger in Verlegenheit stürzen, jedoch ein im Licht seiner Kerzen erstrahlender selbst gebackener Kuchen, der am Ende der Mahlzeit zusammen mit lediglich *einem* Päckchen erscheint, wird sie oder ihn ganz sicher rühren. Der gleiche Kuchen, mit beim Bäcker gekauften kleinen Braut-und-Bräutigam-Figuren darauf, wird auch ein altes oder frisch vermähltes Paar bezaubern. Bei solchen Gelegenheiten bewirkt etwas Unaufwendiges aber Lustiges oder Angemessenes, das im richtigen Augenblick präsentiert wird, Gelächter und

27 A. d. Ü. Das Broadwaystück *Life with Father* von Howard Lindsay und Russel Crouse basiert auf den Jugenderinnerungen von Clarence Day, Jr. an seinen Vater C. Day, Sr., die später auch verfilmt wurden.

Wertschätzung, die bei einem eilig gekauften oder teuren Geschenk womöglich ausbleiben.

Ein verlobtes Paar und seine Hochzeitsgesellschaft werden es nach einem Abendbuffet wahrscheinlich weit mehr genießen, den Teig für den Hochzeitskuchen zu rühren, als einfach nur an *noch* einer Geschenkeparty teilzunehmen. Vereinbaren Sie mit Ihrem Bäcker, Wirt oder Caterer einen Backtermin und halten Sie im Vorhinein die abgewogenen, aber noch nicht zerkleinerten Zutaten für einen Früchtekuchen (S. 291) bereit. Nach dem Abräumen des Tischs diesen wie auch den Fußboden mit Zeitungen oder sauberen Staubtüchern abdecken. Jedem Gast eine Schürze geben – ihre eigenen Küchenschürzen oder solche, die sie den Gästen als Souvenir schenken – und alle an einer für sie vorgesehenen Aufgabe zu Werke gehen lassen, also die Gäste Eier schlagen, Zitronen schneiden oder Rosinen und Korinthen verlesen lassen. Sobald das alles erledigt ist, sollten die Helfer auch noch beim Rühren assistieren, wobei Braut und Bräutigam die letzte Rührbewegung vollführen, was »Glück« bringen soll. Am nächstes Morgen den Teig in einer großen und einer kleineren Form backen und das Hochzeitsdatum notieren, damit der Kuchen glasiert und am betreffenden Tag geliefert werden kann, wobei dann die Brautpaarfiguren die Spitze der Stufenpyramide einnehmen werden. Manche sentimentalen Bräute servieren ihren Hochzeitsgästen lieber nur den größeren unteren Kuchen und lassen den kleineren nach dem Hochzeitsempfang gut verpacken, um ihn bis zum ersten Hochzeitstag aufzuheben. Diese Party kann man bereits lange vor den in der Regel recht hektischen Wochen unmittelbar vor der Hochzeit geben, denn ist der Kuchen erst einmal gebacken, schmeckt er umso besser, je länger man ihn aufbewahrt. Ihr Esszimmer mag nach dieser Kuchenrührparty zwar einem Schlachtfeld gleichen, doch die Freude im Augenblick des Werkens und das Interesse und der professionelle

Stolz, der die Amateurbäcker erfüllt, sobald sie den beeindruckenden Kuchenturm erblicken, sind schon ein paar zerquetschte Rosinen auf einem leicht zu reinigenden Teppich wert.

Große Ähnlichkeit damit hat eine Plum-Pudding-Party, bei der nach dem Abendessen alle mithelfen, diese Weihnachtsspezialität zuzubereiten. Verwenden Sie das Rezept auf S. 149.

Das Geheimnis erfolgreicher Bespaßung nach einem Abendessen liegt vor allem anderen in der sorgfältigen Auswahl kongenialer Gäste. Es muss sich dabei nicht ausnahmslos um enge Freunde handeln, denn ein paar Fremde verleihen jeder Gruppe die gewisse Würze, allerdings werden echte Bridge-Spieler es kaum begrüßen, wenn man sie zwingt, an einem Stud-Poker mit sieben Karten teilzunehmen. Und das Paar, dessen Ideal eines schönen Abends in einem schwungvollen Pingpongturnier besteht, wird die gesetzten Schreibspiele der Intelligentsia kaum goutieren. Jedes gesellige Beisammensein verläuft glatter, wenn die Hilfsmittel für die Abendunterhaltung stillschweigend auftauchen, ehe jene erste Flaute nach dem Essen einsetzt und die Konversation auf einem allzu öden Tiefpunkt anlangt. Natürlich gibt es jede Menge Leute, die sich wirklich gerne den ganzen Abend unterhalten, und diese wunderbaren Menschen schätzen es, wenn man die abendlichen Erfrischungen, seien es Highballs, Bier oder Coca-Cola, ein wenig früher offeriert, denn dem Fluss der Gedanken ist ein klingelndes Glas wie ein Spatz in der Hand, nämlich so viel wert wie etwas Schöneres an anderer Stelle.

Haushaltskrisen lassen sich spielend wegstecken und sogar in einen Vorzug verkehren, wie das improvisierte Abschiedspicknick beweist, das allen, die daran teilnahmen, lange in Erinnerung bleiben sollte und in unserem leeren Haus stattfand, als wir uns eben anschickten, in eine andere Stadt zu ziehen. Umzugskisten dienten als Tische und Stühle, und das ausgelassene

Mahl wurde, nachdem wir es im offenen Kamin zubereitet hatten, auf Papptellern und -bechern serviert. Diese vielleicht erfolgreichste Party aller Zeiten aber war das direkte Ergebnis der Weigerung eines hartherzigen Tapezierers, das vereinbarte Datum für die Renovierung unseres ersten Stockwerks zu verschieben. Der Zwang, die schmuddligen Wände von ihrer Bilder-Camouflage zu befreien, hinterließ nicht gerade Räume, in denen man Leute bewirten wollte, und auswärtige Freunde sollten zu einem zwar kurzfristig angekündigten, aber lange erwarteten Besuch kommen. Unbesorgt drückten wir jedem unserer Gäste nach dem Essen ein großes Päckchen Buntstifte in die Hand und gestatteten ihnen, dem uns alle bekannten boshaften Drang zu folgen, eine leere Fläche zu beschmieren. Nicht einmal das frühe Aufstehen am nächsten Morgen, um der Tapezierer-Crew vorherzukommen und einige der realistischeren Werke zu übertünchen, konnte die Erinnerung an zwölf angeblich erwachsene gesetzte Leute verderben, die einen völlig hemmungslosen und zum Brüllen komischen Abend verlebt hatten.

Zur Abwechslung: Sonntagsfrühstück mit Freunden

Wenn Sie das nächste Mal drauf und dran sind, Ihre besten Freunde zum Abendessen einzuladen, halten Sie kurz inne und lauschen Sie stattdessen der begeisterten Zusage auf eine Einladung zum Sonntagsfrühstück *en negligé*. Irgendwann zwischen zehn und elf ist ein guter Termin dafür, da dies allen – einschließlich der Gastgeberin – Zeit zum Ausschlafen lässt, aber dennoch eventuellen nachmittäglichen Verabredungen nicht in die Quere kommt. Auswärtige und jene Unglücklichen, die in Hotels leben müssen, schätzen einen solchen flüchtigen sonntäglichen Eindruck vom Familienleben besonders, und wenn Sie dafür sorgen, dass die Lokalzeitungen Ihrer Freunde zusammen mit Ihrer eigenen geliefert werden, wird deren Dankbarkeit für solche Zuvorkommenheit wahrscheinlich überwältigend sein. Und sparen Sie keinesfalls am Kaffee in diesem wunderbar entspannten Moment, wo, gesättigt, von Rauchschwaden einer guten Zigarette umhüllt und unter Comic- und Sportseiten begraben, jeder nach der zweiten oder dritten Tasse verlangt, die gemächlich zu schlürfen er an den gehetzten Wochentagen einfach nicht die Zeit hat.

Beginnen Sie mit reichlich eiskaltem Frucht- oder Gemüsesaft, wobei man saisonale Köstlichkeiten wie Pfirsiche oder Erdbeeren nicht vernachlässigen sollte. Bei einer kleineren Gruppe macht es Spaß und ist es auch kein Problem, eine große Auswahl an Zerealien anzubieten, die es in hübschen Portionskartons verpackt zu kaufen gibt. An einem kaltem Wintermorgen jedoch werden Sie feststellen, dass Ihre Gäste mit einem verlegenen, aber bereitwilligen »Na ja, nur dies eine Mal« gerne zugunsten des dick machenden heißen Haferbreis eine Ausnahme machen.

Die konventionellen Eier mit Speck und Toast sind stets willkommen, aber gönnen wir uns doch einen etwas herzerwärmenderen Hauptgang, um den Tag zu feiern, an dem keiner zum Zug oder ins Büro hasten muss. Vielleicht Würstchen oder Frikadellen aus Wurstbrät, die man 10 Minuten auf der heißen Herdplatte brät, dann auf Papier abtropfen lässt und anschließend noch 20 Minuten in den auf 190°C vorgeheizten Ofen schiebt, oder auch SCRAPPLE, nun, da das berühmte Gericht aus Philadelphia in Dosen verpackt über seinen Heimatort hinausgedrungen ist. Die traditionelle und einzige Methode, um bei dieser inzwischen nicht mehr nur lokalen Spezialität ein einwandfreies Ergebnis zu erzielen, besteht darin, dicke Scrapple-Scheiben in einer kalten Pfanne auf mittlere Hitze zu setzen. Sie dann auf beiden Seiten in jeweils 10–15 Minuten knusprig braun braten; dabei die ursprüngliche Reinheit des Scrapple durch keinerlei artfremde Mehl-, Teig- oder Bröselüberzüge besudeln und jede Scheibe nur ein einziges Mal wenden. Halten Sie sich an diese Anweisungen, und William Penns nachtragender Geist wird Sie verschonen.

Sosehr Scrapple in Songs und Geschichten gefeiert wird – wenn die Stadt der brüderlichen Liebe tatsächlich am Sonntagmorgen entspannt, wird die

Tafel wahrscheinlich eher unter einer gewaltigen Terrine NIEREN-STEW ächzen, das mit Recht als etwas völlig anderes gilt als die faden »geschmorten Nieren«, die andere Gegenden zu bieten haben. In einem meiner uralten Kochbücher heißt es, dass man dafür immer eine »nette friche Rinderniere« verlangen müsse – ein Druckfehler gewiss, welcher aber dennoch bei der Köchin die Vorstellung hinterlässt, dass ein etwas ungezogener, aber auch freundlicher Bulle, bereit, sich zu opfern, an der nächsten Ecke stehen sollte. Doch ein örtlicher Fleischer wird Ihnen gewiss zu Ihrer Zufriedenheit mit der 1 großen oder 2 kleinen Nieren dienlich sein können, die Sie für vier Leute benötigen, ohne dass Sie sich eingehend mit Gemütsart und Privatleben von deren ursprünglichem Besitzer befassen müssen. Verwenden Sie einen geräumigen Topf, bedecken Sie das Fleisch mit kaltem Wasser und bringen Sie dieses langsam zum Kochen. 15 Minuten köcheln lassen. Das Wasser abgießen und Topf wie auch die Niere waschen. Dann die Niere erneut mit kaltem Wasser bedecken und 1 gehackte Zwiebel, 2 EL gehackten Bleichsellerie oder Sellerieblätter sowie 1 Petersilienzweig hinzufügen. Köcheln lassen, bis die Niere so zart ist, dass man eine Gabel leicht einstechen kann, d. h. etwa 6 Stunden – oder über Nacht, was (falls Sie einen regulierbaren Herd besitzen) noch besser wäre. Auf das lange langsame Garen knapp unterhalb des Siedepunktes kommt es hier an. Nachdem man die Niere vom Herd genommen hat, 1 EL Salz hinzufügen und sie im Garwasser abkühlen lassen. Sobald man die Niere weiterverarbeiten will, das Fett entfernen und das Garwasser seihen und aufheben. Die Niere in Stücke schneiden, die etwa so groß wie dicke 5-Cent-Münzen sind, und falls Sie sie tatsächlich sehr langsam geköchelt haben, sollte nur sehr wenig zähes Niereninneres dabei sein, das man wegwerfen muss. 3 EL Nierenfett oder Butter in einem Topf zerlassen, 2 EL Mehl hinzufügen, und, sobald dieses brutzelt, langsam 3 Tassen des Nierengarwassers hinzufügen. Diese Mischung 10 Minuten köcheln lassen, dann die Niere und 2 gehackte hart gekochte Eier dazugeben. Falls die Sauce nach weiteren 10 Minuten Köcheln noch nicht dick genug wirkt, etwas in kaltem Wasser aufgelöstes Stärkemehl hinzufügen, aber stets nur in kleiner Menge. Kosten und, wenn nötig, mehr Salz sowie auch noch etwas Cayenne- und schwarzen Pfeffer hinzufügen. Unmittelbar vor dem Servieren 1 TL Worcestersauce und 1 EL Sherry dazugeben; die beiden Flaschen ebenso wie den Cayennepfeffer auf den Esstisch stellen. Auf diese Weise zubereitete Nieren veranlassen jeden Freund im Exil garantiert zu nostalgischen Tränenausbrüchen – ich kenne einen Burschen, der, krank vor Heimweh, den Versuch dazu sogar auf einem Klappherd in einer ausländischen Pension unternahm!

STOCKFISCH-FRIKADELLEN sollten nicht nur einen Bostoner Frühstückstisch schmücken, und heutzutage, da wir den Fisch nicht mehr selber einweichen, zerzupfen und auf Gräten durchsehen müssen, ist die Zubereitung zum reinen Vergnügen geworden. Für 4 Personen 1 Tasse des bereits zerzupften, verpackten Fischs, den man in ein feines Sieb legt, mit kaltem Wasser übergießen und dann auspressen, bis er sehr trocken ist. 2 Tassen heiße gestampfte oder durchgepresste Kartoffeln sowie ½ TL schwarzen Pfeffer darunterschlagen und etwas abkühlen lassen, ehe man die Masse zu runden flachen Küchlein oder Bällchen formt. Die Bällchen muss man in tiefem heißem Fett schwimmend ausbacken, die Küchlein jedoch lassen sich ohne weiteres in einer Pfanne in etwa 1 cm hoch stehendem Fett bei mittlerer Hitze braten. Gut dazu geeignet ist Speckfett, ebenso wie Speckstreifen eine schöne Garnitur für die Frikadellen bilden. Für echte Neuengländer sollte es dazu würzigen hausgemachten Tomatenketchup (S. 166) und Doughnuts (S. 184) geben, auf die kalte Frühstückspastete Neuenglands allerdings verzichten wir lieber.

Pochierter Rotbarsch (S. 99) ist ein weiteres ungewöhnliches Frühstücksgericht, FINNAN HADDIE[28] allerdings tritt in diesem [sprich: amerikanischen] Teil der englischsprachigen Welt morgens leider nur selten in Erscheinung. Für 4 Personen ein 1350 g schweres Stück geräucherten Schellfisch mit einer Mischung aus Milch und Wasser bedecken, zum Köcheln bringen und 25 Minuten lang simmern. Aus der Flüssigkeit heben, abtropfen lassen und auf eine vorgewärmte Platte legen, mit 2 Tassen weißer Sauce (S. 120) übergießen und mit gehackter Petersilie bestreuen.

In der Pfanne gegrillte Alsenrogen und knusprige Speckstreifen, umkränzt von grasgrüner Brunnenkresse sowie leuchtend roten Radieschen und begleitet von gebratenen Tomaten (S. 109), sind ein Frühlingsfrühstück direkt aus dem Himmel. Aber auch teuer, wie die meisten himmlischen Dinge. Stellen Sie sich daher meine Entrüstung vor, als zwei zu Besuch weilende Kalifornier verkündeten, sie hielten die zarten Fischeier für eine überschätzte Ostküstenspezialität. Um dann wieder nach Kalifornien abzudampfen! Die Tomaten stehen auf S. 109, und ALSENROGEN für 4 Personen verlangt 1 oder 2 Rogen-Portionen, die 15 Minuten mit Salzwasser bedeckt pochiert werden. 1 EL Essig hinzufügen, damit der Rogen hell und fest bleibt. Die zarten Gebilde behutsam in ein Sieb heben und abtropfen lassen. 6 Speckstreifen braten und beiseitestellen. Das Speckfett heiß bereithalten. Den Rogen behutsam hineingleiten lassen, denn beim Braten wird er richtig wild und zischt und spuckt wie eine Schlange. Bei mittlerer Temperatur auf jeder Seite 10 Minuten garen, dann zusammen mit dem Speck auf eine warme Platte legen und mit der rot-grünen Girlande umkränzen. Und nicht vergessen: Sollten frischer

28 A. d. Ü.: Schottisches Fischgericht aus geräuchertem Schellfisch (*haddock* = haddie); stammt aus dem Fischerdorf Findon (ausgesprochen Finnan) bei Aberdeen

oder auch Dosen-Rogen vor allem eine ärgerliche Belastung Ihres Budget darstellen – auch allein für sich geben gegrillte Tomaten und gebratener Speck ein wunderbares Frühstück ab.

Mein Schwiegervater, ein berühmter Amateurkoch, machte sich früher gern RINDERSCHINKEN IN SAHNESAUCE mit kleinen Pfannkuchen zum Sonntagsfrühstück. Hier sein für 4 Personen berechnetes Rezept für »gekräuseltes Rindfleisch«, wie er es nannte: 110 g Rinderschinken zerzupfen. ¼ Tasse Butter mit ½ Tasse Wasser und etwas geriebener Zwiebel in einer Pfanne zerlassen, den Schinken hinzufügen und bei mittlerer Hitze rühren. Sobald das Wasser verkocht ist und der Schinken zu bräunen und »sich zu kräuseln oder locken« beginnt (in dieser dekadenten Zeit perfekter Dauerwellen), an den Rand der Pfanne schieben und auf den freien Pfannenboden 1½ EL Mehl geben. Langsam 2 Tassen Sahne einrühren und weitere 5 Minuten köcheln.

Diese Hauptgerichte verlangen geradezu nach einer Beilage aus Waffeln oder Hotcakes[29], vor allem an Sonntagen – ein Mangel, der sich am besten durch die Verwendung fertiger Backmischungen abhelfen lässt, die, wenn die Anweisungen befolgt werden, leicht anzurühren und idiotensicher sind. Waffeln können, Mr Edison sei's gedankt, am Tisch gebacken und serviert werden, doch leider besteht für die meisten Leute eine einzelne Portion gleich aus drei oder vier Hotcakes, und das elektrische Waffeleisen mit Förderband, das sie in Mengen auswerfen würde, gibt es leider noch nicht. Mein ältester Enkel redet immer von meinem »Auf- und Abgehupfe« am Wintersonntagen, um die Buchweizenpfannkuchen daran zu hindern, vom Herd zum Tisch he-

29 A. d. Ü.: Amerikanische *pancakes* oder *hot cakes* haben einen Durchmesser von ca. 10 cm und sind 1–1,5 cm dick. Man bekommt meist einen Stapel (3 oder 6) davon, der mit Butter, Sirup, Sour cream und weiteren Zutaten (u. a. Speck) serviert wird.

rüberzufließen, und es ist schon wahr, für Pfannkuchen sollte man – will man sie in anständigen Mengen und in Ruhe servieren – eine Helferin in der Küche haben. Doch während wir dieses glücklichen Tages harren, lassen Sie uns ein, zwei Rezepte studieren. Die Mengen sollten für 4 Personen ausreichen, wobei ich dies nicht für jeden Appetit garantieren kann.

Für BUCHWEIZENPFANNKUCHEN nach echter alter Art 1 Tasse warmes Wasser in einen 2- oder 3-Liter-Krug mit weiter Öffnung geben. 1 TL Zucker, 2 EL weißes oder gelbes Maismehl, 1 EL Weizenmehl und ½ TL Salz hinzufügen. 2–2½ Tassen Buchweizenmehl unterschlagen, um einen dickflüssigen Teig zu erhalten. ¼ Hefewürfel in ½ Tasse lauwarmem Wasser auflösen, zum Teig geben, ein letztes Mal durchschlagen, den Krug abdecken und über Nacht an einem warmen Ort stehen lassen. Am nächsten Morgen 1 EL helle Melasse und ½ TL Backnatron in ¾ Tasse kochendem Wasser auflösen. Dies unter die Mischung schlagen und, wenn nötig, noch etwas mehr Wasser unterrühren, so dass man einen dünnflüssigen Teig enthält. Die heiße Pfanne mit Speck einfetten und die Pfannkuchen backen. Dies war das Rezept meiner Großmutter und wie alle alten Rezepte ursprünglich in seinen Mengenverhältnissen noch weit unpräziser, als hier angegeben. Auch heute ist es angesichts der Unterschiede beim Mehl unmöglich, genauere Angaben zu machen, doch ein Versuch wird Sie überzeugen, wie simpel und billig sich diese Pfannkuchen herstellen lassen.

Meine SAUERMILCH-HOTCAKES sind fast so zart wie französische Crêpes. 2 Eier trennen, die Eiweiße steif schlagen und mit demselben Gerät auch die Dotter dick und schaumig rühren. ½ Tasse Mehl mit 1 EL weißem oder gelbem Maismehl, 1 EL Zucker, ½ TL Salz, ½ TL Backnatron und ½ TL Backpulver vermischen. Abwechselnd mit 2 Tassen Sauermilch [Dickmilch] zu den Dottern hinzufügen. (Wenn nötig, die Milch bereits 24 Stunden im Voraus abmessen und an einem warmen Ort gründlich stocken lassen, oder aber Buttermilch verwenden.) Vorsichtig den Eischnee sowie 2 EL Öl unterziehen und in der heißen, leicht gefetteten Pfanne unter einmaligem Wenden backen.

SAUERMILCH-WAFFELN besitzen ein Aroma, das mit keiner Fertigmischung zu erreichen ist. Die Eiweiße von 3 Eiern steif schlagen, dann die Dotter in Angriff nehmen. 2 Tassen Mehl mit 1 TL Backnatron, ½ TL Salz und 3 TL Zucker zweimal sieben. Abwechselnd mit 2 Tassen Sauer- oder Buttermilch zu den Dottern geben. Die Eiweiße sowie 5 EL Öl unterziehen. Das Einfetten des Waffeleisens sollte man sich hier ersparen können.

Wenn Sie die Leichtigkeit, mit der sich Frühstücksgäste bewirten lassen, erst einmal beeindruckt hat, dann wundern Sie sich bitte nicht, wenn Sie sich dabei ertappen, wie Sie Einladungen für ein großes Sonntagmorgenbuffet verschicken. Und noch mehr Spaß macht es, wenn man dieses auf ein besonderes Ereignis – etwa eine Hochzeit, einen Tanz oder die Riesenparty eines anderen (nicht die eigene) folgen lässt, denn seit Internatstagen scheint es die Menschheit zu lieben, sich am nächsten Morgen erneut zu versammeln, um die Ereignisse der letzten Nacht noch einmal gründlich zu bekakeln. Eine Speisefolge aus Nieren-Stew, Rühreiern, Waffeln und Kaffee bietet sich als leckeres und im Voraus zuzubereitendes Menü geradezu an. Decken Sie den Tisch und kochen Sie den Stew schon am Abend zuvor; selbst der Waffelteig kann unter Weglassung von Natron und Backpulver gemischt und abgedeckt im Kühlschrank bereitgehalten werden, um die Triebmittel erst kurz vor dem Backen unterzurühren. Falls Sie eine Backmischung verwenden, sollten Sie die benötigten Eier und die Milch bereits abgemessen bereitstehen haben. Und danach ziehen sich die Decke über die Ohren und genießen Ihren geruhsamen Nachtschlaf. Am nächsten Morgen bereiten Sie die Rühreier am Tisch auf einem elektrischen Herd zu oder auf jenem fast schon vergessenen, aber noch immer praktischen Hilfsmittel der 1900er Jahre, einem Réchaud. Geben Sie das Waffeleisen in die Obhut einer jener kulinarischen Expertinnen, die der Gastgeberin nur allzu gern zu Hilfe eilen, bringen Sie die Krüge mit dem geeisten Tomatensaft und reichlich heißen Kaffee herein, und die Party kann beginnen!

Weit über ihr heimatliches Baltimore hinaus ist meine Freundin Mrs Yellott für ihre großartigen Maryland-Hunt-Cup-Frühstücke bekannt, die regelmäßig am Morgen nach dem großen Pferderennen stattfinden. Neben Fruchtsäften und Kaffee können die sich drängenden Gäste zwischen Köstlichkeiten wie gebratenen Tomaten, Nieren-Stew, Eiern und Speck, gegrilltem Kalbsbries und sogar hausgemachten Würstchen mit Waffeln wählen. Ihr Menü ist allerdings ein wenig überwältigend für jede außer der geborenen Köchin mit tüchtigem Personal. Doch ihr Willkommensglas Champagner ist es wert, auch bei einer schlichteren Frühstückseinladung imitiert zu werden und muss, sofern man eine gute heimische Sorte verwendet, das Budget nicht überstrapazieren. Probieren Sie das gesamte Menü bei einem besonderen Anlass, wo Sie richtig protzen wollen, einmal aus, und stellen sie die grün-goldenen Flaschen in eisgefüllten Kübeln bereit, auf dass sie den übernächtigten Augen entgegenlachen.

Auch das Jungvolk, im Debütantinnenalter und darüber hinaus (der Himmel bewahre mich, in jene vergessenen, grauenhaften Gefilde tatsächlicher »Kinderfeste« eindringen zu wollen), liebt solche Frühstückseinladungen. Das Essen muss gar nicht so aufwendig sein, aber reichlich Waffeln, aus zwei Waffeleisen wenn möglich, zwei, drei süße Aufstriche, Streichwurst und nicht ganz so viel Kaffee wie bei den Älteren – sie brauchen das nicht, die Süßen – werden Begeisterungsschreie hervorrufen, vor allem, wenn jede einen schweren Porzellankaffeebecher bekommt, der mit dem entsprechenden Namen,

Initialen oder irgendeinem persönlichen Scherz verziert ist. Verwenden Sie dafür einen rasch trocknenden Nagellack. Stellen Sie ein Grammophon bereit und legen Sie ein paar neue Jazzplatten dazu, und schon haben Sie eine ausgelassene Party, die bis in die Nachmittagsstunden dauern wird. Und wenn Sie dann noch ein Fässchen eiskaltes Bier herbeirollen und dieselben Becher (inzwischen gespült) dazustellen, während sie Holzschüsseln mit Brezeln und Popcorn herumreichen, so sind Sie Bandenmitglied auf Lebenszeit! Und sagen Sie nicht, ich hätte Sie nicht gewarnt!

Nicht so viel Gejammer an der Bar(re), bitte

Mein Vater liebte die Großstadt. »Muhende Kühe!«, sagte er. »Gebt mir lieber klappernde Straßenbahnen«, und nur ein ausgeprägter Sinn für Familienpflichten zwang ihn – als ich etwa acht Jahre alt war –, ein Haus in der Vorstadt zu erwerben. Sechs Jahre lang schaufelte er dort unglücklich Schnee, rannte zu den Zügen und entzog sich Mutters Versuchen, ihn für Gartenarbeit zu interessieren, getröstet allein von dem Gedanken, dass seine Kinder in gesunder »Landluft« aufwuchsen.

Die öffentliche Schule war zu weit für meine jüngeren Geschwister, die nähere Privatschule sehr teuer, so dass – zwecks Befriedigung des Verlangens meiner Mutter nach dem Leben der britischen Oberschicht sowie der quäkerischen Sparsamkeit meines Vaters – drei unglückliche kleine Amerikaner einen ganzen Winter lang von einer englischen Gouvernante erzogen wurden.

Arme Miss Follansbee! Ihr, einer bedauernswerten exilierten Verehrerin Alfred Lord Tennysons, schoben wir die Alleinverantwortung für den Verlust unseres geselligen Schullebens zu, und ihre sanftes »Meine Lieben, nicht diese Ausdrücke« war nur eine schwache Ermahnung für junge, seit langem durch die häufige Anwendung der elterlichen Haarbürste abgehärtete Rabauken. Im Frühjahr zog sie schließlich die ersehnte Konsequenz und wechselte in eine hoffentlich erfreulichere Stellung; zurück blieb bei uns, neben einem zeitweisen Oxfordakzent, eine scharfe Verachtung alles Englischen und eine anhaltende Abscheu gegen ihr Lieblingsgedicht »Überqueren der Barre«. »Sonn'untergang und Abendstern …« Was für ein Quatsch! Da man uns jeden Sommer in kleinen Booten aufs Wasser entließ, wussten wir, dass tüchtige Seeleute, wenn sie sich über gefährlichen Sandbänken befanden, keine Zeit hatten, die Szenerie zu betrachten, und wir verachteten sowohl das schnulzige Gedicht als auch die Landratte, die es geschrieben hatte. Mit dem Alter hat sich jedoch eine verspätete Wertschätzung des geliebten Poeta Laureatus der lieben Queen eingestellt, wenn auch weder er noch seine Regentin meine moderne Interpretation des Textes billigen würden. Nichtsdestotrotz, immer noch wird viel zu viel gejammert, sieht sich die Durchschnittsfrau mit der Aufgabe konfrontiert, alkoholische Getränke zu mixen beziehungsweise zu servieren.

Die allgemein anerkannte männliche Verantwortung für die flüssigen Erfrischungen ist kaum zu leugnen. Wenn aber eine Gastgeberin alleine lebt – und zwar gern – oder der Gastgeber sich verspätet hat und bereits Gäste eingetroffen sind, dann sollte jede halbwegs intelligente Frau in der Lage sein, einen trinkbaren Cocktail zuwege zu bringen. Denn sosehr Männer es auch genießen, das Mixen als Mysterium zu zelebrieren, erfordert ein trockener Martini doch sehr viel weniger Zeit und noch weit weniger Geschick als das Backen eines einfachen Kuchens, und auch die Entdeckung, dass der Inhalt des eisigen Shakers der Köchin durchaus genießbar ist, geht mit keinerlei Verlust von Weiblichkeit einher. Vielmehr stellt es eine Versicherung dar, dass das folgende Mahl sogar noch köstlicher sein wird als erwartet, und die sowieso schon kleidsame Schürze der Hausfrau wirkt um so entzückender.

Besteht die Notwendigkeit, von Grund auf zu beginnen und nicht nur das Mixen, sondern auch den Einkauf zu erledigen, so denken Sie daran, kein Mann hat je dem Reiz einer hilflosen (sic!) Frau widerstanden, und bitten Sie den Verkäufer im Wein- und Spirituosengeschäft um seinen fachmännischen Rat.

Verzichten Sie auf ausgefallene Gläser und Mixbecher. Schlichtes, klares Kristallglas, egal ob teuer oder billig, ermöglicht es dem Auge des Trinkers, den Glasinhalt frisch und unbeeinträchtigt durch grelle Farbtöne oder schwer zu haltende gedrechselte Stiele wahrzunehmen. Als eine vermögende Freundin stolz ihre neueste Garnitur importierter Gläser vorführte – »realistische Nachbildungen« der Göttin der Freiheit, die einen farbigen Kelch auf dem Kopf trug –, bestand meine einzige Reaktion nicht in Neid, sondern einem leichten Ekel, heilbar nur dadurch, dass ich nach Hause ging, um mit neuerlicher Zuneigung meine eigenen Fensterglas-Gläser – drei zu einem Vierteldollar – zu betrachten. Ein weiterer Vorteil von schlichtem Glas ist seine leichte Ersetzbarkeit. Das Essservice der Urgroßmutter mag zwar komplett von Generation zu Generation weitervererbt werden, doch nur selten bleibt ein Dutzend Highball-Gläser ebenso viele Monate lang intakt. Stecken Sie Ihr Geld in unauffällige Muster oder in »Serien«-Ware, die sich ergänzen lässt, ohne dass es allzu sehr auffällt.

Messen Sie die Zutaten sorgfältig mit einem Barmaß, halten Sie reichlich Eis bereit, denn durch falsches Kühlen wurde schon viel guter Alkohol ruiniert, und last but not least, übertreiben Sie es nicht mit den Garnituren. Flotte Mitglieder des dienstäglichen Lunch-und-Bridge-Clubs mögen einen süßen schwachen Cocktail mit allem Drum und Dran, der der Ebbe bei Coney Island gleicht, ja ganz reizvoll finden, doch der wahre Bonvivant bevorzugt das Bouquet seines geistigen Getränks pur und unverdorben.

Aufgepasst, Barkeeperinnen! Es geht los. Die erste Lektion besteht aus einem Rezept für den Drink, der nach Dr Gallup und seinen Schnüfflerkollegen der beliebteste ist, ein einfacher DRY MARTINI. 3 Teile Gin und 1 Teil französischen Wermut über eigroße Eiswürfel in einen Krug gießen. Leicht umrühren, bis das Ganze kalt ist, jedoch nicht schütteln, denn eine zu energische Behandlung, heißt es, schade der Mischung. Abseihen und mit einer grünen Olive auf dem Boden des Glases und Zitronenschale am Glasrand servieren. Mixen Sie stets nur so viel, dass es für eine Runde reicht. Kleine eingelegte Zwiebeln können die Oliven ersetzen, ohne dass der Drink an gesellschaftlichem Prestige einbüßt, obwohl man das Gleiche von den Konsumenten nicht behaupten kann, und eine Handvoll frischer Minzeblätter im Krug wird von vielen geschätzt.

Ein PERFECT COCKTAIL ist ein Dry Martini, bei dem die Hälfte des französischen Wermuts durch eine gleich große Menge der italienischen Sorte ersetzt wird; das Resultat ist ein wenig süßer.

MANHATTAN. 3 Teile Roggenwhisky auf 1 Teil italienischen Wermut. In einem eisgekühlten Behälter gründlich schütteln und mit einer Maraschinokirsche in jedem Glas servieren. Barkeeper sind nicht schlauer als Köchinnen, so dass Sie inzwischen erfahren genug sein sollten, um zu erraten, dass man in einem DRY MANHATTAN stattdessen die gleiche Menge an französischem Wermut verwendet.

Bei einem OLD FASHIONED COCKTAIL sollte sowohl das Mixen als auch das Trinken mit Muße geschehen. Große Bechergläser mit dicken Böden verwenden – Viertellitergläser sind durchaus nicht zu groß – und 1 TL Zucker oder ½ Zuckerwürfel in jedes Glas geben. 1 EL Wasser hinzufügen und den

Zucker verrühren oder zerdrücken. 1 Schuss Angosturabitter und 1 Barmaß Roggenwhisky hinzufügen. 2 oder 3 Eisbrocken hineingeben, ein Streifen Zitronenschale über den Rand drapieren und jedem Gast ein Glas mit einem kleinen Stößel oder Löffel in die Hand drücken, so dass er nach Herzenslust rühren und schlürfen kann. Diese Cocktails mixt man am besten in kleinen Mengen. Eine liebe alte Seele aus meiner Bekanntschaft wollte an einem kalten Tag den örtlichen Kirchenfrauen-Verband aufheitern, indem sie ihnen Old Fashioneds mixte und sie aus einer Teekanne servierte. Einige der Mitglieder können sich immer noch nur ganz vage erinnern, was sich danach auf dem Treffen abspielte. Old Fashioneds können aus schottischem Whisky gemacht werden, dann handelt es sich um ROB ROYS, oder aber mit Bourbon und einigen Minzeblättern, die mit dem Zucker zerstoßen werden. Letztere nennt man BABY'S MINT JULEPS, wobei der Himmel dem Kleinkind beistehen möge, das so einen hinunterkippt.

RUM OLD FASHIONEDS werden mit Rum anstelle des Whiskys gemacht, können mit Limette statt Zitrone garniert werden und werden ansonsten wie im vorausgehenden Rezept gemixt. Es handelt sich um ein höchst erfrischendes Getränk für einen heißen Abend, wie wir auf einer Reise auf jene schönen und nur wenig bekannten Inseln erfuhren, die die Karibik unterhalb Kubas sprenkeln wie die Perlen einer zerrissenen Halskette. Rhum Martinique war damals die Basis, und der geplagte Barkeeper auf unserem überfüllten britischen Frachter betrachtete uns als bessere Leute, da wir ihn nur vor dem Abendessen bestellten und uns zum Mittagessen an eine Flasche Guinness hielten.

STRAWBERRY BLOSSOM. 4 Tassen reife Erdbeeren auspressen. Seihen und pro Tasse 1 EL Zitronensaft hinzufügen. Leicht süßen, wobei die Zuckermenge je nach Säure der Beeren variiert. 1 Barmaß Gin und 1 EL Crème double pro Barmaß Saft verwenden, mit reichlich Eis gründlich schütteln und in Martinigläsern servieren. Dies ist der perfekte Einstiegsdrink für die mutigeren »Mädels«, ebenso wie der folgende milde DAIQUIRI: 1 TL Puderzucker im Saft 1 Limette auflösen. 1 Barmaß Bacardi hinzufügen, rühren und langsam in ein Champagner- oder Obstsalatglas gießen, das vorher mit fein zerstoßenem Eis gefüllt wurde. Mit einer Erdbeere oder Kirsche servieren und durch einen kurzen Strohhalm schlürfen.

SHERRY oder GIN »AND« sind englische Aperitifs, die der Küche dieser Insel zumeist weit überlegen sind. 1 kräftigen Spritzer Angosturabitter in ein Sherryglas geben und dieses drehen, bis die Glaswände gründlich davon überzogen sind. Verbliebene Angostura-Tropfen herausschütteln und das Glas mit Gin oder trockenem Sherry füllen. Ein Stück Zitronenschale ist eine optionale Garnitur und, da die Rezepte aus Nordwesteuropa stammen, bedarf natürlich weder das eine noch das andere Getränk der Kühlung.

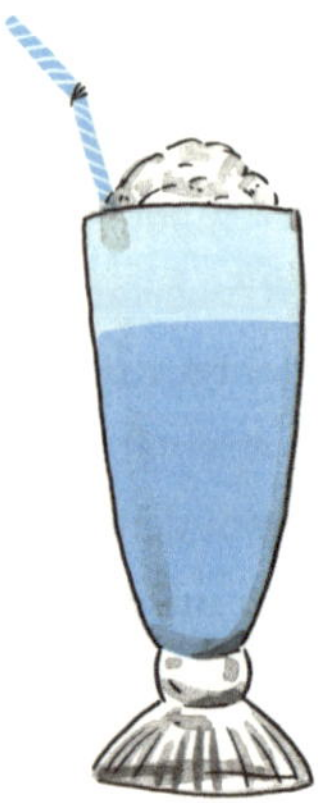

Für jene gefürchteten, aber häufig unumgänglichen großen Gesellschaften ohne zusätzlichen Barkeeper ist ein Getränk, das man schon eine Weile im Voraus mischen kann, in der Regel leichter zu servieren als Cocktails. FISH HOUSE PUNCH, den bereits George Washington kannte und schätzte, ist in dieser Kategorie unvergleichlich, sollte jedoch Nichteingeweihten nur mit Bedacht serviert werden. Von Aussehen und Geschmack her beinahe so mild wie Coca-Cola, hat er mehr K.o.s zu verzeichnen als Joe Louis höchstpersönlich. Passen Sie daher gut auf, wie oft eine reiche naive unverheiratete Tante sich zur Punch-Quelle begibt, denn solange sie noch bei der zweiten Tasse ist, mag sie ja vielleicht beginnen, Schecks über astronomische Summen zu Ihren Gunsten auszustellen, nach dem dritten oder vierten Glas allerdings könnte die unleserliche Unterschrift durchaus die

Gefahr späterer, unberechtigter Fälschungsvorwürfe in sich bergen. Sich daher auf alle denkbaren Resultate fröhlich gefasst machen und mit dem Mischen fortfahren. 340 g Zucker (Würfelzucker wenn möglich) in gerade so viel Wasser auflösen, dass aller Zucker aufgelöst ist. 1 l frischen geseihten Zitronensaft, 2 l Jamaika-Rum, 1 l Cognac, 2 l Wasser und ½ Tasse Pfirsichlikör vermischen. Dies alles 2–3 Stunden oder über Nacht in einer verkorkten Ballonflasche an einem kühlen Ort durchziehen lassen und 1–2 Stunden vor dem Servieren über ein großes Stück Eis in eine Bowlenschüssel gießen.

CHAMPAGNERBOWLE ist milder, womöglich ungefährlicher und sehr viel leichter zuzubereiten. ½ Tasse Weinbrand zu 1 l Champagner geben, eventuell auch noch 1 Flasche Sauterne hinzufügen und über einen hart gefrorenen Block aus Orangenwassereis gießen und servieren. Das ist erfrischend und muss, mit gutem einheimischem Sekt zubereitet, gar nicht so teuer sein.

Eine SAUTERNE- oder RHEINWEINBOWLE, meinte mein Vater immer, habe an einem heißen Sommertag als Cooler nicht ihresgleichen. Er »importierte« den Wein fässerweise und kostengünstig aus Kalifornien, und ein besonders scheußlicher Kristallkrug war dem Mischen dieses Getränks vorbehalten. Manchmal gestattete man mir, nachdem das Eis bereits weitgehend geschmolzen war, einen kleinen Schluck, und ich war schon beinahe erwachsen, ehe ich merkte, dass Weißwein kein zartes Gurkenaroma besitzt. Als ich heiratete und – für meinen Vater unverständlich – in einen Vorort umzog, sorgte er dafür, dass wir für heiße Tage stets einen reichlichen Vorrat seines Lieblingsjahrgangs im Hause hatten, und ich lernte, die Bowle für ihn bereitzuhalten, wann immer er die »strapaziöse« 15-Minuten-Reise auf sich nahm, um nachzusehen, wie sich die Dinge in der tiefen Provinz entwickelten. Das Mischen erfordert kaum Mühe und nur wenige Zutaten. 1 TL Zucker in einen hohen Krug geben, mit etwas Wasser auflösen, dann 2 oder 3 große Eisstücke hinzufügen. Vorsichtig 2 lange breite Streifen gründlich gewaschene Gurkenschale zwischen Eis und Glaswand schieben, damit sie dem Getränk ihr kühles grünes Leuchten verleihen. 1 Flasche Rheinwein oder trockenen Sauterne sowie ½ l oder etwas mehr sprudelndes Mineralwasser dazugießen, umrühren und »trinken, bis man abgekühlt ist«. Das Ganze kann durch ein Barmaß Brandy und einige Orangen- oder Zitronenscheiben intensiviert werden, obwohl das Original kaum zu übertreffen ist. Jenen ungebildeten Seelen aber, die sich über den Gurkengeschmack beklagen, sollten Sie mit hochgezogenen Augenbrauen zumurmeln, dass die smaragdfarbene Garnitur dem Getränk genau jenen Borretschgeschmack verleiht, eines Krauts also, das seit der Zeit Karls des Großen als idealer Begleiter von Weißwein gilt.

Jahrelang war einer der führenden Ärzte der Stadt unser direkter Nachbar. Und so beliebt bei seinen Patienten, dass – als er in die Politik einstieg – gemunkelt wurde, viele Mütter in spe planten die Ankunft ihrer Babys im Hinblick auf den Wahltag, um zugunsten des angebeteten Doktors stimmen zu können. Sein vielbeschäftigtes Leben ließ ihm nur wenig Raum für Geselligkeit. Nur der Neujahrsnachmittag war ihm heilig, und im Folgenden finden Sie das Rezept für den berühmten EGGNOGG, den er und seine hübsche Frau dann ihren zahlreichen Freunden ausschenkten: Die Dotter von 6 Eiern mit ¾ Tasse Zucker gründlich verschlagen. Nach und nach 2 l Vollmilch unterrühren sowie, ebenso langsam, ½ l Roggenwhisky und 1 EL Rum. Die steif geschlagenen Eiweiße von 6 Eiern unterziehen und, falls gewünscht, über Nacht kalt stellen.

Der Anstrich des überraschend an einer staubigen Kreuzung auftauchenden »Bar and Grill«-Restaurants war derart frisch, dass wir schon fürchteten, das makellose Gebäude sei nur ein Trugbild, das uns unsere hungrigen und von der Hitze benommenen Augen vorspiegelten, hatten wir uns doch den ganzen

Morgen lang als Archäologen betätigt und das Ödland New Jerseys nach den verschwundenen Fundamenten einer vorrevolutionären Eisenhütte abgesucht. Während ich mich in einem mit Zedernholz getäfelten Gastraum um die Bestellung des Essens kümmerte, verschwand mein Gatte in der Bar und kehrte mit zwei beschlagenen Gläsern Fassbier zurück. Kaum hatte er sie auf dem rot karierten Tischtuch abgestellt, legte er, übermannt von einem derart lautlosen und hysterischen Erstickungsanfall, den Kopf in die Hände, dass ich mir sicher war, die Mittagssonne hätte das Schlimmste vollbracht. Minutenlang war die einzige verständliche Erwiderung auf meine hektischen Fragen nur »Das Schild! Das Schild!«. Schließlich gehorchte ich seinen flehentlichen Gesten, näherte mich auf Zehenspitzen der Tür der berstend vollen kleinen Bar und wurde sofort von einem kaum zu unterdrückenden Lachanfall überwältigt. Denn auf dem blanken Barspiegel stand, verschönert mit jenen seit jeher von Barkeepern so geliebten Schnörkeln: *Probieren Sie unsere Guadalcanal Taubenmilch. Erfrischt die Lebensgeister und steigert die Produktivität.* Das Wissen um dieses Getränk schien einen sehr viel bedeutenderen Beitrag zur Geschichte unseres Landes darzustellen als der einst so wichtige Standort der Eisenhütte. Folgendermaßen hat ihn der erst kürzlich heimgekehrte Kriegsveteran gemixt: ½ Barmaß Brandy, ½ Barmaß Rum und 1 Tasse Vollmilch in einen Shaker geben. 1 rohes Ei, 1 TL Zucker und 2 oder 3 große Stücke Eis hinzufügen. Schütteln, bis das Getränk schaumig ist, dann in ein Highball-Glas seihen. Seit dieser Entdeckung haben wir schon viele Menschen damit erfreut, und obwohl die Qualitäten der Taubenmilch das Versprechen der Originalwerbung nicht völlig einlösen, ist ihr Genuss dennoch nahrhaft und erfrischend.

Von all unseren Fehlern fraß sich unser Widerwille gegen ihr GERSTENWASSER am tiefsten in Miss Follansbees Herz. Und für all jene, die ihrem Beispiel folgen wollen: *So* hat sie es getrunken. 1 TL Perlgraupen waschen, in 2 Tassen kochendes Wasser geben und 2 Stunden im abgedeckten Wasserbadtopf garen. Seihen, dann den Saft ½ Zitrone und ein paar Scheibchen der Frucht sowie 1 EL Zucker oder auch mehr hinzufügen. Kühlen, jedoch kein Eis verwenden, und servieren, sobald nach einem Cricketspiel die Stäbe herausgezogen werden.

Gute AMERIKANISCHE LIMONADE ist sehr viel durststillender. ¾ Tasse Zucker in 2 Tassen Wasser kochen, bis er sich darin aufgelöst hat. Leicht abkühlen lassen und ½ Tasse oder auch mehr geseihten Zitronensaft hinzufügen. Dieser Grund-Sirup hält sich im Kühlschrank abgedeckt 2–3 Tage lang. Wenn man von der Limonade trinken möchte, den Sirup nach Geschmack mit Wasser verdünnen und in eisgefüllten Gläsern servieren. In größeren Mengen hergestellt und mit Minze, Erdbeeren und Ananas serviert, ergibt das Ganze auch eine wunderbare alkoholfreie Bowle.

HORSE'S NECK. Von einer Zitrone eine lange Spirale abschälen und ein hohes Glas damit auskleiden. 2 oder 3 Stücke Eis hinzufügen und das Glas mit Ginger Ale auffüllen. Auch der eifrigste Alkoholbefürworter wird dies nach einem harten Tennismatch zu würdigen wissen.

OLD FASHIONED RASPBERRY VINEGAR mit seinem säuerlichen Aroma ist ein sommerliches Erfrischungsgetränk, das keinesfalls in Vergessenheit geraten sollte. 8 Tassen reife zerdrückte Himbeeren mit 4 Tassen gutem Apfelessig vermischen. In einer Schüssel oder einem irdenen Deckeltopf 2 Tage lang stehen lassen, dann abgießen und mit 8 Tassen frischen Himbeeren ein zweites Mal ansetzen. Erneut abseihen, dieses Mal durch ein Passiertuch. Für jeden Liter Saft 450 g Zucker hinzufügen. Etwa 5 Minuten lang kochen, bis sich der Zucker aufgelöst hat, dann den Schaum abschöpfen und, falls der Raspberry Vinegar nicht sofort weiterverwendet wird, in Flaschen abfüllen und versiegeln wie beim Rezept für Tomatenketchup (S. 166). Zum Servieren

1 Barmaß des Vinegar in ein hohes Glas gießen, ein paar Eiswürfel hinzufügen und das Glas mit sprudelndem Mineralwasser auffüllen. Dieser »Himbeeressig« hat große Ähnlichkeit mit dem französischen »sirop«, den Bummler und Müßiggänger so genießen. Ich liebte ihn als Kind, und liebe ihn noch heute, doch meine eigenen Kinder bevorzugten selbst gemachte ICE-CREAM SODAS. ½ Tasse kalte Vollmilch in ein hohes Glas geben, eine dicke Kugel einer beliebigen Eiscremesorte hinzufügen und mit sprudelndem Mineralwasser auffüllen. Gründlich umrühren, damit man eine professionell wirkende »Schaumkrone« erhält, und mit Strohhalm und langem Löffel servieren. Ein wunderbar leichter Lunch, wenn man ein paar salzige Cracker dazu reicht.

Alle Getränke, ob nicht alkoholisch oder das Gegenteil, sollten stets in reichlichen, aber nicht überwältigenden Mengen serviert werden. Manch kleiner Bauch hat nach einem Limonadenexzess schon ebenso sehr gelitten wie ein älterer, aber dennoch nicht klügerer nach zu vielen Martinis. Natürlich ist eine großzügige Gastgeberin immer besser als eine knausrige, und doch sollte man sich an den goldenen Mittelweg halten, denn obwohl König Salomon in seinem Hohelied die Königin von Saba aufforderte: »Halte mich mit Schnabelkannen, und labe mich mit Äpfeln«, wusste *die* genau, wann es genug war, sowohl mit den Schnabelkannen als auch dem Halten, und die Geschichte berichtet uns auch nicht, dass er mit seinem Gefolge um ihr Zelt herumgelungert oder das alttestamentarische Äquivalent zu »Rosamunde, oh Rosamunde« gegrölt hätte, bis sich die Nachbarstämme beschwerten.

In großen Mengen servierte Hors-d'œuvres haben eine ebenso schädliche Wirkung auf die Verdauung eines Gasts wie der übermäßige Genuss von Cocktails, die diese begleiten, und können überdies jedes Interesse an der darauffolgenden Mahlzeit abtöten – ein Desaster, an das keine Köchin auch nur denken mag. Gegen diese Bedrohung der Freuden des Esstischs sollte etwas unternommen werden, und wie allen guten Amerikaner, die sich mit einem Problem konfrontiert sehen, ist dabei mein erster Instinkt, einen »Ausschuss« einzuberufen.

* * *

Als Familie, die sich gern und leicht amüsiert, haben wir bis heute zahlreiche Clubs gegründet, darunter auch einige von sehr kurzer Lebensdauer wie der »Sei-lieb-zu-Daddy-Verein«, der aufgelöst wurde, nachdem dessen einziger Nutznießer und gleichzeitig selbst ernannter Präsident der »Acht-Ball-Gesellschaft« den Vereinszweck als dröge empfand. Auch die »Regionale Ghul-Union Nr. 1« schien dem Untergang geweiht, als die Mitglieder, meine Tochter und ich, irrtümlich die Aufmerksamkeit ihres Vaters auf den preiswürdigen Fund eines alten neuenglischen Grabsteins lenkten, auf welchem über einem bewegenden Epitaph die Initialen des Letzteren eingemeißelt waren, wurde jedoch während darauffolgender Autoausflüge wiederbelebt, und bis heute setzen wir unsere beglückende Korrespondenz über die Entdeckungen unserer Ghul-Union auf alten Friedhöfen fort.

Der neue Club, den ich demnächst gründen werde, verdient allerdings eine weit größere Anzahl ständiger Mitglieder, die sich auf das doppelte Ziel, sowohl Cocktailpartys auf ein Dutzend sorgfältig ausgewählte Gäste zu beschränken als auch anlässlich derselben nicht mehr als zwei Sorten von Vorspeisen zu servieren, zu verpflichten haben. Höchste Zeit, die großen langweiligen Versammlungen mit ihren warmen, schlecht gemixten Drinks einzudämmen – vor allem aber die Tabletts mit einem Häppchensortiment, das an Sonntagsschulpicknicks erinnert. Appetithäppchen sollten genau das sein, was ihr Name besagt, keine mehrgängigen Menüs; und eine kleine Auswahl gut geeister trockener Cocktails ist alles, was ein Essen für seinen perfekten Start benötigt:

KÄSE-PÂTÉ NUMMER 1. Dieses Rezept habe ich vor Jahren dem Küchenchef eines berühmten Hotels abgeschwatzt, wo eine teure Scheibe davon nach wie vor die Liste der Hors-d'œuvres anführt. Eine Schüssel mit rundem Boden verwenden und mit einer silbernen Gabel 110 g reifen Roquefort-Käse zerbröseln und verrühren, bis es keine Klümpchen mehr gibt. 2 EL fein gehackten Schnittlauch oder ½ TL geriebene Zwiebel untermischen. 2 kleine Päckchen beziehungsweise 110 g Frischkäse hinzufügen und gründlich verrühren, ehe man alles mit ½ Tasse trockenem Sherry verdünnt. ½ TL Salz, ¼ TL frisch gemahlenen schwarzen Pfeffer, einige Körnchen Cayennepfeffer sowie 1 EL ungarischen Paprika untermischen. Letzteren, falls nötig, mit heimischem ersetzen. Alles gründlich vermischen, die Pâté zu einer Rolle formen, in Wachspapier einschlagen und über Nacht im Kühlschrank durchziehen und fest werden lassen.

KÄSE-PÂTÉ NUMMER 2. Die gleiche Menge an Frischkäse wie oben mit 1 EL Sardellenpaste vermischen. Dies kann man sofort servieren, ebenso wie KÄSE-PÂTÉ NUMMER 3, bei der der Frischkäse mit ½ Tasse fein gehacktem Schnittlauch vermischt und mit Salz und schwarzem Pfeffer gewürzt wird.

SHRIMP-PÂTÉ. Aus 2 Tassen gekochten und geschälten Garnelen die schwarzen Darmfäden entfernen und die Garnelen zweimal durch die feine Scheibe der Küchenmaschine geben. ¼ Tasse Butter mit 1 zerdrückten Knoblauchzehe zerlassen. Den Knoblauch herausfischen und die Butter zu den Garnelen geben. ¼ Tasse säuerliche Mayonnaise zusammen mit ½ TL Salz, ¼ TL schwarzem Pfeffer und eventuell einigen Tropfen Worcestersauce und Tomatenketchup hinzufügen. Eine Rolle formen und wie die Käse-Pâté Nummer 1 einschlagen und kalt stellen.

AVOCADO-PÂTÉ. Auch hier eine Silbergabel verwenden und 1 reife geschälte Avocado zu einer Paste zerdrücken. ½ Tasse fein gehackte Brunnenkresse, 2 EL French Dressing, 1 TL Worcestersauce und ein wenig geriebene Zwiebel hinzufügen. Dann noch je ¼ TL Salz und schwarzen Pfeffer sowie 1 kräftige Prise Cayennepfeffer dazugeben, da diese Pâté wirklich scharf werden muss. Es handelt sich um ein puertoricanisches Rezept, und da unten lässt man das nichtssagende Aroma der Avocado nicht gerne auf sich beruhen. Sie könnten dies in einer Avocadoschalenhälfte servieren.

Alle Pâtés schmecken besser, wenn Sie sie kalt in einer Schüssel oder einem kleinen Topf und zusammen mit Toast, Salzcrackern oder dünnen kleinen geviertelten Roggenbrotscheiben servieren, so dass Ihre Gäste sich selbst bedienen können.

CHAMPIGNON-CANAPÉS. 225 g gewaschene ganze Champignons fein hacken oder durchdrehen. 2 EL Butter zerlassen, 1 EL Mehl unterrühren und die Champignons und 2 EL Sahne hinzufügen. Mit Salz und schwarzem Pfeffer abschmecken. Abkühlen lassen und auf runde Toastscheiben streichen.

GURKEN-CANAPÉS. Die gewünschte Anzahl an Brotscheiben toasten. Mayonnaise mit etwa halb so viel gehackter Brunnenkresse vermischen und dünn auf jeder Scheibe verstreichen. Eine dünne ungeschälte und in French Dressing marinierte Gurkenscheibe daraufsetzen. Mit einer Radieschenscheibe garnieren.

GARNELEN MIT CURRY-MAYONNAISE. Nichts weiter! Reihen gegarter geschälter oder auch Dosen-Garnelen auf eine Platte legen, in die Mitte der Platte eine Schüssel mit Curry-Mayonnaise stellen, die aus 1 Tasse Mayonnaise (S. 131) und 1 TL Currypulver besteht. Rohe BLUMENKOHLRÖSCHEN, die man zunächst in Eiswasser knackig gemacht hat, sind ebenfalls köstlich dazu und schmecken, auf diese Weise serviert, einmal ganz anders.

KÄSESCHNECKEN kann man vorbereiten. Die Hälfte des Rezepts für Mürbeteig (S. 151) verwenden, den Teig teilen und beide Hälften jeweils zu einem etwa 10 cm breiten Rechteck ausrollen und dick mit 1 Tasse fein geriebenem würzigem amerikanischen Käse bedecken. Mit Salz und etwas Cayenne bestreuen. Locker aufrollen und die von Ihnen abgewandt liegende Kante mit Eiswasser befeuchten und fest andrücken. Kühl stellen. Jede Rolle mit einem scharfen Messer in 1,2 cm breite Scheiben schneiden, mit etwas Paprika bestäuben, auf ein gefettetes Plätzchenblech setzen und 5 Minuten bei 200°C backen.

HAM PUFFS darf man nicht warten lassen. ½ TL Senfpulver mit 120 g Deviled Ham[30] vermischen. ½ Tasse fein geriebenen Parmesan und einige Körnchen Cayennepfeffer hinzufügen. 1 steif geschlagenes Eiweiß hinzufügen. 12 oder 15 kleine Brotscheiben auf einer Seite toasten. Die Teelöffelportionen der Deviled-Ham-Mischung auf die getoastete Seite häufen, auf ein Plätzchenblech setzen und 5 Minuten bei 230°C backen.

Scheiben von WIENER WÜRSTCHEN aus der Dose, mit kleiner Cocktailzwiebel auf Zahnstochern aufgereiht, eignen sich als rasch zubereitete Appetithäppchen, ebenso wie mit geriebenem Parmesan und etwas Cayennepfeffer bestäubte KARTOFFELCHIPS, die man bei 200°C für 5 Minuten in den Ofen schiebt.

Dünne Scheiben von gekauftem FRÜHSTÜCKSFLEISCH oder MORTADELLA, die man mit gewürztem Frischkäse sandwichartig zusammensetzt und in schmale Streifen oder Stücke schneidet, benötigen ebenfalls nur sehr wenig Zeit.

30 A. d. Ü.: Ham Puffs heißen so, weil sie mit Deviled Ham, einer gewürzten streichwurstähnlichen Zubereitung aus gemahlenem Schinken, zubereitet werden. Den Deviled Ham eventuell durch Mettwurst ersetzen. Oder aber Deviled Ham nach einem Rezept aus dem Internet selbst herstellen.

Aufgrund der kostengünstigen Auswahl von Vorspeisen und der dadurch erzielten Einsparungen werden sich die Clubmitglieder häufiger den köstlichsten Gaumenkitzel von allen leisten können: KAVIAR, schwarz oder rot. Auch ihn gibt man in eine Schüssel über gehacktem Eis, und am besten schmeckt er auf dünnen Scheiben dunklen Pumpernickels. Eine Satzung gestattet uns darüber hinaus, zu besonderen Anlässen wie etwa Geburtstagen einen CANAPÉ-KUCHEN mit drei verschiedenen Füllungen zu servieren. Die Kruste eines runden Roggen- oder Weißbrotlaibs entfernen und vier dünne Scheiben aus der Mitte des Laibs schneiden. Die untere Scheibe leicht buttern und mit ½ Tasse Käse-Pâté Nummer 1 bestreichen. Eine zweite gebutterte Scheibe darauflegen und ½ Tasse Deviled Ham, vermischt mit 1 EL Mayonnaise und etwas scharfem Senf, darauf verteilen. Die dritte gebutterte Scheibe daraufsetzen. Auf sie kann man nun ½ Tasse gehackte Gurken geben, die man mit etwas Mayonnaise oder ½ Tasse Shrimp-Pâté (oben) verrührt hat. Vierte Brotscheibe darüberklappen und das ganze Ding mit 2 Packungen mit ½ Tasse Sahne verdünntem Frischkäse glasieren. Glasur mit Sardellenpastenschnörkeln verzieren, die man direkt aus der Tube daraufdrückt, ebenso wie mit winzigen roten Cocktailzwiebelchen, um dem Kuchen Farbe zu verleihen. 2–3 Stunden an einem kühlen Ort stehen lassen und die Torte schließlich vom Ehrengast anschneiden lassen.

Wie Alexander Woollcott[31] zu schön zu sagen pflegte: »Möchten Sie nicht Mitglied werden?«

31 A. d. Ü.: Alexander Woollcott (1887–1943), amerikan. Schriftsteller und Journalist, Mitglied des Algonquin Round Tables (Künstlerkreis), zu dessen bekanntesten Mitgliedern u. a. Dorothy Parker und Harpo Marx gehörten

Heiße Geräte für die Herdeigentümerin

Wie das ewig ungeklärte Problem »Was war zuerst, die Henne oder das Ei?«, hat auch jene andere Frage »Was ist notwendiger in einem Haus, das Bett oder der Herd?« ähnlich hohe Aussicht, zufriedenstellend beantwortet zu werden. Zugegeben, die drei wichtigsten Ereignisse im Leben eines Menschen – Geburt, Ehe und Tod – finden im Bett statt; drei gleichermaßen lebenswichtige Geschehnisse allerdings – Frühstück, Mittag- und Abendessen – verdanken täglich aufs Neue ihr Gelingen dem Herd.

Für viele Einrichtungsgegenstände gibt es Ersatz. Orangenkisten können zu Hockern umfunktioniert werden, ein Fass zu einem gar nicht so üblen Tisch, und gewissenloses Ausborgen hat, wie wir wohl alle zu unserem Leidwesen erfahren haben, schon zu manch beeindruckender Bibliothek geführt. Keinen adäquaten Ersatz allerdings gibt es für gutes Essen beziehungsweise ein bequemes Bett. Ein Mahl, das nur mit Mühe auf den Tisch gebracht wurde, liefert auch nur ein klägliches Vorspiel zu einer ungestörten Nachtruhe und umgekehrt, wie die Diddel Dum und Di zueinander zu sagen pflegten. Der vielleicht sicherste Rat für angehende Haushaltsvorstände mit kleinem Geldbeutel wäre, ihr Budget zu halbieren und das beste Bett und den besten Herd zu kaufen, die sie sich leisten können, und was die restliche Einrichtung betrifft, die Dachböden ihrer Eltern zu plündern. Doch überstürzen Sie diese Anschaffungen nicht, denn diese wichtigen Dinge sollten, wenn sie klug ausgewählt wurden, wie ein Ehemann ein Leben lang halten.

Ratschläge zum Bettenkauf wären in einem Kochbuch wohl höchstens unter der Überschrift »Unterhaltung« angebracht, doch hier will ich über Herde sprechen, und zwar aus langjähriger und vielfältiger Erfahrung, angefangen mit dem Holz-Alkohol-Holocaust meiner frühen Jugend, über spätere Kämpfe mit einem Zweiloch-Holzherd der Marke Shipmate in der Bordküche eines kleinen Boots bis zu meinem gegenwärtigen Küchenwunder, das außer Schwanzwedeln auf Kommando einfach alles kann.

Elektroherde sind womöglich moderner und mit Sicherheit sauberer als Gasmodelle. Sie brauchen etwas länger, bis sie die gewünschte Hitze erreicht haben, doch sobald sie einmal richtig eingestellt sind, bleibt die Temperatur konstant, und man kann ein Essen beliebig lang darauf garen lassen im sicheren Wissen, dass nichts überkochen oder anbrennen wird. Noch wird einem an der Küchentür ein erstickender Luftschwall entgegenschlagen. Vor allem deswegen empfinde ich sie in einem Haus mit kleinen Kindern – wenn es irgend möglich ist – geradezu als Muss. Andererseits behaupten jene, die auf Gasherde schwören (und es sind unzählige) unbeirrt, dass ihre Kochmethode schneller und an den meisten Orten auch billiger sei. Eine gute Kombination bestünde aus einem Gasherd und einem geräumigen elektrischen Tischbackofen für große Schmorbraten oder den Extrakuchen, für den im bereits vollen Backofen kein Platz mehr ist. Versuchen Sie, sich einen Zweitbackofen anzuschaffen. Als Anfängerin scheint man zwar nicht mehr als einen zu brauchen, doch sobald sie erfahrener und geübter sind, werden sie oft eine Menge von Dingen gleichzeitig backen wollen. Nie werde ich die Verblüffung im Gesicht einer jungen Braut vergessen, als ich mich darüber beklagte, dass mein gegenwärtiger Backofen »nur für 4 Brotlaibe ausgelegt sei«; binnen eines Jahres jedoch rief sie mich an, um sich zu erkundigen, wo sie wohl einen zusätzlichen kaufen könne.

Ein separater Elektro- oder auch Holzofengrill ist eine höchst praktische Ergänzung für jeden Herd, die Vorzüge des sogenannten »Sparkochers« allerdings haben sich mir bis heute nicht recht erschlossen. Da ich der Ansicht bin, dass jedes Gericht ebenso sparsam auf jedem gewöhnlichen Elektro- oder Gasherd gegart werden kann, ließ ich den Sparkocher durch eine weitere Gasflamme ersetzen und habe nun Platz für einen weiteren Topf meiner Wahl.

Sobald man sich in puncto Herd einmal entschieden hat, lautet die nächste Frage selbstverständlich, wo in der Küche er seinen Platz finden soll, und auch darüber sollte man gründlich nachdenken. Der Händler, bei dem Sie ihn kaufen, wird Ihnen diesbezüglich wahrscheinlich eine Hilfe sein, doch achten Sie vor allem auf gutes Arbeitslicht, reichlich Platz vor dem Herd und an den Seiten, die für Sie selbst richtige Höhe sowie ein Regal über dem Herd für die Gewürze. Letzteres sollte ziemlich schmal sein, jedoch länger, als Sie es zunächst vielleicht für nötig halten, denn im Laufe der Zeit werden immer mehr Fläschchen und Schächtelchen dort ihre Heimstatt finden. Meines beherbergt gegenwärtig nicht nur die konventionellen Zutaten Salz, Pfeffer und Mehl, sondern auch Streuer für Senfpulver, Zucker, Chili und Currypulver, 4 oder 5 verschiedene Gewürze und Kräuter, Flaschen mit Fleischsauce sowie zwei kleine Karaffen mit Kochwein, denn nichts reizt meine ungeduldige Natur mehr, als nach den gewünschten Aromen suchen zu müssen, vor allem, wenn ein Gericht ansonsten fast fertig ist. Ein Haken für Topflappen ist eine Hilfe, und manche Köchinnen haben es gern, wenn die am häufigsten verwendeten kleinen Töpfe und Pfannen in Reichweite hängen.

Auch wenn Ihr Herd schließlich angeschlossen ist, haben Sie es noch nicht ganz geschafft, und ich gebe Ihnen diesen letzten und wichtigsten Rat: Machen Sie sich mit ihm vertraut, ehe Sie Höchstleistungen von ihm verlangen. Auch von einem frisch gekauften Welpen, egal wie süß er ist, erwartet niemand, dass er sofort stubenrein ist oder irgendwelche Tricks beherrscht, und nur wenige Leute – zum Glück! – werden gleich beim ersten Treffen unangemessen intim. Denken Sie nicht, dass der makellose neue Herd Ihnen, kaum dass Sie ihn das erste Mal erblicken, all seine guten – oder schlechten – Seiten offenbart. Wie einem Freund in spe werden Sie die guten Eigenschaften kultivieren und die unangenehmen ignorieren oder freundlich darüber hinweggehen müssen. Meine gegenwärtige Küchenvertraute hat eine nur unbefriedigende Deckenbeleuchtung, und die Findigkeit eines Absolventen des Massachusetts Institute of Technology ist nötig, um die Auffangschale herauszuzerren, trotzdem käme ich ebenso wenig auf die Idee, über die Gewohnheit der unteren Schublade, Pfannen auszuspucken, zu tratschen, wie darauf, die neue Frisur einer guten Freundin zu kritisieren.

Als nächster Teil Ihrer Küchenausstattung sind Töpfe und Pfannen an der Reihe. Lassen Sie sich auch hier bei Ihren Einkäufen Zeit und halten Sie sich an das Familienmotto, dass »nur das Beste gut genug ist«, denn alle Utensilien sollten, genau wie der Ofen, von langer Lebensdauer sein. Falls Sie aber sparen müssen, so beginnen Sie mit wenigen teuren Anschaffungen, die Sie mit preiswerten Artikeln ergänzen, wobei sie die billigeren, sobald sie sich abnutzen – und, keine Angst, das werden sie – durch bessere Qualität ersetzen.

Die Basis jeder effizienten *batterie de cuisine* ist eine große schwere Gusseisenpfanne mit fest schließendem Deckel. Hat der Hersteller keine ausführlicheren Anweisungen beigelegt, sollten Sie Pfanne und Deckel vor dem Gebrauch gründlich mit Stahlwolle abreiben, sodann abtrocknen und Deckel wie Pfanne innen mit ungesalzenem Fett einpinseln. Schmalz oder Öl genügen dafür. Nun Pfanne mit Deckel 2–3 Stunden lang in den warmen Backofen oder auf schwache Hitze stellen und, sobald das Fett eingezogen ist, die Pfanne in Abständen immer wieder neu einfetten. Wie trockene Haut liebt es neues Eisen, eingeschmiert zu werden. Beide Teile abkühlen lassen, verbleibendes Fett mit Küchenpapier abwischen, und die Pfanne ist einsatzbereit. Und wie trockene Haut sollte auch das Eisen jetzt nur noch möglichst selten mit Wasser in Berührung kommen, so dass man, nachdem man Speck und Kartoffeln darin gebraten hat, einfach das verbliebene Fett herausgießt und erneut Küchenpapier zum Einsatz bringt. Bei derart liebevoller Behandlung wird sie sich – glatt und rostfrei – jahrelang halten. Noch heute besitze ich die Originalpfanne, mit der ich vor vielen Jahren meinen Haushalt startete; die billigeren, leichteren, die ich seither weggeworfen habe, kann ich hingegen nicht mehr zählen. Während die schönen, schimmernden Aluminiumpfannen für Hähnchenfleisch und zum Frittieren toll sind, kann beim Sautieren, beim Rösten von Fleisch oder Kartoffeln in der Pfanne nichts die alte schwarze Freundin ersetzen. Man kann sie zum Kochen, Schmoren und Braten verwenden, und auch mit wenig Essen kommt die dicke Schwarze bestens zurecht.

Der nächste Einkauf sollte ein Satz von Kochtöpfen sein, auch sie mit exakt schließenden Deckeln. Aluminium kommt hier zu seinem Recht, ebenso wie der schöne und teure Edelstahl. In der Regel kauft man praktische Zweier- oder Dreiersets, die sich auch als Rührschüsseln oder Wasserbadtopf verwenden lassen. Wenn Sie mit ihnen, der großen Pfanne und einer Kaffeekanne Ihrer Wahl bestückt sind, können Sie sich mit dem Rest Ihrer Küchenausstattung ruhig Zeit lassen.

Ein Gemüsemesser wäre noch angezeigt, womöglich auch zwei: eines mit kurzer, breiter, kräftiger und eines mit langer, dünner Klinge. Viele Köche behaupten, ein gutes Schälmesser müsse mindestens 75 Cents kosten, doch wenn Sie sich mit einem erfahrenen Fleischer anfreunden, bekommen Sie in puncto Schneidwaren sowohl besseren Stahl als auch billigere Artikel. Ich habe meinem Fleischlieferanten erfolgreich drei angeblich abgenutzte kleine Messer abgeschmeichelt – zu einem sehr geringen Preis obendrein –, und ihre effiziente Form und Schärfe machen sie zu einer anhaltenden Freude. Fügen Sie noch zwei Holzlöffel hinzu, deren Griffe zum besseren Zupacken in der Mitte abgeschnitten wurden, und Sie sind auch für raffiniertes Kochen gerüstet, obwohl eine altmodische Köchin angesichts des fehlenden Teekessels, der einst jeden Kohleherd schmückte, schockiert wäre. Doch wozu ist schließlich ein Topf da, wenn nicht zum Aufkochen von Wasser. Nachdem Sie sich an einige wenige Küchenutensilien gewöhnt haben, werden Sie wissen, welche anderen Dinge Sie tatsächlich noch benötigen. Denken Sie jetzt an einen Bräter, einige Rührschüsseln, irdene Kasserollen und Formen für Kuchen und Pasteten. Letztere dürfen auch aus Glas sein, und falls sowohl Platz als auch Kosten zu berücksichtigende Gesichtspunkte sind, lässt sich auch *eine* Form für beides verwenden. Und beginnen Sie auch schon früh mit Ihrer Eisenpfannensammlung. Inzwischen besitze ich vier davon: die große, mit der ich anfing, zwei mittelgroße, von denen ich eine nach Möglichkeit Fischgerichten vorbehalte, sowie eine sehr viel kleinere, in der ich ein oder auch zwei Spiegel- oder Rühreier brate oder Zwiebeln zum Würzen von weißer oder Bratensauce anbräune.

Da ich eine für ihren lässigen Umgang mit den Essenszeiten bekannte Familie habe, stehen Wasserbadtöpfe auf der nächsten Stufe der Rangleiter meiner Gunst, und wie bei den berühmten Teddybären scheinen mir drei dieser Speisenwärmer als die genau passende Anzahl. Der große »Daddy« fasst nahezu 4 l und zeigt sich nur auf Partys, wo er zum Warmhalten von Speisen bei der richtigen Temperatur unschätzbar ist; die mittelgroße »Mama« wird für den morgendlichen Haferbei und zur Zubereitung von Custards sowie all jener Gerichte verwendet, die Eier oder Käse enthalten; und in dem einen halben Liter fassenden »Kind« werden Butter oder Schokolade geschmolzen, Sauce hollandaise oder béarnaise zubereitet oder auch mal eine lockere Glasur, Gemüsereste aufgewärmt, und im Grunde ist sie praktischer als die beiden anderen zusammen, obwohl meine Küche die einzige ist, in der ich je dergleichen gesehen habe. Kurz, sie ist eines meiner Lieblingsutensilien und wehe der Küchenhelferin, die den oberen Einsatz als »Einzeltopf« benutzt.

Blechbüchsen und große Blechkästen für Brot und Käse sind Überbleibsel aus Großmutters Küche, auf die wir gerne verzichten. Kaffee und Tee werden heutzutage in luftdicht verschließbaren Behältern geliefert, während der Kühl- oder Tiefkühlschrank der richtige Ort für einen überzähligen Brotlaib ist. Auch Kuchen mögen es kühl. Versuchen Sie, einen kleinen Blech- oder Stahlbehälter zu finden, in den ein Laib Brot hineinpasst, und Sie werden viel weniger Durcheinander auf ihren Regalen haben. Ein schweres Stück Leinwand statt eines Brotbretts spart ebenfalls Platz, und falls Sie eine alte Schreibtischplatte aus Marmor in ihre Arbeitsplatte einlassen können, so wäre dies – zum Ausrollen von Mürbe- oder Hefeteigen – sogar noch besser.

Das Einzige, was mich mit der Pfeife – ohne die man meinen Mann nie antrifft – und dem damit einhergehenden Abfall aus Asche, Pfeifenreinigern und verglühten Streichhölzern ein wenig versöhnt, sind die weiten Gläser, in denen sein Tabak verkauft wird. Die sind nämlich ideal für trockene Lebensmittel wie Bohnen und Linsen, Graupen, Reis und andere Getreide oder auch

Cracker. Waschen Sie die Gläser und zugehörigen Deckel mit heißer Seifenlauge, überbrühen Sie sie mit kochendem Wasser, schneiden Sie ein neues Stück gewachste Pappe oder Papier passend für die Deckel zurecht, und Sie haben billige, luftdichte, hygienische und leicht zu stapelnde Behälter, die auf einen Blick zu erkennen geben, ob sie wieder einmal nachgefüllt werden müssen. Bemalen Sie die Deckel und verzieren Sie sie mit Abziehbildern, um ihnen echten Stil zu verleihen. Sollte Ihr Mann kein begeisterter Pfeifenraucher sein, so versuchen Sie doch, dem Inhaber des Eckladens ein paar leere Bonbongläser abzuschwatzen. Sie benötigen etwas, das groß genug ist, um mit der Hand oder einer kleinen Messtasse hineinfassen zu können.

Sobald der neue Herd steht und man begonnen hat, sich eine Sammlung geeigneter Utensilien zuzulegen, ist die Spüle das nächste große Problem. Und auch hier sollten Sie weder das Familienmotto noch die Tatsache vergessen, dass auch sie viel Licht und Platz benötigt und in der richtigen Höhe installiert werden muss. Die Kosten einiger zusätzlicher Zentimeter an Leitungsrohren werden die Rückenschmerzen, die Sie sich dadurch ersparen, mehr als aufwiegen. Ein Mischwasserhahn und Abtropfbretter zu beiden Seiten sind Hilfen, wenn man wirklich rationell spülen will, obwohl diesbezüglich ja maschinelle Wunder in Aussicht gestellt werden. Bis diese allerdings ihren Wert unter Beweis stellen, begeben Sie sich eilends in ein gutes Geschäft für Gastronomiebedarf, um sich einen großen Geschirrabtropfständer aus Draht zu besorgen – und zwar einen, der nur halb so breit, hoch und lang ist wie das übliche Haushaltsmodell. Mit diesem Hilfsmittel und einem reichlichen Vorrat an heißem Wasser sind Teller und Töpfe für zwanzig Personen in ebenso vielen Minuten gespült und aufgeräumt.

Wo wir gerade beim Thema moderner Verbesserungen sind: Die großflächigen Linoleumarbeitsflächen, die Architekten so eifrig in unseren Küchen installieren, sollte man mit Argwohn betrachten. Das sind klebrige Abstellflächen für heiße Töpfe, und Sie können danach zwar das Lineoleum von Ihrem Lieblingstopf, Ihrer Lieblingskasserolle kratzen und brennen – die schöne Arbeitsfläche leidet trotzdem auf Dauer. Achten Sie darauf, dass ein paar praktische Flächen in der Nähe Ihres Serviertischs oder Herds aus altmodischem Hartholz bestehen. Linoleum auf dem Fußboden allerdings ist ein niemals endender Anlass zur Freude. Verlegen Sie es, wenn möglich, von Wand zu Wand, und wählen Sie das Muster nicht nur nach Farbe, sondern, was noch wichtiger ist, auch nach seinen schmutzkaschierenden Eigenschaften. Ein wunderschönes helles Muster wird, wenn man es ständig schrubben muss, rasch seinen Reiz verlieren.

Die letzte Entscheidung in Bezug auf Spüle, Herd und sonstige Küchenutensilien sollte man der Köchin überlassen, die dies alles ja am meisten benutzt; hinsichtlich der letzten wichtigen Anschaffung jedoch, dem Kühlschrank, sollte man die Gewohnheiten aller Familienmitglieder berücksichtigen. Viel zu oft wird nur das elektrische Modell in Betracht gezogen, wobei in Vergessenheit gerät, dass damit nicht nur das willkommene Verschwinden des Eismannes, jenes Hereinträgers von Dreck, Klatsch und sexuellem Verlangen, einhergeht, sondern häufig auch ein wirklich ausreichender und reichlicher Eisvorrat verschwindet. Millionäre haben natürlich keine derartigen Probleme, aber für eine große, weniger vermögende Familie mit einer Leidenschaft für selbst gemachtes Eis und häufigen Gästen ist ein großer moderner Eiskasten tatsächlich sehr viel praktischer als der kleinere und ebenso teure elektrische Kühlschrank. Jahrelang habe ich Lebensmittel in einem großen »Top-Icer«[32] kalt und frisch gehalten, fortwährend amüsiert über all die Freundinnen, die mich

32 A. d. Ü.: Eiskasten oder Eisschrank, der mit Eis vom Eismann gekühlt wird, das man oben einfüllt

zwar wegen meiner altmodischen Ideen auslachten, aber nie zögerten, mich hektisch anzurufen, weil sie Platz für einen besonders großen Braten benötigten oder sich ein Stück Eis »ausleihen« wollten. Als unsere Familie kleiner wurde, lagerten wir den großen Kasten ein, da wir uns nun einen – für uns zwei reichenden – elektrischen Kühlschrank leisten konnten, und ich wäre die Letzte, die den überlegenen Komfort und den Spaß, den dieses Gerät bereitet, in Abrede stellen würde. Doch als dann die Kinder mit Ehefrau, Ehemann und Enkeln wieder aufzutauchen begannen, wurde der treue alte Freund reaktiviert und hieß erneut dreimal die Woche mit offenen Türen und geräumigen Regalen nicht nur die zwanzig Flaschen Milch, sondern auch Bier, Coca-Cola und Ginger Ale willkommen, die unsere stark angewachsene Gruppe nun verlangte. Wie Elektro- versus Gasherd haben auch die beiden Kühlgeräte ihre jeweiligen Vor- und Nachteile, und wenn sie den großen Elektrokühlschrank, den Sie eigentlich bräuchten, finanziell nicht stemmen können, so besorgen Sie sich doch einen wirklich guten großen modernen Eiskasten oder kaufen Sie den kleineren Elektrokühlschrank und sehen Sie zu, ob Sie nicht im Keller oder auf der rückwärtigen Veranda Platz für einen Kasten finden, der dann nur noch mit Eis gefüllt werden muss und zusätzliche Vorräte und Reste aufnehmen kann.

All dieser Rat liefert quasi nur die Basis eines kulinarischen Werkzeugkastens und berührt nicht einmal jenen Teil, wo die meisten von uns absolute Umfallerinnen sind und sich wie in anderen traurigeren Angelegenheiten »klein und dumm machen und zu spät erkennen, dass Männer betrügen«. Diese faszinierenden Küchengeräte! Während vor Hattie Carnegies neuestem Schaufenster Glamourgirls verweilen und Männer von einem Laden mit Sportartikeln fortgezerrt werden müssen, wird jede echte Frau lieber einen schönen ländlichen Jahrmarkt besuchen, um dort gebannt der geschmeidigen Vorführung des jüngsten Dosenöffners oder Apfelentkerners zu verfolgen. Meine Küchenwände ähneln dem Wagen eines altmodischen Haushaltswarenhändlers. Obwohl das beschämte Eingeständnis, dass ich bereits eine Unmenge komplizierter Gerätschaften, kaum dass ich sie gekauft hatte, wieder wegwarf, mein Gewissen ein wenig erleichtert. Dennoch hat sich eine verblüffende Anzahl von Vorrichtungen, die unter dem hypnotischen Einfluss eines solchen Marktschreiers erstanden wurden, sowohl als nützlich als auch arbeitssparend erwiesen. Was wie die Zwergform eines Pfostenlochbohrers aussieht, entfernt die zähe Mitte von Grapefruits mit einem Minimum an Aufwand. Der »schwenkbare« Kartoffelschäler schält derart fein, dass auch die schottischste aller Hausfrauen zufriedengestellt wäre, und die Reibe, die ich so stolz von der Strandpromenade von Atlantic City heimtrug, raspelt mit gleicher Leichtigkeit Möhren, wie sie Gurken in hauchdünne Scheiben schneidet. Jedoch zwei Warnungen sollten Sie, werte Liebhaberin technischer Küchenspielereien, beherzigen! Zunächst einmal: Folgen Sie den Anweisungen des Herstellers, wenn Sie Ihren neuen Schatz ausprobieren. Zweitens: Suchen Sie sich einen Platz dafür, wo das Utensil zur Hand ist, wenn Sie es brauchen. Sogar jenes Supergerät, die Küchenmaschine, sollte bereitstehen, um für die kleinen Aufgaben eingesetzt zu werden, die sie ebenso gut erledigt wie die größeren. Ich frage Sie: Was nützt einem ein Wanddosenöffner – und jede Küche sollte einen besitzen –, wenn er in einer Schublade liegt und auf den nie anwesenden Handwerker wartet, um ihn anzubringen?

Lassen Sie uns nun zur einzigen Art von Inneneinrichtung übergehen, die – außer Essen – in diesen Band gehört, und hören Sie einige Rezepte, deren Zutaten die vier Wände sind, die Sie und Ihren Herd umschließen. Die arme Mrs Rorer und ihre Generation waren völlig auf deprimierendes Gallengelb und ähnlich schmutzabweisende schokoladenfarbene Umgebungen eingeschworen. Dann kam das andere Extrem, eine Leidenschaft für alles Aseptische, mit kaltem, weißem Lack und hygienisch schneeweißen uninspirierenden Fliesen.

Heute gehorchen Küchen anderen Standards. Neben der Effizienz sollten sie auch die Persönlichkeit ihrer Besitzerin widerspiegeln und ein Ort sein, an dem man gerne arbeitet. Männer stellen ihren Geschmack und ihre Hobbys in ihren Büros zur Schau, warum sollten Frauen nicht das Gleiche in ihren Küchen tun? Wenn Sie also eine Blondine mit einer unbefriedigten Sehnsucht nach Blassrosa und Hellblau sind, dann nur zu, streichen Sie Ihre »Büro«-Wände in einer dieser Farben, die Schränke in der anderen, hängen sie hauchdünne feminine Vorhänge auf, und Sie werden merken, wie viel angenehmer sogar langweiliges Kartoffelschälen in der passenden Umgebung ist.

Eine der bezauberndsten Küchen, die ich kenne, in der eine knackige Brünette das Zepter schwingt, besitzt lippenstiftrote Zierleisten und weiße gerüschte Vorhänge aus ungebleichtem Musselin, die sich vor sonnigen Fenstern bauschen, während die cremefarbenen rohen Putzwände in etwa 15 cm lange und breite Quadrate eingeteilt sind, auf denen Freundinnen ihre Lieblingsrezepte notiert und signiert haben. Effektiv, originell und billig! Eine weitere dunkelhaarige Küchenchefin sonnt sich vor chartreusefarbenem Hintergrund, burgunderroten Schränken und einigen Tupfern strahlenden Königsblaus. Entlang der Wände verläuft ein Fries aus bemerkenswerten Navaho-Gemälden, angefertigt offenbar von einem Krieger, der zu viel Fusel intus hatte, und auf Flitterwochen im Westen erstanden. Ein höchst amüsanter Ort zum Arbeiten, der haargenau zu seiner Besitzerin passt.

Das Ringen um Individualität erfordert zuweilen auch Ausdauer. Meine eigene erfolgreichste Küche, die kanariengelbe Wände und leuchtend gelbgrüne Wandschränke mit chinesisch-orangefarbenen Regalen und Auslegeware vereinte, kam nur durch Einschüchterung eines ländlichen Anstreichers zustande. Zwei Tage lang hallte das Haus wider vom irritierten Klatschen seines Malerpinsels, begleitet von Gemurmel wie »Nie solsche Farben gesähen!«, »Däs pass nisch zu ner Küche!«, und dem ständig wiederholten »Wenn's färtisch is, wirds ihr nisch gefallen!«. Ihr gefiel es jedoch, und auch ihren Freundinnen, und sogar der »Künstler« gestand später beschämt ein, dass es »gar nisch so schläscht« geworden sei.

Sobald Sie aber mit Ihrer Umgebung zufrieden sind, schwelgen Sie ein wenig in wohlverdientem Egoismus und planen Sie Ihre persönliche Verschönerung mit einem reichlichen Vorrat an kleidsamen Schürzen. Höchstwahrscheinlich wird man Sie darin viel öfter zu sehen bekommen als in den teuren Cocktailkleidern, für deren Auswahl man sich stundenlang Zeit nimmt, also verwenden Sie Sorgfalt aufs Aussuchen. Und wenn Sie der Typ dazu sind, rüschen Sie sich ruhig nach Herzenslust auf und überlassen Sie die strengeren Modelle ihrer konservativeren Schwester. Achten Sie darauf, dass Sie beim Anlegen nicht einen frisch frisierten Dutt zerstören, dass die Schürze Sie richtig bedeckt und Seife und Wasser ebenso gut verträgt wie ein Geschirrtuch. Tatsächlich gibt ein bunt bedrucktes Geschirrtuch eine hervorragende Schürze ab. Nähen Sie eine Bandschleife, die lang genug ist, dass man sie leicht über den Kopf ziehen kann, im Abstand von etwa 20 cm an ein Schmalende des Geschirrtuchs, jeweils ein 45 cm langes Stück Band in Höhe der Taille an jede der Längsseiten, legen Sie Ihre Schürze an, binden Sie sie hinten zusammen, et *voilà du chic, madame!* Ganz zu schweigen vom wirksamen Schutz auch gegen den größten Spritzer.

Obwohl der Designer der bunten Cocktailspießchen für seine Erfindung einst berühmt wurde, sind sie nicht halb so nützlich wie das praktische Schürzenmuster auf den Vorsatzblättern dieses Buches. Man braucht dazu lediglich einen Meter Stoff, und in einem Blümchendruck genäht und mit Lochstickerei gesäumt, wird die Schürze auch beim fröhlichsten Buffet gute Dienste leisten, während ihre grundsolide schwere Zwillingsschwester aus Baumwolle in der Küche hängt, um beim Aufräumen zu helfen. Nähen Sie aus den übrig gebliebenen Stoffstücken Topflappen und befestigen Sie sie an einem etwa einen Meter langen Band, und Sie werden, gerüstet mit dieser praktischen Erfindung, die Sie sich beim Kochen um den Hals schlingen, nie wieder wild und hilfesuchend um sich blicken müssen, wenn ein heißer Topf beherztes Zugreifen erfordert.

Eine kleine Tafel samt dazugehöriger Kreide an der Küchenwand muss keine Dekoration sein, sondern ist eine prima und praktische Sache. Obwohl meine neben Erinnerungen an die zu kaufenden Eier oder Tomaten häufig Botschaften trägt wie »Wo hast du bloß wieder den Korkenzieher hingetan, du Sumpfhuhn?«, erspart sie einem doch manchen Anruf oder gar eine Fahrt zum Laden, weil man etwas vergessen hat.

Kochbücher mit ihren bunten Umschlägen sind durchaus dekorativ. Bitte verstecken Sie sie nicht in der hintersten Ecke einer dunklen Speisekammerschublade, sondern stellen Sie Ihre Geschäftsbibliothek auf offenen Regalen stolz zur Schau. Jeder besitzt ein bewährtes und wirklich eselsohriges Standardwerk, ebenso nützlich zum Nachschlagen von Rezepten wie als Lexikon zum Nachschlagen von Wörtern. Seien Sie mutig, holen Sie es hervor, und da Quellensammlungen, die man zur Hand hat, vielfältigeres und leichteres Kochen ermöglichen, geben Sie ihm als Gefährten nicht nur jene schönen gebundenen Bände mit Gerichten, die Sie schon »immer einmal ausprobieren wollten«, zur Seite, sondern auch die bescheideneren Rezeptheftchen, die Ihnen so viele Lebensmittel- und Haushaltsgerätehersteller beim Einreichen eines Coupons bereitwillig zuschicken. Natürlich verbirgt sich dahinter ein

Interesse – deswegen werden sie schließlich publiziert –, häufig aber findet man darin auch wirkliche Schätze. Hat sich ein Rezept als erfolgreich erwiesen, so schreiben Sie Namen und Seitenzahl auf das Deckblatt des Buches oder unterstreichen Sie es im Register.

Und nun hören Sie die wilden Klagen der Bibliophilen angesichts des letzten Vorschlags! Hat es da einen Sinn, darauf hinzuweisen, dass Kochbücher gedruckt werden, um konsultiert und nicht um hinter Glastüren in Ehren gehalten zu werden! Schön, vielleicht ist es ja noch besser, diese Informationen wie ein wahrhaft ordentlicher Dickhäuter in einem hübschen Ordner abzulegen, doch für mich und viele andere ist es schon anstrengend genug, eine gute Köchin zu sein.

Und sollte dieser Band in Ihrer Küche bleiben, um am Ende richtig zerlesen, zerschlissen und sogar voller Fettflecke zu sein, so werde ich mich glücklicher und weit erfolgreicher schätzen, als wenn er nach vielen Jahren in makellosem Zustand als Sammlerstück in einem verschlossenen Bücherschrank auftaucht.

Ausgewählte Rezepte

von Elizabeth Gilbert

Eines noch, gewogene Leserin: Obwohl ich glaube, dass dieses Kochbuch einen beträchtlichen Teil seines Charmes der Stimme meiner Urgroßmutter verdankt – jener wundervollen, abschweifenden, erzählenden Art, mit der sie die Geschichte jedes Rezepts vor uns ausbreitet –, ist mir auch klar, dass ein Rezept zu erzählen nicht ganz dasselbe ist, wie es einfach zu notieren, und manchmal kann es knifflig sein, sich durch ihre Rezepte hindurchzufinden, vor allem, wenn man es eilig hat. Daher präsentiere ich hier noch einmal in einfacher Notation die aus dem Buch extrahierten und in deutlicher Sprache transkribierten folgenden zehn Spitzenreiter unter unseren Familienrezepten – zum leichteren Nachkochen. Bei einem so reichen Schaffenswerk zehn Favoriten auszuwählen, war nicht leicht, doch dies sind die Gerichte, mit denen ich schon aufwuchs, noch ehe ich wusste, dass ich etwas aus dem Meisterwerk meiner Urgroßmutter aß. Das Chutney schmeckt besonders gut und war meine ganze Kindheit und Jugend hindurch auf unserer Familientafel präsent. Die Schnellen Teeplätzchen sind ein Geschenk des Himmels für Last-Minute-Gäste. Das Bœuf à la mode schmeckt so vertraut wie Nachhausekommen. Und das Nieren-Stew ist einfach eine schräge Vorliebe meiner Familie. Die zu verteidigen ich erst gar nicht versuche, außer, indem ich sage: So sind wir halt. Und was den Früchtekuchen angeht: Viel Glück. Sie sehen, Gima hat keinen einzigen Schritt ausgelassen – schonen Sie sich daher auch nicht. Dies ist ein Ganz-oder-gar-nicht-Rezept. Wenn Sie den Kuchen backen, bleiben Sie nicht auf halbem Wege stehen. Geben Sie nicht auf! Wenn Sie Traute dafür brauchen, stellen Sie sich einfach vor, wie Ihnen meine grandiose Urgroßmutter, Cocktail in der einen Hand, Zigarette in der anderen, lachend über die Schulter blickt, Sie aufmuntert und sich – überhaupt – köstlich amüsiert.

Sauermilch-Muffins

Von S. 185. Ergibt 12 normalgroße oder 24 Mini-Muffins.

- 1 Ei, Eigelb und Eiweiß getrennt
- 1 Tasse Sauermilch
- 1 Tasse Mehl
- ½ TL Backnatron
- 1 TL Zucker
- 1 TL Salz
- 1 EL Öl oder zerlassene Butter und etwas mehr zum Fetten der Förmchen

* * *

1. Den Backofen auf 200°C vorheizen und die Muffinförmchen einfetten.
2. Das Eigelb schlagen und die Sauermilch hinzufügen. Mehl, Backnatron, Zucker und Salz zusammen sieben. Unter die Eigelb-Milch-Mischung rühren.
3. Das Eiweiß zu Eischnee schlagen und gemeinsam mit dem Öl oder der zerlassenen Butter unter die Mischung ziehen. Öl/Butter nicht direkt zum Eiweiß geben, da dieses dann sofort zusammenfallen würde.
4. In gefettete Muffinförmchen gießen und im auf 200°C vorgeheizten Ofen kleine Muffins 10 Minuten, normal große 15 Minuten lang backen.

LIZ' ANMERKUNGEN

- Herstellung von Sauermilch: Entweder 1 Tasse Milch über Nacht zum Säuern aus dem Kühlschrank nehmen oder 1 EL Weißweinessig oder Zitronensaft zu knapp 1 Tasse Milch hinzufügen – so dass das endgültige Maß 1 Tasse Flüssigkeit beträgt –, vermischen und etwa 10 Minuten zum Stocken stehen lassen.
- Die fertigen Muffins besitzen nur sehr wenig Farbe – lassen Sie sich davon nicht irritieren!

IHRE ANMERKUNGEN

Nieren-Stew

Von S. 245. Ergibt 2–4 Portionen.

- 1 große oder 2 kleine Rindernieren
- 1 Zwiebel, geschält und gehackt
- 1 Stange Bleichsellerie, gehackt
- 1 Petersilienzweig, gehackt
- 3 EL Butter
- 2 EL Mehl
- 2 Eier
- 1 TL Worcestersauce
- 1 EL Sherry
- Salz, schwarzer Pfeffer und Cayennepfeffer nach Geschmack
- Stärkemehl, falls nötig

* * *

1. Die Niere in einem Topf mit Wasser bedecken und 15 Minuten bei mittlerer Hitze köcheln lassen. Schaum und Fett trüben danach das Garwasser. Die Niere abspülen, so dass man eine kleinere, blassere Niere erhält.
2. Die Niere nun zusammen mit Zwiebel, Sellerie und Petersilie in einen Slow Cooker oder Schmortopf geben. Alles mit Wasser bedecken und erneut zum Simmern bringen. 6–8 Stunden köcheln lassen.
3. Den Topf von der Kochstelle nehmen und 1 Prise Salz hinzufü-

gen. Sobald alles einigermaßen abgekühlt ist, die Niere herausnehmen und in mundgerechte Stücke schneiden, wobei man das Niereninnere entfernt. Das Fett vom Wasser abschöpfen und das Garwasser in einer separaten Schüssel aufheben.

4. Die Eier hart kochen, während man Schritt 5 erledigt.
5. In einem Topf die Butter zerlassen und unter Rühren nach und nach das Mehl hinzufügen. Sobald es brutzelt, langsam 3 Tassen des Nierenwassers dazugeben. 10 Minuten lang köcheln.
6. Die hart gekochten Eier hacken und zusammen mit den Nierenstücken zur Sauce/Brühe hinzufügen. Weitere 10 Minuten köcheln. Falls das Ganze nicht dick genug ist, Stärkemehl hinzufügen. Worcestersauce und Sherry dazugeben und schließlich mit Salz, schwarzem Pfeffer und Cayennepfeffer abschmecken.

LIZ' ANMERKUNGEN

Slow Cooker oder Schmortopf sind ideal für dieses Rezept.

IHRE ANMERKUNGEN

Früchtekuchen

Von S. 147. Für 8 Brotformen.

- 1350 g Korinthen
- 675 g Traubenrosinen mit Kernen
- 675 g Sultaninen
- 450 g Datteln, in kleine Stücke geschnitten
- 450 g kandierte Zitronatzitrone
- 110 g kandierte Zitronenschale
- 110 g kandierte Orangenschale
- 225 g kandierte Kirschen (jede Kirsche halbieren)
- ½ Tasse Rum
- 450 g Butter
- 450 g hellbrauner Rohrzucker
- 12 Eier
- ¾ Tasse Melassesirup
- ½ Tasse Weinbrand oder Roggenwhisky
- 4 Tassen Mehl
- 1 EL Zimt
- 1 EL Muskat
- 1 EL Muskatblüte
- ½ TL gemahlene Gewürznelken
- ½ TL Piment
- 8 EL Rum, Sherry, Whisky oder Weinbrand
- Öl oder Schmalz, zum Einfetten der Formen

1. Die Früchte und Fruchtschalen vermischen und mit dem Rum besprengen.
2. In der Küchenmaschine die Butter mit dem hellbraunen Rohrzucker cremig rühren. Alle 12 Eier schlagen, bis man eine helle Masse erhält; mit Melassesirup, Weinbrand oder Roggenwhisky zu Butter und Zucker hinzufügen und dabei weiterschlagen. Mehl, Zimt, Muskat, Muskatblüte, Gewürznelken und Piment darübersieben. Erneut schlagen. Den Teig nun über Früchte und Fruchtschalen gießen und gründlich vermischen, bis jedes Stück davon überzogen ist.
3. Die gewählten Formen oder Kasserollen mit Öl oder Schmalz einfetten. Böden und Seitenwände mit Pergamentpapier auskleiden und auch dieses einfetten.
4. Die Formen bis zu drei Viertel ihrer Höhe mit dem fertigen Kuchenteig füllen; glatt streichen. Kleinere Kuchen 3½ Stunden, größere 4 Stunden im auf 135°C vorgeheizten Ofen backen, auf dessen Boden eine Backform mit Wasser steht. Dann abkühlen lassen und jeden Kuchen mit 1 EL Alkohol (Rum, Sherry, Whisky oder Weinbrand) beträufeln.
5. Die Kuchen mindestens 2 Monate lang in einem irdenen Deckeltopf oder einem Brotkasten aus Blech stapeln, die vorher mit Wachspapier ausgeschlagen wurden, und sie etwa alle 2 Wochen wenden und dabei mit weiterem Alkohol beträufeln.
6. Vor dem Essen oder Verschenken die Kuchen mit Blättern und Beeren aus in Scheiben geschnittener Zitronatzitrone und kandierten Kirschen verzieren, wobei man diese mit einem Sirup aufklebt, der aus ½ Tasse und ¼ Tasse Wasser besteht, den man

so lange kocht, bis Tropfen davon, die man in Eiswasser fallen lässt, brüchig wirken. Jeden Kuchen sorgfältig in doppelte Wachspapierschichten oder Zellophan einschlagen, ehe man sie in Geschenkpapier einwickelt.

LIZ' ANMERKUNGEN

- Ihr Kuchen kann auch schon nach 3 Stunden fertig gebacken sein. Ob er gar ist, erkennen Sie daran, dass an einem Zahnstocher oder Messer, mit denen man hineinsticht, keine Krümel mehr haften bleiben und der Kuchen sich von den Seiten der Form zu lösen scheint.

IHRE ANMERKUNGEN

Hähnchenlebern mit Rotwein

Von S. 63. Ergibt 8 Portionen.

- 1 EL gehackte Zwiebel oder Schnittlauch
- 1 TL Petersilie, gehackt
- 225 g Champignons, in Scheiben geschnitten
- 3 EL Butter
- 450 g Hähnchenlebern
- 3 EL Mehl
- 1 TL Salz
- Etwas Pfeffer
- 1 Tasse trockener Rotwein
- 2 Tassen Bouillon, Kraftbrühe oder Geflügelfond

* * *

1. Zwiebel/Schnittlauch, Petersilie und Champignons in der Butter sautieren, bis Zwiebel/Schnittlauch weich ist.
2. Die Hähnchenlebern mit Mehl, Salz und Pfeffer bestäuben. Ebenfalls in die Pfanne geben. 5 Minuten garen lassen. Rotwein und Bouillon/Kraftbrühe/Fond hinzufügen. 10 Minuten garen lassen, bis alles leicht eingedickt ist. In einem Ring aus gegartem Reis anrichten und mit gebratener Aubergine servieren.

LIZ' ANMERKUNGEN

- 4 Tassen gekochter Reis sind die ideale Menge für dieses Rezept.

IHRE ANMERKUNGEN

Bœuf à la mode

Von S. 58. Ergibt 8 Portionen.

- 1 Stück Rinderoberschale, 1,8–2,25 kg
- ½ l Rotwein (Bordeaux oder Burgunder)
- 2 Zwiebeln, in Scheiben geschnitten
- 1 Knoblauchzehe, zerdrückt
- ½ Tasse Bleichsellerie, fein gehackt
- 1 Prise Thymian
- 1 Lorbeerblatt (falls gewünscht)
- 1 TL Mehl
- 110 g Schmalz, Bauchspeck oder anderes Fett, gehackt
- 4 Tomaten, geschält
- 2 oder mehr Zwiebeln, geschält
- 2 oder mehr Möhren, geschält
- 3–4 Kohlrüben, geschält
- 2 Packungen Bandnudeln
- 1 TL Salz (und mehr für Schritt 4)
- Etwas Pfeffer
- ½ Tasse Sauerrahm
- Mehl oder Stärkemehl, nach Bedarf

* * *

1. Das Fleisch in eine flache Schüssel geben, den Wein darübergießen und Zwiebeln, Knoblauch, Sellerie, 1 Prise Thymian sowie – falls Sie den Geschmack mögen – 1 Lorbeerblatt hinzufügen. Mindestens 24 Stunden marinieren lassen, dabei das Fleisch etwa alle 8 Stunden wenden. Das Fleisch vor dem Garen gründlich abtropfen lassen, den Wein (ohne Lorbeerblatt) aufheben und das Fleisch möglichst trocken tupfen, wobei man das Küchenpapier sehr behutsam einsetzen sollte.
2. Das Fleisch mit Mehl bestäuben. In einem schweren Topf Schmalz oder Bauchspeck anbraten. Das Fleisch dazugeben und gründlich von allen Seiten anbräunen, die Weinmarinade dazugießen, Tomaten hinzufügen und im fest verschlossenen Topf 2 Stunden köcheln lassen.
3. Zwiebeln und Möhren ebenso wie Kohlrüben, Salz und Pfeffer hinzufügen. Nochmals etwa 1 Stunde köcheln, bis das Gemüse gar ist.
4. Inzwischen 2 Packungen Bandnudeln in reichlich Salzwasser kochen. Abgießen und in einem Sieb über siedendem Wasser warm halten.
5. Den Braten auf eine große vorgewärmte Platte legen und die Bratensauce aufkochen lassen und mit Sauerrahm andicken. Ein wenig Stärkemehl oder Mehl mit kaltem Wasser vermischen und hinzufügen, falls sie noch nicht dick genug ist. Die Gemüse um den Braten verteilen, dann den Rand der Platte mit heißen Nudeln dekorieren, wobei man auf jedes Nudelhäufchen ein Stückchen Butter setzt. Die Bratensauce getrennt dazu reichen.

LIZ' ANMERKUNGEN

- Das Fleisch kann auch länger als eine Stunde benötigen. Es ist gar, sobald es bei Gabeldruck leicht nachgibt. Seien Sie nicht verwundert, wenn dies unter Umständen bis zu 3 Stunden dauert.
- Statt Nierentalg können Sie auch festes Rinderfett verwenden (Nierenfett eignet sich gut dafür – man bekommt es quasi gratis, wenn man ein Nieren-Stew kocht).
- Gima empfiehlt 2 geschälte Zwiebeln und 2 geschälte Möhren pro Person. Es funktioniert aber auch, wenn Sie so viele verwenden, wie in Ihren Topf passen.
- Durch Mehl oder Stärkemehl, das man in den Sauerrahm einrührt, ehe man diesen zur Sauce gibt, verhindert man, dass er gerinnt.

IHRE ANMERKUNGEN

Chutney

Von S. 168. Ergibt etwa 1½ l.

- 4 Tassen Äpfel (Granny Smith oder ähnlich säuerliche Sorten), in Scheiben geschnitten
- 6 Tassen grüne (noch nicht reife) Tomaten, in Scheiben geschnitten
- 2 Tassen Zwiebeln, gehackt
- 1 Knoblauchzehe, fein gehackt
- 1 Tasse Rosinen
- 1 EL kandierter Ingwer, fein gehackt
- 1 Tasse Essig
- 4 Tassen brauner Rohrzucker
- 3 TL Salz
- 1 TL Senfsamen
- 1 TL Zimt
- ½ TL gemahlene Nelken
- ⅛ TL Cayennepfeffer

* * *

1. Alles in obiger Reihenfolge in einen Topf geben.
2. Zum Köcheln bringen und dabei alles miteinander verrühren. Etwa 2 Stunden köcheln lassen, bis die Früchte zerfallen und die Flüssigkeit zu sirupartiger Konsistenz einkocht. Darauf achten,

dass man gegen Ende der Garzeit häufiger umrührt, um Anbrennen zu verhindern.

3. In sterilisierten Gläsern luftdicht verschließen.

LIZ' ANMERKUNGEN

- Pro Tasse kann man grob geschätzt etwa 1 Apfel oder 1 Tomate veranschlagen, was jedoch je nach Größe der Frucht variiert.
- In Gimas Rezept ist von 3 l Ertrag die Rede, nach meinem Test allerdings ergibt es nur etwa die Hälfte.

IHRE ANMERKUNGEN

P. O. M.-Pickles

Von S. 168. Ergibt etwa 6–8 l.

- 8 Tassen grüne (noch nicht reife) Tomaten, gehackt
- 4 Tassen weiße Zwiebeln, geschält und gehackt
- 1 Staude Bleichsellerie, gehackt
- 4 Paprikaschoten (2 grüne, 2 rote), geputzt und gehackt
- 2 Gurken, geschält und gehackt
- 2 Tassen süßsaure Essiggurken
- 4 Tassen saure oder Dillgurken
- 1 großer oder 2 kleine Blumenkohlköpfe
- ½ Tasse Salz

Für die Paste in Schritt 4

- 6 EL Senfsamen
- 1 EL Kurkuma
- 3 Tassen brauner Rohrzucker
- ½ Tasse Mehl
- ⅛ TL Cayennepfeffer

Für das Gewürzsäckchen in Schritt 5

- 2 EL ganze Pimentbeeren
- 1 EL ganze Gewürznelken
- 1 EL gemahlener Zimt
- 2 EL Senfsamen

1. Die süßsauren und sauren Gurken hacken. Den Blumenkohl in Röschen zerteilen und die Stiele ebenfalls hacken. Alles in den größten Topf geben, den man besitzt. Salz hinzufügen und alles mit Wasser bedecken. Über Nacht stehen lassen.
2. Die Gemüsemischung zum Kochen bringen, dann das Wasser abgießen und das Gemüse in den Topf zurückgeben.
3. Mit Essig bedecken und darauf achten, dass man die Essigmenge vorher abmisst.
4. Für 1½ l Essig, die man in Schritt 3 verwendet hat, Senfpulver, Kurkuma, braunen Rohrzucker, Mehl und Cayennepfeffer vermischen. Essig in kleinen Mengen und unter ständigem Rühren zu dieser Mischung hinzufügen, bis man eine dicke Paste erhält. Diese mit dem Gemüse vermischen.
5. Unter Verwendung von Käseleinen und Schnur Pimentbeeren, Gewürznelken, Zimt und Senfsamen in den Stoff einbinden. Zum Topf hinzufügen. 15 Minuten köcheln lassen und rühren, während sich die Gewürze erhitzen.
6. Das Käseleinenbündel entfernen, den Herd ausschalten und die Pickle-Mischung in Gläser füllen. Die versiegelten Gläser mindestens 2 Wochen ruhen lassen, ehe man von den Pickles kostet.

LIZ' ANMERKUNGEN

- 24–32 Tassen sind eine ganze schöne Menge. Sollten Sie keinen so großen Topf besitzen, werden Sie das Rezept wohl halbieren oder gar dritteln oder vierteln müssen.
- Wie Gima anmerkt, lässt sich hier fast jedes Gemüse verwenden.

IHRE ANMERKUNGEN

Austern-Bisque

Von S. 51. Ergibt 4 Portionen.

- 2 oder 3 Austern, Saft aufheben
- 2 EL Butter
- 2 EL Mehl
- 2 Tassen Milch
- 1 TL Salz
- ⅛ TL schwarzer Pfeffer

* * *

1. 2 oder 3 gehackte Austern zu ½ l ihres abgeseihten Safts geben und aufkochen lassen.
2. Weiße Sauce zubereiten: Die Butter in einem Topf über mittelstarker Temperatur erhitzen und das Mehl unterrühren. Sobald es zu brutzeln beginnt, den Topf von der Kochstelle nehmen, langsam 1 Tasse Milch unterrühren und das Mehl die Flüssigkeit absorbieren lassen. Den Topf wieder aufs Feuer stellen und ebenso langsam eine weitere Tasse Milch hinzufügen, wobei man fortwährend rührt.
3. Salz und schwarzen Pfeffer dazugeben und noch mindestens 10 Minuten unter gelegentlichem Umrühren auf schwacher Hitze stehen lassen. Falls Sie nicht auf Ihre Sauce achten können, nachdem die letzte Milch untergerührt ist, sie in den oberen Einsatz

eines Wasserbadtopfs geben, um sie über heißem Wasser fertig zu garen.

4. Die dampfenden Austern samt ihrem Saft mit der weißen Sauce vermischen und servieren.

LIZ' ANMERKUNGEN

- Falls Ihre Austern nicht saftig genug sind und keinen halben Liter Flüssigkeit ergeben – Muschel- oder Austernsaft aus der Dose eignen sich ebenfalls.
- Für die weiße Sauce verwendet man einen Topf mit schwerem Boden und einen Schneebesen.

IHRE ANMERKUNGEN

Sellerie au gratin

Von S. 116. Ergibt 4–6 Portionen.

- 2 Tassen Selleriestangen, quer in 2,5 cm lange Stücke geschnitten
- 2½ Tassen weiße Sauce, wie in Austern-Bisque beschrieben
- ½ Tasse Semmelbrösel
- ½ Tasse geriebener Käse (etwa Gruyère oder Parmigiano Reggiano)
- 4 EL Butter
- Salz

* * *

1. Den Sellerie in Salzwasser weich garen. Abtropfen lassen und mit der weißen Sauce und dem geriebenen Käse vermischen.
2. Eine Auflaufform mit der Hälfte der Butter ausfetten. Die Sellerie-Sauce-Käse-Mischung hineingeben, mit Semmelbröseln bedecken und die zweite Hälfte der Butter in Flöckchen daraufsetzen. Bei 200°C etwa 20 Minuten backen, bis die Brösel schön braun sind.

LIZ' ANMERKUNGEN

- Zwar macht Gima hinsichtlich der Sorte von »geriebenem Käse« keine genaueren Angaben, doch mit Gruyère wird der Gratin besonders köstlich.

- Behalten Sie die Semmelbrösel im Auge und passen Sie auf, dass sie nicht verbrennen. Falls sie schon früh recht dunkel wirken, das Ganze mit Alufolie bedecken und weitergaren.

IHRE ANMERKUNGEN

Schnelle Teeplätzchen

Von S. 157. Ergibt 8–12 Plätzchen.

- 2 EL brauner Rohrzucker (und ein wenig mehr für Schritt 2)
- 2 EL weiche Butter
- 1 Ei, gut verschlagen
- ½ Tasse Mehl, gesiebt
- 1 Prise Salz
- 1 Prise Zimt
- 2 Prisen Muskat
- 1 TL Kümmelsamen (falls gewünscht)

* * *

1. Braunen Zucker und Butter cremig rühren. Das Ei, das gesiebte Mehl, Salz, Zimt und Muskat hinzufügen und gründlich schlagen.

2a. Hier meint Gima, man könne 1 TL Kümmelsamen zum Teig hinzufügen, falls »Sie den altmodischen Geschmack mögen«.

2b. Sie können vor dem Backen aber auch ein halbe Walnuss oder eine halbierte blanchierte Mandel auf jedes Plätzchen setzen.

3. Teig in kleinen flachen Löffelportionen mit genügend Abstand auf ein gefettetes Backblech setzen. Jedes Plätzchen mit 1 Prise braunem Zucker bestreuen und alles 8 Minuten bei 220°C backen.

LIZ' ANMERKUNGEN

- Dies sind keine Plätzchen oder Cookies, wie man Sie heute kennt. Sie schmecken eher wie kleine Kuchen, die man am besten sofort nach dem Backen genießt.

IHRE ANMERKUNGEN

Register

IHRE REZEPTE & ANMERKUNGEN

Die Autoren

ELIZABETH GILBERT ist die Urenkelin von Margaret Yardley Potter und Autorin des internationalen Bestsellers *Eat, Pray, Love*, der mit Julia Roberts und Javier Bardem verfilmt wurde, sowie von *Das Ja-Wort*. Elizabeth Gilbert lebt in New Jersey.

MARGARET YARDLEY POTTER wurde Ende des 19. Jahrhunderts in Philadelphia geboren. Obwohl sie aus einer reichen Familie stammte, musste sie später lernen, genau zu haushalten, um mit ihrem Mann, einem das Geld verprassenden Anwalt, über die Runden zu kommen. Sie starb 1955.

MARIA MILL, geboren 1956, studierte Anglistik und Germanistik. Neben vielen literarischen Werken übersetzte sie kulinarische Bücher u. a. von Sophie Dahl, Niki Segnit und Tracey Lawson.